개정판

기업가정신과
청 년 창 업

이승배 지음

도서출판 조명문화사

들어가는 글

90년대 말 IMF 외환위기와 그로부터 10년 후에 찾아온 미국발 금융위기를 성공적으로 극복함으로써 외환위기를 겪은 많은 나라들로부터 부러움을 샀던 우리나라. 또한 어려운 상황에서도 4% 이상의 고성장을 기록하며 달려왔던 대한민국. 그러나 이제는 경제성장률이 하락하고 계속되는 기업의 도산과 구조조정, 투자기피 속에서 실업률의 증가와 특히 40% 이하로 떨어진 역대 최악의 청년 고용률에 문제의 심각성이 커지고 있다.

2000년대 중반까지 대학생 취업률이 75%를 유지하던 것이 2012년 말에는 60% 이하로 떨어졌고, 공무원 시험 지원자가 45만 명을 넘어 일반계 고등학교 고3 수험생보다 많은 것으로 나타나 미래의 대한민국을 이끌어갈 허리 부분에 중대한 치명상을 입고 있는 것이 분명하다.

청년실업은 물론 우리나라만의 문제는 아니다. 유로존 전체 실업률은 12%대, 청년 실업률은 25%대에 육박하고 있으며, 스페인, 포르투갈, 그리스 등 위기국가 청년 실업률은 40~50% 수준이다. 수치상 유럽 실업률에 비해 양호할지는 모르지만 우리나라 청년 구직자들이 체감하는 실업률은 유럽에 못지않다. 평균 취업률 100대 1이 더 이상 놀라운 사실이 아니며 인기 기업의 취업 경쟁률이 500대 1을 기록하는가 하면, 과거 일부 대기업에서나 볼 수 있었던 경쟁률은 웬만한 중견기업의 채용에서도 볼 수 있는 일반적 현상이 되어버렸다.

실업문제를 해결해야 하는 것은 모든 경제, 정치 위정자들의 고민이다. 한국은행 등 전문기관의 분석으로는 현재의 취업문제를 해결하기 위해서는 성장률이 1.3배 높아져야 하며, 이를 위하여 기업들의 투자 규모는 현재의 두 배가 증가되어야 한다. 하지만 우리나라의 경제 성장률을 연이어 하향 조정하고 있는 시점에서 이러한 투자가 현실이 될 가능성은 거의 없을 것으로 보인다.

새로 출범한 정부도 '일자리 창출을 통한 창조경제'를 국정 기조로 제시하여 지식기반 중심의 질적 성장을 통한 지속가능한 중장기 성장을 목표로 경제체질과 경제운영방식을 바꾸며, 창조성 기반의 새로운 성장동력 및 일자리 창출을 위해 노력을 기울이고 있다. 창조경제는 산업화시대, 정보화시대, 지식기반경제를 잇는 새로운 경제 패러다임이며, 그 핵심은 모든 분야에 상상력과 창의성을 접목시키고 산업간 융합을 촉진함으로써 새로운 부가가치와 일자리를 창출해 나가는데 정책적 역량을 집중하는 것이다.

수많은 젊은이들이 새로운 아이디어와 이색 서비스를 무기로 창업대열에 도전장을 내고, 창업을 통해 재기를 모색하고자 창업강좌나 창업박람회 등에 많은 사오십대 장년층이 몰려들고 있다. 이러한 창업 열기는 정부의 각종 창업지원정책과 맞물려 실제 창업으로 이어져 신규 창업이 증가추세에 있기는 하지만 창업이 활성화되기 위해서는 젊은 세대에서 기업과 기업가에 대한 긍정적인 사고가 우선적으로 확산되어야 한다.

본서에서는 기업가정신을 제1부에 소개하였다. 먼저 재벌기업에 대한 긍정적인 인식을 위해 우리나라 창업 1세대의 기업가정신을 소개하고 중소기업 중 세계적으로 인정받는 히든 챔피언 강소기업의 성공사례를 통해 청년들에게 기업과 기업가에 대한 긍정적인 마인드를 심어주고, 대기업뿐만 아니라 중소기업도 얼마든지 세계적인 기업이 될 수 있다는 것을 보여준다.

제2부는 창업의 본질로 창업에 대한 개념을 설명하고 창업의도와 창업기회 발견, 그리고 최근 기업가정신 분야에서 활발하게 연구가 진행되고 있는 사회적 자본에 대한 이론적 배경과 창업에의 활용을 설명하였다.

제3부에서는 창업교육의 필요성을 역설하고, 청년창업의 의의와 정부의 지원정책을 소개하였다. 일인창조기업, 소호기업과 같이 작지만 한 단

계씩 성장하는 청년 창업사례와 함께 창업 타당성 분석을 통해 청년창업의 기초를 다질 수 있는 방법을 제시하였다.

본서를 통해 청년들이 꿈을 안고 미래의 정주영, 스티브 잡스 같은 창업기업가가 탄생하기를 기대해 본다.

2014년 3월
저자 이승배

차 례

제2부 창업의 본질

제3부 청년창업

Part 01

Entrepreneurship and Start-up

기업가정신과 히든 챔피언

제 1 장
기업가와 기업가정신

1. 기업가

1) 기업가의 역사적 배경

자유주의 경제체제의 의미와 작동방식을 최초로 제시한 영국의 경제학자 아담 스미스(Adam Smith)는 원래 철학 교수였다. 1776년, '국부론'을 펴낼 때는 산업혁명이 진행되고 있는 시기였으며, 아담 스미스는 공장과 새로운 과학기술에 빠져들었고 시장경제를 커다란 구동바퀴처럼 생각하여 구동 원리를 탐구한 끝에 '자기이득'이라는 에너지로 작동하는 시장경제의 작동원리를 발견했다. 그는 '국부론'에서 개인의 무한한 경제적 자기실현의 결과에 따라 국부가 창출된다고 주장하면서 금과 은이 국가의 부를 결정짓는다는 당시의 중상주의를 정면으로 반박하며, 분업에 의한 대량생산과 자유무역을 주창해 산업혁명의 이론적 토대를 마련한다.

아담 스미스는 국부론 집필 이전에 출판한 '도덕론'에서 인간의 경제적 이기심은 사회적 도덕 아래에서만 허용된다고 하였다. 즉 인간은 도덕적 존재이고 경제도 그 도덕적 역할 중 하나라고 주장하며, 인간이 이기적인 동물이지만 인간의 마음속에는 배려와 연민이 있기 때문에 이기적인 행동조차도 공공의 이익을 만들 수 있다고 믿었다. 인간의 경제적 이기심이 기업을 만들고, 기업의 성장에 따른 사회적 책임 또한 강조하고 있음을 고전경제학을 통해서 발견할 수 있다.

경제를 기계처럼 보는 18세기 고전학파 경제학자들의 이런 인식은 기업 생산량을 자본(기계)과 노동의 함수로 보고 얼마의 자본(기계)과 얼마의 노동을 투입하면 얼마의 제품을 생산할 수 있을 것이라는 생산함수 개념이 지난 200여 년 동안 이어져 왔으며, 이러한 논리에서는 기업의 생산 과정에서 인간인 기업가의 위험부담 의지나 위기를 기회로 만드는 창의적 역할이 작용할 여지가 없었다.

프랑스의 고전파 경제학자 세이(J.B. Say)는 아담 스미스의 '국부론'을 체계화하면서 가치의 본질은 효용이며, 생산이라는 것은 물질의 창조가 아니라 효용의 창조라고 주장하면서 중농주의, 중상주의와 같이 농업과 상업만이 생산적이라고 볼 수 없으며, 서비스도 사용가치를 생산하므로 생산적이라고 보았다. 그는 기업가 활동도 생산적인 것이고 이자는 자본의 서비스에 대한 보수이며, 지대도 농업 기업가의 임금일 뿐이라고 주장하면서 기업가의 입장을 명시하였다.

2) 기업가의 정의

기업가에 대한 정의는 그 시대와 시각에 따라 다양하고 복잡하게 해석되고 있다. 현대그룹의 창업자 정주영 회장은 자신을 '부유한 노동자'라고 했고, 한진그룹의 조중훈 회장은 '기업은 예술'이라고 주장하며 기업가를 예술가에 비유하기도 했다. 미국의 35대 대통령 J.F.케네디는 기업가를 돈밖에 모르는 '장사꾼'이라고 표현하였는데, 그의 아버지가 석유사업을 통해 부를 축적한 기업가였음에도 사업을 하는 기업가들을 무시하는 경향을 보였다. 한때 사회주의 경제학자들은 기업가를 '약탈자'로 묘사하기도 했지만, 칼 마르크스는 자본가와 기업가를 구분하면서 '자본가는 착취자', '기업가는 경제발전의 주역'이라고 평가하기도 했다.

기업가에 대한 논쟁은 200여 년 전 프랑스 경제학자 세이(J. B. Say)의 논의로 거슬러 올라갈 만큼 긴 세월의 것이다. 학자들 간의 다양한 논쟁과 표현은 오늘날까지도 정확한 정의를 규명하지 못하고 있는 것이 사실이지만, 그 다양한 표현은 오히려 기업가가 지닌 다양한 성격을 이해하는 데 많은 도움을 주고 있다. 여러 학자의 논쟁에 이어 창업과 기업가정신으로 유명한 뱁슨대학(Babson College)의 론스타드(Robert Ronstadt)교수에 이르는 그들의 논쟁을 정리해보면, 기업가란 새롭고 이질적인 것을 창조하는 사람이자, 변화를 기회로 하여 새로운 가치를 창출한다는 점이다. 쿠라토와 호젯(Kurato and Hodgettes)은 기업가를 '사업기회를 인식하여 기회를 실제로 실현하거나 시장가치가 있는 아이디어로 바꾸며, 시간, 노력, 자본, 기술 등을 통해 가치를 창출하고, 아이디어의 실천으로 인해 경쟁이 치열한 시장에서 발생하는 위험을

감수하며, 이러한 노력들로부터 보상을 얻어내는 혁신자 또는 개발자'로 정의하였다.[1)]

1986년 미국 기업가협회가 발표한 <기업가 신조>를 통해서도 이러한 기업가의 성향을 잘 읽을 수 있다.

> 나는 평범한 사람이 되는 것을 거부한다.
> 나의 능력에 따라 비범한 사람이 되는 것은 나의 권리이다.
> 나는 안정보다는 기회를 택한다.
> 나는 계산된 위험을 단행할 것이고
> 꿈꾸는 것을 실천하고 건설하며
> 또 실패하고 성공하기를 원한다.
> 나는 보장된 삶보다는 삶에 도전을 선택한다.
> 자랑스럽고 두려움 없이 꿋꿋하게 몸을 세우고 서는 것
> 스스로 생각하고 행동하는 것
> 내가 창조한 것의 결과를 만끽하는 것
> 그리고 세계를 향해 '하나님'의 도움으로 내가 이 일을 달성했다.
> '이것이 기업가가 된다는 의미이다.'라고 힘차게 말할 수 있는 것
> 바로 하나님이 내게 주신 자랑스러운 유산이다.[2)]

기업가를 표현하는 용어로 비즈니스맨(business men)은 일반적으로 '사업가'라는 통칭으로 불린다. 자본주의 산업사회에서 비즈니스맨은 자본가(capitalist), 경영관리자(manager), 최고경영자(CEO : Chief Executive Officer), 실업가(industrialist) 등으로 불리고 있다. 기업가와 경영자는 조직 내에서 기능과 역할 측면에서 큰 차이가 있다. 기업가의 역할은 기회를 포착하여 혁신적, 진취적, 위험추구적인 활동을 통

해 새로운 가치를 창출하는 반면, 경영자는 기업목표를 달성하기 위해 조직의 경영자원을 계획, 실행, 통제하는 관리기능을 통해 효율적으로 기업을 운영하는 사람이다. 단순히 기업의 경영을 담당하는 기업가(企業家)보다는 기존에 없었던 새로운 가치나 일자리를 창출하기 위해 도전하고 노력하는 기업가(起業家)가 진정한 앙트레프레너(entrepreneur)라고 할 수 있다.

[표 1-1] 기업가와 경영자 특성 비교

기업가	구분	경영자
소유경영의 중소기업	기업규모	소유와 경영 분리의 대기업
기업 전반	책임, 권한 범위	지위와 역할에 따라 상이
성취 지향형	감성의 타입	통합, 생존, 성장지향형
자기중심, 높은 자율성	경영스타일	권력, 영향력, 조직지향
창업가 개인목표	기업목표	수익극대화
직감 및 장기적 안목	분석방법	분석적, 단기적 안목
실패는 발전의 기회	실패에 대한 태도	실패를 인정하기를 꺼림
기회추구 성향	기회에 대한 태도	착수 전 손익계산 실시
위험에 도전	위험에 대한 태도	위험회피
자신의 꿈과 생각을 중시	의사결정 방법	상위자에게 순종
사전대응, 불부터 끄자	위기관리	사후대응, 책임소재 밝힘
권위적, 개인적 관계 중시	인간관계	합리적, 참여 및 분권위임

2. 기업가정신

새로운 사업을 창업하여 경영함에 있어 뚜렷한 기업가정신 없이 성공한 사례는 극히 드물다. 기업을 창업하면서 온갖 모험과 도전을 극복하고 성장해 가는 과정에서 많은 어려움이 봉착할 때마다 남다른 지도력과 투철한 신념, 각고의 노력들은 그러한 난관을 뛰어넘는 가장 중요한 요소로 작용하기 때문이다. 성공한 창업가는 단순히 사업을 일으킨 사람이 아닌 기업가로서 기업가정신을 지닌 사람으로 평가받기 때문에 이러한 기업가정신의 함양은 성공창업의 필수 요소라 말할 수 있다.

처음으로 '기업가정신'이라는 용어를 사용한 사람은 18세기경 기업가들의 위험감수를 강조한 중상주의 프랑스 경제학자 캉티용(Richard De Cantillon)이었다. 스위스 태생으로 자수성가한 국제 은행가인 캉티용은 모든 분야에서 자기고용(self-employment)을 기업가정신(entrepreneurship)이라고 정의하였다. 즉 임금 근로자로 피고용되어 있지 않은 사람은 모두 기업가라고 보았으며, 극단적인 사례로 도둑이나 길거리의 거지도 포함시켰다.

그 후 프랑스 경제학자 세이(J.B. Say)가 그의 저서 '정치경제학(1803)'에서 노동만을 생산요소로 본 고전학파 이론 중 노동가치설을 버리고 기업가의 활동도 생산적인 것이라고 하여 기업가의 입장을 명시하고, "기업가(entrepreneur)는 경제적 자원을 생산성과 수익성이 보다 낮은 곳으로부터 보다 높은 곳으로 이동시킨다"며 '기업가'와 '기업가정신'이라는 개념을 제시하면서 기업가정신에 대하여 관심을 나타내기 시작하였다.

세이의 사상에 관심을 기울이던 경제학자 슘페터(Joseph Alois

Schumpeter)는 그의 저서 '경제발전의 이론'에서 균형과 최적 배분보다는 혁신적인 기업가에 의해 초래된 동태적 불균형이 건강한 경제의 규범이고, 경제의 이론과 경제 실천에 있어 중심적인 현실이라고 가정하며 이전까지 기업가를 경제외생 변수로 포함시키고 있던 고전학파 경제학에 도전하였다.

슘페터와 같은 해에 태어난 20세기 최고의 경제학자 케인즈(John Maynard Keynes)는 1929년 미국 대공황의 발생원인을 유효수요의 부족으로 판단하고 뉴딜정책과 같은 정부의 개입을 제안하였다. 그의 '일반이론'에 의하면 국가의 모든 경제활동 수준은 생산요소의 양이나 기술수준과 같은 공급자 측면이 아니라 수요의 크기로 결정되기 때문에 유효수요를 높이기 위한 정부와 은행의 거시적인 금융정책이 필요하다고 주장하였다. 그러나 슘페터는 이러한 정태적 경제 활동은 자본가와 노동자의 두 계급이 수요와 공급이라는 시장법칙에서 주어진 가격의 결과를 수용하는 수동적인 것이어서 주어진 시장 안에서 서로의 이익을 갉아먹는 제로섬 게임으로 정태적 경제에서는 경제발전을 기대할 수 없다고 생각하였다.

슘페터는 경제 구성원이 시장을 변화시키는 능동적인 행위를 '창조적 파괴(creative destruction)'라는 용어로 설명하면서 현재의 안정된 상황을 파괴하고 새롭게 나아가는 '창조적 파괴' 과정을 통해 경제가 발전될 수 있다고 하였다.

경제 구성원이 어떻게 시장을 변화시킬 수 있을까? 그것은 바로 기존의 시장을 파괴하는 것이며 창조적 파괴를 위한 방법으로 '혁신'을 강조하였다. '혁신이론'에 의하면 새로운 시장과 수요를 창출하는 동태적 변화를 일으킬 수 있는 기업가의 혁신을 통해 경제가 발전하며 정부의 개입에는 한계가 있다는 것이다.

학자들 중에는 20세기 중반을 케인즈의 시대라고 한다면 21세기는 슘페터의 시대라고 말하는데, 케인즈와 슘페터의 가장 큰 차이는 경제활동을 정태적 순환으로 보느냐 동태적 순환으로 보느냐의 시각 차이에 있다. 20세기까지는 케인즈의 이론이 타당할 수 있으나 21세기 디지털과 인터넷의 출현과 같은 정보통신기술의 발달은 경제를 역동적인 환경으로 급속히 변화시켰다.

물건이나 서비스에 대한 구매 욕망은 반드시 포화상태에 도달하며, 그것이 바로 심각한 불황을 불러오는 가장 큰 원인이다. 케인즈는 유효수요를 만들기 위한 정부 부양정책을 생각하였고, 슘페터는 포화상태에 도달한 물건이나 서비스를 대체할 새로운 물건을 만들어내는 수요창출 혁신이 필요하다고 생각하였다.

이처럼 케인즈와 슘페터의 경제학은 여전히 우리의 현실 경제를 바라보는 중요한 실마리를 제공한다. 최근에 미국, 유럽, 일본에서 불황극복을 위해 막대한 규모의 국채를 발행하여 현금 유동성을 올리기도 하고, 새로운 일자리 창출을 위한 다양한 창조적 시도를 하고 있는 것은 케인즈의 유효수요정책과 슘페터의 혁신기업가 정신이 모두 필요한 시점이라고 할 수 있다.[3)]

창조와 파괴는 상반된 개념이지만 이 두 단어를 합치면 전혀 새로운 시장이 열린다. 예를 들어 소니는 1979년 워크맨을 출시하면서 지난 30여 년간 휴대용 카세트 시장에서 독보적인 위치를 차지하였다. 소니의 성공을 보고 수많은 후발주자들이 이 시장에 뛰어들었고 블루오션이었던 카세트테이프 음향기기 시장은 치열한 더 이상의 성장이 없는 레드오션으로 바뀌었고, 이때 CD플레이어라는 새로운 상품의 출현은 기존 시장을 파괴하고 새로운 시장을 창조하였다. 그 이후 CD 플레이어는 MP3에 의해 파괴되었고, MP3는 애플의 아이팟에 의해, 그리고 아이팟은 같은 회사의 아이폰에 의해 파괴되었다. 결국, 2013년 1월 소니사는 한 시대 젊은이들의 음악적 행동을 지배하였던 워크맨의 생산을 중단한다고 발표하였고, 워크맨은 전자기기 역사의 한 장에 기록되는 것으로 남을 것이다.

이처럼 창조적 파괴는 기존에 존재하는 것을 파괴하고 새로운 시장을 창출함으로써 새로운 산업이 만들어지고 새로운 직업이 생기고 수많은 사람들에게 기회를 제공한다.

슘페터는 창조적 파괴가 자본가와 노동자가 아닌 새로운 집단에서 만들어지며, 이 새로운 집단을 '기업가(entrepreneur)'라고 명명하였다. 기업가는 이윤창출을 위해 끊임없이 노동자를 착취하는 자본가와는 다른 성격을 갖고 있으며, 새로운 것을 생각해 내는 '창의성', 변화를 두려워하지 않는 '적극성', 성공을 위해 위험을 감수하는 '도전정신'을 통해 기존 시장을 끊임없이 변화시키고 새로운 시장을 창조한다. 창조적 파괴 과정에서 기술혁신이 일어나고 기술혁신은 노동자의 질을 향상시키고 새로운 일자리를 창출한다. 슘페터는 이러한 혁신을 이룩하려는 기업가의 특성을 '기업가정신(entrepreneurship)'이라고 정의하였다. 일반적인 관례나 사회적 통속도 기업가에게는 도전의 구실을 제공하는 대상에 지나지 않을 뿐 이러한 가치관은 비록 상식일 지라도 기업가에 의해 치밀한 계산으로 과감하게 도전받으리라는 것을 의미하고 있는 것이다.

현대경영학을 창시하고 체계적으로 수립한 경영학자로 평가받는 피터 드러커(Peter Drucker)는 "기업가들은 변화를 정상적인 것으로, 그리고 건강한 것으로 인식하고 있다. 일반적으로 기업가들 자신이 변화를 스스로 초래하지는 않는다. 그러나 기업가는 언제나 변화를 탐색하고, 그것에 대응하고, 그것을 하나의 기회로 활용한다. 그리고 이것이야말로 기업가와 기업가정신의 정의이기도 하다"라고 기업가와 기업가정신에 대하여 정의를 내렸다.

기업가정신 분야의 대표적 대학인 뱁슨대학(Babson College)의 티몬스(Jeffry Timmons) 교수는 기업가정신을 '아무것도 아닌 것에서 가치 있는 것을 이루어내는 인간적이고 창조적인 행동'이라고 정의하고, 기업가정신을 갖춘 사람은 현재의 보유자원이나 자원의 부족에 연연하지 않고 기회를 추구하며, 비전을 달성하기 위해 사람들을 이끌어갈 열정과 헌신을 발휘하고, 계산된 위험을 감수하는 의지를 보인다고 하였으며, 동 대학의 론스타드(Robert Ronstadt) 교수는 '기업가정신이란 빨간 신호등 앞에서도 때로는 이를 무시하고 돌진하는 것과 같다고 표현하며, 기업가정신은 스스로 사업을 일으키고 이를 자기 인생에서 가장 즐거운 일로 여기는 것'이라고 정의하였다.

이후 학자들의 다양한 관점을 통해 정의된 기업가정신도 그 해석은 다양하지만, 도전정신과 모험심이라는 그들의 공통주제에서 크게 벗어나지 못함을 알 수 있다.

기업가정신을 요약하면, 위험부담은 있지만 그에 상응하는 보상을 기대하여 가치 있는 새로운 것을 창조하려는 과정, 또는 사업의 기회를 획득하고 제약된 경영자원을 활용하여 사업을 창조하려는 과정이나 사업을 일으키려는 행동이라고 정의할 수 있다.

위에서 말하는 기업가정신은 기업가가 지녀야 할 모든 이념적 사고를 포함한 것이지만, 이와는 다르게 성격을 세분화하고 세분화 된 각

요소의 조화를 연계적 사고구조로 풀어서 설명한 것이 바로 '창의성, 혁신 및 기업가정신의 연계사슬'이다. 이러한 계속된 연계사슬의 순환을 통해서 기업가는 끊임없이 이윤 추구는 물론 기업가의 정의를 실현해 갈 수 있는 것이다.

연계사슬의 요소를 살펴보면, 우선 창의성은 언제나 새로운 것을 추구하는 기업가의 사고를 가능하게 하는 것이다. 오늘날 창의성은 기업 경쟁력의 중요한 요소이며, 그 영역은 기업 간의 경쟁대상과 경쟁방법에 국한되지 않고 소비자의 취향, 제품 및 서비스의 범위, 진출시장의 지리적 위치, 유통 및 구매채널 등 광범위하게 적용된다. 창의성은 혁신의 과정을 통하여 더 큰 가치로 승화한다.

부를 창출하기 위한 새로운 능력을 갖춘 자원을 얻으려는 행위가 곧 혁신이며, 이러한 실천이야말로 창의성에 새로운 생명력을 불어넣을 수 있는 수단이다. 혁신도 창의성의 영역과 마찬가지로 서비스, 유통, 경영에 이르기까지 매우 다양한 분야에 적용이 가능하며, 특히 창업 초기의 자금, 인력, 시장의 제한 속에서도 부의 창출을 가능하게 하는 원동력으로 작용할 수 있다.

이러한 창의성과 혁신은 기업가정신을 통하여 새로운 부로 창출될 수 있는데, 기업가정신은 혁신된 것을 상업적인 상품으로 출현시키고 고객의 새로운 만족감이나 수요고객의 창출로 매듭짓는 역할을 수행하기 때문이다.

또한, 기업가정신은 사회정의의 실현이라는 새로운 방향으로 더욱 발전하고 있다. 계속된 기업의 이윤추구는 직원과 그들의 가정을 안정적으로 보호할 수단이며, 국가 수입에도 일익을 담당할 수 있으며, 기업의 주주와 채권자들의 권리 또한 계속되는 이윤을 통해 지켜질 수 있기 때문이다. 한편 기업가정신은 사회가 가져다주는 혜택에 대한 보답으로 이윤의 일부를 사회에 환원함을 요구하고 있다.

우리나라의 경우 역대 정부들이 벤처정책, 중소기업 살리기, 창업활성화 정책 등을 펼쳐오면서 창업에 대한 관심이 높아졌지만 정작 창업의 원동력이 되는 기업가정신은 다른 나라에 비해 위축돼 있는 것으로 나타났다. 정보통신정책연구원(KISDI) 창조경제연구실이 발표한 '우리나라 기업가정신 지수 동향' 보고서에 따르면 우리나라의 기회포착형 기업가 활동 비율은 2012년 46%로 지난 2008년 51%에 비해 낮아진 것으로 나타났다. 2012년 기준 미국(59%), 일본(66%), 독일(51%), 프랑스(59%) 등 선진국에 비해서도 낮은 편이다. 이 지수는 런던 비즈니스 스쿨 등이 중심이 돼 만들어진 글로벌 기업가정신 모니터(GEM)의 기업가정신 지수 중 기업가적 활동 영역 일부를 추출해 비교한 것이다. GEM은 초기 기업가 활동을 기회포착형 기업가 활동과 생계형 기업가 활동으로 나눈다.

기회포착형 기업가 활동은 초기 기업가 활동에 참여하고 있는 사람 중 ▲일자리에 대한 다른 선택이 없어서가 아니라 사업 기회를 발견해 창업했고 ▲창업으로 이끈 사업 기회가 그들의 소득을 유지하는 정도에 그치지 않고 임금과 무관하거나 혹은 임금을 증가시킨다고 주장하는 사람의 비율을 의미한다. 반면 생계형 기업가 활동은 다른 일자리에 대한 선택의 기회가 없어 창업 활동을 하는 사람의 비율을 나타낸다.

기회포착형 기업가 활동은 국가별 차이가 크지만 전반적으로 1인당 국내총생산(GDP)이 증가하면서 늘어나는 경향이 있다. 우리나라의 기회포착형 기업가 활동 비율은 상대적으로 낮게 나왔는데 이를 개선하기 위한 정책적 노력이 필요하다. 기술 이전, 초기 기업가 활동 단계에서 재원 조달 용이성, 고등교육기관의 연구·개발(R&D), 기술 상업화, 교육 등이 기업가 활동 강화를 위한 주요 정책 수단이 될 수 있다.4)

[그림 1-1] 기회포착형 기업가 활동 지표 국가별 비교

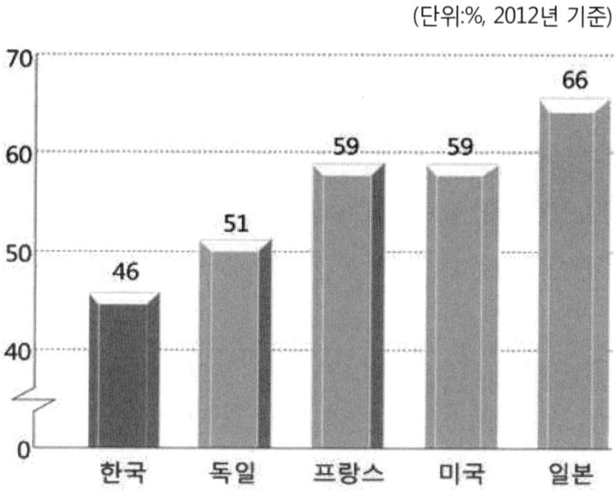

[자료: 한국정보통신정책연구원(2012)]

제 2 장
창업 1세대의 기업가정신

창업 1세대들은 일제강점기와 6·25 전쟁, 그리고 오일쇼크에 이르기까지 그들보다 앞서 있던 경쟁자마저 도태되는 최악의 위기를 정면으로 돌파하며 지금의 성장을 일구어 왔다. 이들은 위기를 새로운 도전의 기회로 삼는 '역발상'과 '창조적 사고'의 소유자였을 뿐만 아니라 새로운 도전을 두려워하지 않는 용기를 지닌 기업가들이었다.

1. 삼성, 호암 이병철

'事業保國, 人才第一'

대한민국의 경제발전을 이끌어 온 대표적 기업가인 이병철 회장은 1910년 경남 의령의 부유한 집안에서 4남매 중 막내로 태어났다. 와세다 대학 정치경제학 전문부로 유학을 떠났다가 건강상의 이유로 학업을 끝마치지 못한 그는 아버지로부터 받은 쌀 300석을 종잣돈으로 정미소를 열어 삼성의 초석을 다졌다.

1938년 대구에 삼성상회를 설립한 이 회장은 1941년 삼성상회를 주식회사로 개편하고 조선양조를 인수하는 등 사세를 확장, 전쟁 중이던 1951년에 삼성물산주식회사를 설립하였고 이후 사업은 확장일로를 걷는다. 이것이 삼성 신화의 시작이었다.

"참된 기업인은 거시적인 안목으로 기업을 발전시키고 국부 형성에 이바지해야 한다. 무역을 하거나 공장을 세우는 모든 일은 나라에 도움이 되며, 나라에 도움이 되는 일은 결국 그 사회에도 도움이 된다." 이 회장의 가장 기본적인 경영철학은 '事業保國'으로 삼성의 정체성을 표현하는 첫 번째 단어다.

이 회장의 신념은 이후 국내 기업인들에게 폭넓은 영향을 미쳤으며, 6·25 전쟁으로 폐허가 된 나라가 산업 선진국으로 다시 일어서는 원동력이 됐다. 이 회장은 단순 무역업에 한계를 느끼고 제일제당과 제일모직 공장을 설립해 수입대체 산업의 선봉에 섰으며 조국 산업화에 정열을 쏟았다. 그는 기업가로 활동한 50여 년간 소비재, 중화학, 전자, 금융, 의료, 유통, 통신, 반도체 등으로 사업영역을 계속 넓혔다. 한 업종에 안주하지 않고 끊임없이 미개척지를 찾아 나섰다.

이 회장은 이 땅에 기업다운 기업을 처음으로 만들고 키운 선구자로 평가받는다. 그의 인생 자체가 한국 근대사이자 발전사인 셈이다. 무한탐구와 무한정진의 삶을 살다간 그는 21세기 경영교과서가 됐다.

■ 창조경영을 실천한 CEO

1987년 타계한 이 회장의 경영철학이 20년이 지난 요즘 다시 주목받고 있다. 그의 경영은 도전과 모험의 역사다. 이 회장은 '무에서 유'를 만들었다는 점에서 요즘 창조경영과 맥이 닿는다.

그는 평소에 '보보시도량(步步是道場)'이라는 말을 즐겨 썼는데 한 걸음 한 걸음이 인생이라는 생각으로 끊임없이 새로운 사업을 일으켰다. 1938년 삼성상회 창업 이후 이 회장은 1950년대부터 1~2년에 한 개씩 새로운 기업을 세웠다.

이 회장에게는 남다른 선견지명이 있었다. 그가 새로운 사업을 일으킨 것은 항상 그 사업의 시장성이 가장 낮은 수준에 있을 때였고 극히 혼란한 환경에 처해 있을 때였다.

한국전쟁의 상흔이 채 가시지 않은 1953년과 1954년에 제일제당과 제일모직을 연이어 창업한 것도 이 회장이 시장을 미리 내다봤기 때문이다. 남들이 무모하다며 말리는 사업이었지만 결과는 대성공이었다. 1960년대 말 삼성이 전자업계에 뛰어들었을 때 그는 경기도 수원에 공장용지로 땅 45만 평을 확보했다. 걸음마 단계인 회사에 45만 평은 너무 넓은 땅이어서 주위에서는 부동산 투기를 한다고 비난했다. 그러나 1980년대에 들어서자 45만 평 용지는 비좁아서 부천에 다시 공장용지를 확보해야만 했다.

70대에는 노익장을 과시하며 반도체 창업을 총지휘했다. 지금의 삼성전자가 세계적인 기업이 되기까지 이 회장의 반도체 사업진출 결단이 초석이 되었음은 다시 설명할 필요가 없다.

■ 정보와 기술을 중시한 경영

이 회장은 일본의 도쿄를 자주 찾는다. 여기서 그가 한 것은 정보 수집이었다. 그가 와세다 유학시절부터 쌓아 놓았던 인맥을 활용해 경제인, 언론인들과 지인들을 만나 변화하는 세계를 읽고 정보를 얻으며 새로운 사업을 구상한 것이다. 이른바 '도쿄 구상'은 널리 알려졌으며, 전자와 반도체, 항공산업 진출 등은 모두 도쿄 구상이 낳은 산물이었다.

1986년, 이 회장은 삼성종합기술원 기공식에서 "기술은 국력이며 기술을 지배하는 자가 세계를 지배하는 시대에 우리는 살고 있다"고 역설했다. 그는 기술중시 경영을 강조하며 매출의 10%까지 연구개발(R&D)을 위해 쓰라고 했다. 또 삼성 CEO는 모두 최고기술책임자(CTO)가 되어야 한다는 것이 그의 지론이었다. 전후 척박한 환경에서 자라난 이공계 우수 인재가 삼성에서 빛을 발한 것은 이 회장의 기술인 우대 정책 때문이었다.

■ 돈보다 인재를 강조한 경영

이 회장의 경영이념은 사업보국(事業報國)과 인재제일(人材第一), 합리추구(合理追求)로 요약된다. 이 가운데 그가 제일 강조했던 것이 사람이다. 물건은 줄 수 있어도 사람은 줄 수 없다는 것이 그의 철학이었다.

그는 생전에 서류 결재를 하지 않았다. 이는 "결제를 받아야 할 사람을 쓰지 않고 일단 썼으면 책임을 묻지 않는다"는 말과 함께 삼성 인사의 원칙이 됐다. '疑人勿用 用人勿疑'. 중국 송나라 사필이 한 말로 '의심이 가는 사람은 쓰지 말고, 한 번 쓴 사람은 의심하지 말라', 의심을 하면서 사람을 부리면 그 사람의 장점을 살릴 수 없다는 것이 그의 신념이었다. 일단 채용했으면 대담하게 일을 맡겼다. 학벌이나 출신보다 능력과 효율, 시너지 그리고 사람 됨됨이를 중시하였다.

버릴 사람은 아예 야단도 치지 않았으며 눈여겨 본 사람은 매정하게 다루면서 중용하였다. 또한, 심부름을 시켜보고 중요한 문제를 다루게 해보며 해답이 없을 것 같은 숙제를 내보내 끊임없이 사람 됨됨이를 체크하고 능력 있고 믿을 수 있는 사람으로 만드는 것이 이 회장의 인재관이었다. 사람을 믿지만 신상필벌(信賞必罰)을 확실하게 함으로써 합리성을 추구했다.

이러한 이 회장의 인재경영은 오늘날 '삼성맨'이라는 신조어를 낳았고, 인재에 대한 투자를 통해 삼성만의 차별된 DNA를 가진 도전적 인재를 창조한 것이다. 삼성이 현재도 '인재의 보고'일 수밖에 없는 비결이 바로 이병철 회장의 경영철학 덕분일 것이다.

■ 삼성 경영학

기업가의 철학이나 경영신조가 기업의 이념으로 명시될 때 이를 경영이념이라고 하며, 경영이념은 기업환경의 변화에 따라 새롭게 적용되거나 확대되어 미래지향적인 기업을 추구한다.

삼성그룹을 태동시킨 삼성이념이 성문화된 것은 1973년이다. 즉 사업보국, 인재제일, 합리추구의 세 가지 항목으로 되어 있는 삼성의 경영이념이 성문화된 것은 1973년에 수립된 '제2차 삼성경영 5개년 계획'에서다.

삼성의 모든 경영활동이 지향하는 궁극의 목표가 사업보국의 이념이라면 인재제일과 합리추구는 그 이념을 실현하는 수단과 행위의 규범이라 할 수 있다. 인재 육성을 통해 합리적인 방법으로 사업을 발전시켜 국가에 기여한다는 것이다.

그러나 삼성그룹이 추구하는 경영이념은 삼성의 창업 때부터 기업 활동에 내재되고 전승되어 온 기업정신을 단지 성문화시켰을 뿐이다. 호암 이병철 회장의 경영사상은 삼성그룹의 이념으로서 기업경영의 지침이 되었으며, 그것은 삼성맨이 공감하는 삼성정신이 되어 삼성그룹의 정신적 지주역할을 했다. 한편 1984년에는 삼성정신이 선포되었는데 창조정신, 도덕정신, 제일주의, 완전주의, 공영공존정신으로 확대되었다. 삼성정신은 삼성그룹의 경영이념을 일상생활 속에서 실천해 나가기 위해 좀 더 구체적이고 명백하게 제시된 삼성인의 생활지표이며, 삼성인의 의사결정과 경영행동의 기준이 되어 왔다.

■ 이건희 시대의 삼성

1987년 이병철 회장의 타계 후 삼성그룹의 제2대 회장으로 취임한 셋째 아들 이건희 회장은 이제까지 경험하지 못한 새로운 글로벌 경영환경에 직면하게 되었다.

1990년대 세계의 정치, 경제환경은 급속하게 변하였다. 소련체제의 붕괴, 동유럽 공산체제의 몰락, 중국의 개방으로 인한 경영환경의 급변이었다. 그동안 글로벌화에 내면적으로 역량을 키워온 삼성으로서는 오히려 기회가 되었다. 또한, 세계는 아날로그시대에서 디지털시대로 급격하게 전환하고 있었다. 삼성전자 등 디지털시대의 선봉에 선 기업들이 디지털화의 선두에서 삼성그룹을 이끌었고, 이는 한국정부의 IT 정책과도 맞아 떨어졌다.

이건희 회장의 신경영은 이러한 경영환경에서 빛을 발하기 시작했다. 정부의 정책, 기업의 역량, 이건희 회장의 리더십이 21세기를 선도하는 창조적 기업의 탄생을 이끌어내게 되었던 것이다.

1988년 3월 20일 창립 5주년을 맞이해 이건희 회장은 제2의 삼성경영학을 선포하였다. 제2의 삼성경영학으로서 아홉 가지 항목(위기의식, 인식의 전환, 업의 개념, 전략적 기회경영, 기술중시의 경영, 인간존중의 경영, 구매의 예술화, 자율경영의 실천, 그룹공동체 의식)을 선포하면서 핵심 덕목으로 '자율경영'·'기술중시'·'인간존중'의 세 가지 항목을 삼성경영학으로 정식 채택하였다.

이건희 회장은 '위기경영론'의 창안자로 알려져 있다. 1988년 회장 취임 이래 거의 5년마다 독특한 위기론을 제시하면서 삼성그룹을 이끌었다. 삼성은 두 번의 큰 위기에 직면했다. 바로 1997년의 IMF 외환위기와 2009년 글로벌 금융위기였다. 세계경제가 송두리째 무너지는 순간이었다. 위기 상황에서 삼성이 택한 것은 시나리오 경영으로 구체적인 사업계획을 세우지 않고 그때그때 상황에 맞게 대처하는 것이다. 이러한 이건희 회장의 위기관리 능력은 아버지 이병철 회장의 가르침을 충실히 따른 것이다. 이 회장은 평소에 "호황일 때 불황을, 불황일 때 호황을 준비하라"며 불경기에도 돌파구는 있다는 얘기를 자주 했다. 어려운 시기에 기업의 참다운 실력이 드러난다는 것이 그의 지론이었다. 삼성은 위기를 기회로 바꾸는 성과를 거두었다. 두 차례의 위기 후 삼성의 체질은 더욱 강하게 개선되었고 기업실적이 괄목할 만큼 신장되었다는 사실이 이를 입증한다.

이건희 회장이 이끄는 삼성그룹이 초일류 기업의 대열에 합류하게 된 배경에는 이 회장의 세 가지 핵심 경영전략이 있다. '품질경영' '디자인 혁명' 그리고 '소프트웨어 중심' 전략이다. 1993년 독일 출장 중에 이 회장에게 전달된 '불량 세탁기 조립과정'을 담은 비디오테이프는 삼성이 양에서 질로 전환하는 결정적 단초를 제공했다.

"내가 몇 년간 '품질경영'을 그렇게 얘기했는데, 변한 게 고작 이것입니까. 사장들과 임원을 전부 프랑크푸르트로 집합시키시오. 이제부터 내가 직접 나섭니다. 마누라와 자식 빼놓고 다 바꾸십시오" 소위 '프랑크푸르트' 선언은 이렇게 시작되었다.

품질경영이 자리잡기 시작하자 이 회장은 이를 넘어 제품에 삼성의 혼을 담을 것을 주문한다. 1996년 "다가올 21세기는 문화의 시대다. 기업 디자인은 기업의 철학과 문화를 담아야 한다"며 디자인혁명을 선언했다. 삼성디자인학교(SADI)가 개원했고, 2001년 삼성전자엔 최고경영자(CEO) 직속의 디자인경영센터가 설립됐다. 디자인경영의 성과는 서서히, 그러나 확실히 나타났다. 2006년 '와인잔' 모양의 테두리 디자인을 갖춘 보르도 TV는 일본 소니를 넘어 삼성 TV가 글로벌 1위에 자리매김하는 견인차 역할을 했다.

이제 이건희 회장은 소프트 기술로 눈을 돌리고 있다. 삼성전자 사장단 회의에서 "소프트웨어, 디자인, 서비스 등 소프트 기술이 중요해지고 있다"고 역설했고, 구글의 모토로라 인수 소식을 듣고는 "IT 파워가 하드웨어 업체에서 소프트웨어 업체로 넘어가고 있다는 점을 주목해야 한다"고 지적했다. 이에 따라 삼성전자는 '소프트 드리븐 컴퍼니(Soft Driven Company)로의 변신'을 선언했다. 앞선 하드웨어 기술에 소프트 기술을 접목시켜 애플, 구글과 같은 소프트웨어 중심의 회사와 글로벌 IT 패권을 겨뤄보겠다는 구상이다.

2013년 9월 말 기준 삼성전자가 전 세계 스마트폰 시장에서 33.05%를 점유하면서 애플을 2위로 밀쳐낼 수 있었던 것은 이 회장이 줄곧 주창해온 '품질, 디자인, 소프트웨어'의 3박자가 모두 맞아 떨어졌기 때문이다.

아버지 이병철 회장 시대가 산업화에서 정보화시대를 거쳐 왔다면 이건희 회장의 삼성은 정보화시대에서 지식기반시대로 변혁의 시기에서 있다. 급속한 기술의 발전은 어제의 기술이 오늘은 무용지물이 될 수 있기에 이건희 회장은 항상 위기의식을 강조한다.

이건희 회장은 1993년 "바꾸자(처와 자식을 빼고 모두 바꾸자)", 1998년 "버리자(IMF 위기극복을 위해 구조조정이 불가피하기 때문에 과감히 버리자)", 그리고 2002년에는 "찾아라(5~10년 후 무엇을 먹고 살 수 있는가를 찾아보자)"라고 강조하면서 급변하는 사회·경제 환경에 대응했으며, 2010년에는 신위기론을 제시했다.

유교를 토대로 한 가족주의적 회사공동체인 삼성의 경영사상은 '삼성가족'을 형성하고, 삼성가족의 구성원은 삼성맨(Samsung Man)으로서 그룹 발전의 초석이 되어 있는 것이다. 삼성그룹은 한국의 전통사상과 서구의 합리사상을 접목한 한국형 회사공동체로서 세계시장을 누비고 있다.[5)]

[그림 2-1] 삼성 가계도

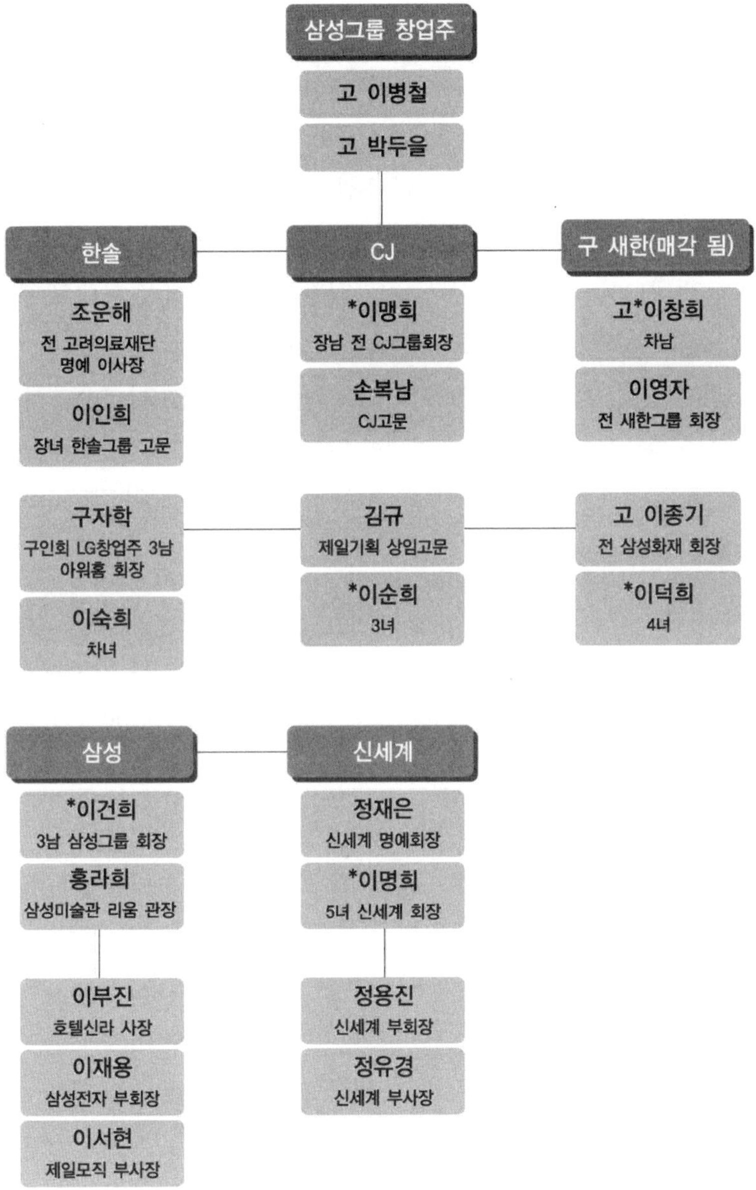

삼성그룹 창업주
고 이병철
고 박두을
한솔
CJ
구 새한(매각 됨)
조운해
전 고려의료재단 명예 이사장
이인희
장녀 한솔그룹 고문
*이맹희
장남 전 CJ그룹회장
손복남
CJ고문
고*이창희
차남
이영자
전 새한그룹 회장
구자학
구인회 LG창업주 3남 아워홈 회장
이숙희
차녀
김규
제일기획 상임고문
*이순희
3녀
고 이종기
전 삼성화재 회장
*이덕희
4녀
삼성
신세계
*이건희
3남 삼성그룹 회장
홍라희
삼성미술관 리움 관장
정재은
신세계 명예회장
*이명희
5녀 신세계 회장
이부진
호텔신라 사장
이재용
삼성전자 부회장
이서현
제일모직 부사장
정용진
신세계 부회장
정유경
신세계 부사장

2. 현대, 아산 정주영

'불굴의 기업가정신과 역발상으로 위기 돌파'

가난이 싫어 소 판 돈을 훔쳐 강원도 통천을 떠났던 소년 정주영이 60여 년 만인 1998년 소 떼를 몰고 휴전선을 넘었다. "이봐, 해봤어?", "길이 없으면 길을 찾고, 찾아도 없으면 길을 닦아가면서 나가면 된다"는 말은 현대그룹 창업주 아산 정주영 회장의 경영철학을 그대로 보여준다. 꿈을 꾸고 이루기 위해 노력하다 보면 이뤄지게 되어 있다는 것이다. 정 회장은 '항상 된다'는 확신으로 일을 시작했으며, '반드시 되게 할 수 있다'는 자신감으로 추진했다.

■ 불도저식 돌파력

정주영의 인생은 '실패는 성공의 어머니'라는 격언을 교과서적으로 보여준다. 그가 인생의 중요한 고비마다 경험한 실패는 곧이어 나타날 성공의 주춧돌이 됐다. 그의 이 같은 경험이 실패를 두려워하지 않는 불굴의 기업가정신을 형성하는 자양분이 된 것이다.

정주영은 휴전 직후인 1953년 아무 기술과 경험 없이 낙동강 고령교 복구공사에 뛰어들었다. 장비, 기술 부족은 물론 홍수까지 겹쳐 몇 배의 공사비를 들여도 완공이 어려워진 상황이었다. 주위에서 모두 포기하라고 했지만, 형제들 돈까지 모두 끌어들여 결국 공사를 완성했다. 그러나 이때 얻은 신용으로 정주영은 당시 전후 최대 공사라는 한강 인도교 복구공사를 수주해 현대건설의 기반을 구축하는 계기를 마련했다.

1965년 사상 첫 해외 사업이었던 태국 고속도로 건설에서도 그는 참담한 실패를 맛봤다. 현지의 엄청난 강우량과 악천후, 불리한 토질을 고려하지 못했을 뿐 아니라 언어와 풍습이 다른 현지 인력관리로 엄청난 문제를 야기했다. 그동안 국내 건설 사업에서 번 돈을 다 털어 넣다시피 해 겨우 공사를 완료했다. 그러나 태국 고속도로 건설 경험은 1968년 경부고속도로 건설의 주역으로 그를 다시 일으켜 세웠다.

조선소 건립 자금조달을 위해 영국의 한 은행장을 방문했을 때, 한국의 조선 기술을 의심하는 은행장에게 정주영은 지갑에서 거북선이 그려진 오백원권 지폐를 꺼내 보여주며 "이미 대한민국은 5백 년 전에 거북선이라는 철갑선을 세계 최초로 건조했다"고 설득했던 일화는 유명하다.

이후 1972년 정주영은 울산 미포만 사진 한 장만 손에 든 채 그리스 거물 해운업자 리바노스를 만나 26만 톤짜리 배 2척을 주문받았고 조선소 건립과 동시에 2척의 배를 진수시켜 세계 조선사에 유일한 기록을 남겼다.

■ 탁월한 창의성

정주영의 이 같은 성공 모델을 두고 '개발독재시대 모델'이라는 평가도 나온다. 그러나 현대그룹 발전의 길목에서 정주영이 내놓은 아이디어는 '안 되면 되게 하라'는 단순한 추진력과는 확연히 대비된다.

서산 간척사업은 정주영의 창의성을 보여주는 백미다. 농부의 아들 정주영은 1980년대 초 바다를 메워 옥토를 만드는 대규모 간척사업에 착수했다. 여의도 48배 면적의 바다를 메워 농토로 전환하는 프로젝트로 한국의 서해안 지도를 바꾸는 대규모 사업이었다. 서산 앞바다는 조수 간만의 차가 너무 커 20만 톤 이상의 돌을 구입해 매립해야만 물막이가 가능한 곳이었다. 이때 정주영은 폐유조선을 침하시켜 유속을 감속시키고 토사를 투하해 둑을 완성하는 '정주영 공법'이라는 기상천외한 발상으로 공사기간을 9개월로 단축하고 공사비도 280억 원이나 절감했다.

유엔군 묘지를 보리밭 물결로 만든 일화도 유명하다. 1952년 12월 아이젠하워 전 미국 대통령의 부산 유엔군 묘지 방문을 앞두고 주한 미 대사관에서 급하게 "묘지를 푸른 잔디로 꾸며달라"고 요구했다. 12월에 잔디를 구할 길이 없었던 정주영은 "풀만 파랗게 나 있으면 되느냐"고 반문한 뒤, 보리밭에서 새파랗게 자라는 보리를 수십 트럭 옮겨 심어 묘지를 녹색바다로 만들었다. 이후 미군 공사는 현대건설의 독무대가 됐다는 후문이다.

제1차 오일쇼크로 중동 산유국에 오일달러가 넘쳐나던 시절, 반대로 국내경제는 열 배 이상 급등한 원유 수입가격으로 최대의 경제위기를 맞았다. 당시 박정희 대통령은 정부관리들을 중동국가에 보내 건설사업 참여를 타진해보라고 지시했다. 그러나 현지를 다녀온 관리들은 중동국가들은 사막국가로 일 년 내내 비가 안 오고 40도가 넘는 열사의 나라로 우리 기업이 진출하기는 불가능하다고 보고한다. 이에 낙담한 박대통령은 정주영을 청와대로 불러 중동진출을 위한 현지조사를 부탁한다. 직접 사우디아라비아를 방문하고 돌아온 정주영은 "중동은 일 년 내내 비가 오지 않아 365일 공사를 할 수 있고, 더운 낮에는 잠을 자고 시원한 밤에 일하면 공사기간을 반으로 단축할 수 있다."라고 보고한다. 가난한 개발도상국이었던 우리나라에 도약의 발판을 마련해 준 중동진출은 정주영의 탁월한 판단력으로 시작되었던 것이다.

제한된 자원을 선택과 집중을 통해 적절히 배치하고 복잡한 문제를 직관을 통해 단순화할 수 있는 능력은 창의성 없이는 불가능하며, 불확실성 상황에서 문제를 해결하는 정주영의 창의적 능력은 지금의 기업가들에게 요구되는 능력일 것이다.

■ **경영 민족주의**

"현대는 단순히 장사를 하는 단체가 아니라 국가의 발전을 위해서 분투하는 중추적인 역할을 하는 집단이다. 나는 자신 있게 말하는데 현대그룹의 과거 50년 동안의 성장은 우리 현대 자신을 위해서 노력했을 뿐만 아니라 국가경제를 일으키는 데 선도적 역할을 담당했다고 생각한다."

현대건설 창립 50주년이었던 1997년 정주영이 밝힌 경영관은 사업보국(事業報國), 식산흥업(殖産興業), 사회공헌(社會貢獻)의 정신과 맥이 닿아있다.

한국 산업화 초기 단계에서 정주영은 소비재보다 사회간접자본(SOC)과 중화학공업에 치중했다. 국가의 초석을 세우기 위해 서비스, 소비재보다는 국가의 기간산업을 육성해야 한다고 믿었기 때문이다.

정주영은 독자 기술 개발을 고집해 선진국에 대한 기술 종속성을 줄이는 데도 심혈을 기울였다. 1967년 미국 포드사로부터 자동차 조립기지화 제안을 받았던 정주영은 이를 거절하고 포니와 같은 독자 모델을 개발해 수출했다. 현대중공업도 일본의 미쓰비시로부터 선박 건조를 5만 톤급 이하로 제한하는 조건으로 기술 이전 제의를 받았으나, 이를 거절하고 세계 시장을 뛰어다니며 스스로의 힘으로 대형 선박을 건조하여 수출했다.

그는 스스로 자신을 한 기업의 경영자의 범주로 보지 않고 기업의 독자적인 성장을 통해 국부를 창출한다는 경영민족주의자적 철학을 갖고 있다.

■ **정치적 도전**

1992년에는 통일국민당을 창당해 재계 인사로는 최초로 대통령선거에 출마하기도 했다. 비록 선거에서는 낙마했지만 그의 도전정신은 우리나라 정치사에 중요한 발자취로 기록된다.

다시 재계에 복귀한 이후에도 정주영의 도전은 계속됐다. 1998년 6월 16일 소 500마리와 함께 판문점을 넘었던 그는 '정부관리 동행 없이 판문점을 통과한 최초의 민간인'이라는 새로운 기록을 남겼다. 이후 정 회장은 여러 차례 더 방북해 마침내 남북 민간교류의 획기적인 사건인 금강산관광을 성사시켰다. 고향을 떠난 지 60년 만에 이념과 물리적 분단의 벽을 뛰어넘는 대북 관광사업은 정주영 개인의 꿈이자 기업의 미래를 위한 사업이었다.

1977년 10월 경영학의 대가 피터 드러커가 정주영을 찾아왔다. 정주영의 성공담을 잘 알고 있는 그는 만나자마자 '정주영식 경영'에 대해 진단을 내렸다. 드러커는 합리주의와 이성의 힘만으로 경영의 세계에 닥쳐올 불확실성과 위험요소를 껴안고 갈 수 없다고 설파했다. "드러커 교수님, 아예 우리 둘이 합치면 어떻겠습니까? 교수님의 머리와 저의 용기가 만난다면 세계적인 기업이 탄생하지 않을까요?"

복잡한 이론도 단순하게 정리해 내는 정주영의 성공DNA는 드러커와의 만남에서도 빛을 발했다. 피터 드러커의 말처럼 정주영은 타고난 기업가로 통한다. 배고픔을 이기지 못해 아버지의 소 판 돈을 들고 가출을 감행했던 이 소년의 인생은 불확실성과 위험에 대응하는 기업가 정신의 표본으로 자리 잡았다.

■ 정몽구와 현대·기아 자동차

정주영 회장의 불도저식 경영 스타일을 이어받은 차남 정몽구 현대기아차그룹 회장은 위기를 정면으로 돌파해 현대기아자동차를 세계 5위의 자동차 전문회사로 성장시켰다.

정몽구 회장의 경영방침은 크게 네 가지로 압축된다. 첫째, 내실경영 생활화로 양적인 성장을 위해 기술력·품질·디자인·우수인재 양성과 수익성 향상을 기하는 질적인 성장이 뒷받침되어야 한다는 것. 둘째, 글로벌 경영지원 체제 정착으로 치열한 국제경쟁 시대에 당당히 대응할 것. 셋째, 비상관리 경영 역량을 갖추어 외부 경영환경의 어려움을 일치단결해 극복할 것. 넷째, 투명경영과 윤리경영으로 기업의 존재에 정당성을 부여하고 국가 사회의 일원으로 책임을 다하는 것이다. 특히 정몽구 회장이 주장하는 품질경영은 전 세계 소비자들의 목소리에 귀를 기울여 끊임없이 품질향상 노력으로 양적 성장과 질적 성장의 균형을 이루는 토대가 되었다. 세계 자동차 산업과 경제 환경은 정몽구 회장에게 새로운 도전을 요구하고 있다. 무한경쟁 시대를 맞아 경쟁업체의 견제는 더욱 거세지는 데다 주변 여건 역시 유리하지 않다.

"글로벌 경쟁에서 살아남아 지속적으로 성장하기 위해서는 어려움에 단호히 맞서 싸우겠다는 도전의식이 필요하다."

"나무는 꽃을 버려야 열매를 맺고, 강물은 강을 버려야 바다를 이룬다. 비워야 채워지고, 떠나야 얻는다." 현실에 안주하지 말라는 뜻에서 정몽구 회장이 즐겨 말하는 구절이다.[6)]

[그림 2-2] 현대 가계도

정봉식
한성실
현대그룹 창업주
고 정주영(장남)
고 변중석
정몽구
현대기아차그룹 회장
차남
[장남정의선 현대차부회장]
정몽근
3남 현대백화점 명예회장
[장남정지선
현대백화점회장]
고 정몽우
4남 전 현대알루미늄 회장
[장남정일선 BNG스틸사장]
고 정몽헌
5남 전 현대그룹 회장
[현정은 현대그룹 회장]
정몽준
6남 현대중공업/국회의원
정몽윤
7남 현대해상 회장
정몽일
8남 현대기업금융 회장
한라그룹
고 정인영(차남)
정몽국
장남 엠티인더스트리 회장
정몽원
차남 한라건설 · 만도 회장
성우 그룹
고 정순영(3남)
정몽선
장남 성우 그룹 회장
정몽석
차남 현대종합금속 회장
정몽용
4남 성우 오토모티브 회장
현대산업개발
고 정세영(4남)
정몽규
장남 현대산업개발 회장
고 정신영
정몽혁
장남 현대종합상사 대표
KCC
정상영(6남)
정몽진
장남 KCC 회장
정몽익
차남 KCC 사장
정몽열
3남 KCC건설 대표

3. LG, 연암 구인회

'남들이 생각지 못한 것을 하라…「최초」를 즐긴 CEO'

평생을 새로운 사업에 대한 도전으로 살았던 LG그룹 창업주 연암 구인회 회장의 삶은 이 한마디로 요약된다. 포목점으로 시작해 화장품·플라스틱에 이어 석유화학으로 사업을 확장시킨 구 회장은 가전제품의 신화, LG전자의 초석을 닦았다.

선비의 집안에서 장사치가 나올 수 없다는 부친과 조부를 설득하면서 "나라를 위해 돈을 벌겠다"는 약속은 독립운동자금 지원과 각종 생활·가전제품의 국산화 등 그야말로 사업을 통한 애국을 현실화했다.

한국전쟁이 한참이던 1951년, 당시 락희화학공업사(현 LG화학) 사장으로 훗날 LG의 창업자가 된 구인회 회장은 자사의 '럭키 크림' 인기에 흐뭇해하면서도 골치 아픈 문제에 직면해 있었다. 제품은 날개 돋친 듯 팔리고 있었지만 용기 뚜껑이 자꾸 파손돼 반품이 잇달았던 것. 구 회장은 동생 태회와 일본에서 합성수지 책을 구해와 연구 끝에 플라스틱이 해결책임을 알아낸다. 하지만 당시 한국에 개념조차 생소했던 플라스틱 제품을 만들기 위해선 미국에서 플라스틱 사출 성형기를 들여와야 했다. 주변 사람들은 전쟁 중인데 무슨 투자냐며 구 회장을 말렸다. 그러나 그는 "어려운 일을 피하고 눈앞의 이익만 좇아서는 안 된다"며 "남들이 미처 생각하지 못한 사업에 착수해 성공한다는 게 얼마나 보람찬 일인가"라고 주변을 설득했다. 그리고 20여 년간 사업을 통해 모아온 전 재산 3억 원을 들여 사출기를 들여온다. 구 회장의 도전은 한국 최초로 플라스틱 제품을 생산하는 업적을 냈고 이는 기업의 성장동력뿐 아니라 한국의 화학산업을 일으키는 원동력이 됐다.

그로부터 58년이 흐른 2009년 말 구본무 LG그룹 회장은 계열사 최고경영진과 신년 전략을 세우며 "경영환경의 어려움이 예상되더라도 도전적인 목표를 세우고 근시안적인 목표를 세우는 행태를 경계하자"고 주문한다. 1969년 타계한 구인회 LG 창업회장의 경영신념이 60여 년이 흐른 후 손자인 구본무 회장에게 그대로 투영되고 있는 셈이다.

LG그룹을 창업한 구 회장의 이름 뒤에는 수많은 '최초'가 따라다닌다. △한국 최초 플라스틱 제품 생산 △한국 최초 치약 생산 △한국 최초 전자회사 설립 △한국 최초 라디오·선풍기·전화기·TV·세탁기·냉장고 생산 △한국 최초 합성세제 생산 △한국 최초 공개 채용 △한국 최초 외자합작기업 설립 △한국 최초 기업공개 등이 모두 그의 작품들이다.

블루오션 경영을 이미 60여 년 전부터 실천하며 도전·모험을 즐기는 기업가정신으로 '최초'를 두려워하지 않고 이를 즐겨 기업을 성장시키는 기회로 삼았던 도전적 경영자가 바로 구인회 회장이다. 경제 위기와 미래에 대한 불확신을 이유로 투자와 신시장 개척을 주저하는 기업인에게 시사하는 바가 큰 대목이다.

■ '손쉬운' 경영 사절

1957년 구 회장이 이끄는 락희화학공업사는 호황을 누리고 있었다. 한국 최초로 플라스틱 제품을 쏟아낸 데 이어 1955년 우리나라에서 최초로 치약을 생산하며 독보적 인기를 끌고 있었기 때문이다. 시장에서 락희화학공업사의 입지는 탄탄했고 해오던 사업만 계속해도 회사는 계속 잘나갈 수 있을 것으로 보였다.

하지만 이때 구 회장은 새로운 모험을 시도한다. 바로 전자산업이다. 신사업에 대한 정보를 모으던 중 선진국 전자산업에 대한 얘기를 듣고 도전을 결정한 것이다. 주위에서는 화학산업만 해도 잘 나가는데 왜 잘 모르는 사업에 뛰어드느냐, 전자산업을 시작할 기술과 자본이 어디 있느냐 등 반대의 목소리가 높았다.

그러나 구 회장은 "지금 머뭇거리면 앞으로 영원히 선두자리를 차지하기 힘들기 때문에 개척자 정신을 보여줄 때"라며 반대 목소리를 잠재우고 전자산업에 뛰어들어 1년이 넘는 자료 수집 끝에 그는 한국 최초의 전자회사 금성사(현 LG전자)를 만든다. 이후 한국에서 처음으로 라디오·선풍기·전화기·냉장고·TV 등을 줄줄이 만들어낸다. 이후 전자는 회사의 성장동력이 됐을 뿐 아니라 한국 전자산업을 일으키는 초석이 됐다.

■ "한 번 믿으면 다 맡긴다"

구 회장이 도전·개척 정신으로 만들어낸 사업 분야는 다양하다. 1965년 전자·통신·화학 등에서 이미 큰 성공을 거뒀지만, 그는 또다시 신성장동력을 찾아낸다. 다른 기업들은 생각지도 못하고 있던 정유사업이 그것이다. 석탄 중심의 에너지 구조가 석유 위주로 전환하면 성장성이 클 것이라는 판단에서다. 2년 이상을 준비한 끝에 정부 허가를 얻어 국내 최초 민간 정유사인 호남석유(현 GS칼텍스)를 설립했다. 특히 호남석유는 한국 최초로 외국자본과 합작으로 만들어진 회사다.

남들이 생각지 못한 것을 시도하는 '최초'의 생각은 인재육성에서도 나타난다. 구 회장은 창업 초기부터 사람을 중시하며 인화(人和)를 강조했다. 또 기업은 결국 사람이 경영하는 것이기 때문에 인재를 확보하지 못하면 미래는 없다는 게 그의 생각이었다. 그는 인재 확보를 위해 고민하던 중 1957년 한국 기업 최초로 공개채용을 실시했다. 혈연·지연·학연에 따른 특채가 주류였던 당시로서는 획기적인 일이었다.

'인화'와 사람을 중시하는 경영은 '한 번 믿으면 다 맡긴다'는 그의 철학에도 잘 나타난다. 이런 철학은 LG그룹에서 계열사 자율경영으로 유지되고 있다. 구 회장은 그룹의 주요 결정권을 계열사에 넘기는 것을 반대하는 사람들에게 "책임을 지면 사람은 최선을 다하도록 돼 있다. 모든 것을 믿고 맡겨야 한다"는 말을 남겼다.

■ 연구개발(R&D)을 우선하는 경영

경영 측면에서도 구 회장은 '최초'와 '도전'을 즐겼다. 그는 '기업은 개인 소유'라는 인식이 있던 1969년 락희화학에 대해 8억 원 규모 신주를 발행하며 국내 기업 첫 기업공개를 단행하기도 했다.

구 회장은 현장을 중시하는 것으로 유명하다. 1957년 공채로 대졸 신입사원을 뽑았을 때 주위의 만류를 떨쳐내고 현장에서부터 교육을 시켰다. '기업을 하는 데 가장 어렵고 중요한 것이 현장'이라는 게 그의 지론이었다. 구 회장은 R&D를 중요하게 생각하는 것으로도 잘 알려져 있다. R&D라는 개념이 생소하던 1950년대 공장을 세우기 전에 연구소부터 설립했다. R&D에서도 개척정신을 발휘했고 이는 다른 기업들에도 많은 영향을 미쳤다.

■ 검소한 삶 실천

구인회 회장은 생전 검소한 삶으로 유명했다. 이는 지금도 LG家의 가풍으로 면면히 이어지고 있다. 특히, "사치를 일소하고 소박한 생활로 돌아가라"는 그의 당부는 LG그룹이 숱한 위기를 슬기롭게 넘기고 글로벌 기업으로 도약하는 토대가 되었다.

또한, 인화와 신뢰를 강조한 구 회장의 철학은 구씨 家와 허씨 家의 세대를 초월한 화합에서 찾아볼 수 있다. LG창립부터 2005년 구씨의 LG와 허씨의 GS가 분리되기까지 3대에 걸친 양가의 동업은 "헤어지더라도 적을 만들지 말라"는 그의 가르침에 대한 실천으로 이어지고 있다.

■ 3세 회장 구본무

구본무 회장은 창업주 구인회 회장의 장손으로 아버지 구자경 명예회장에 이어 가족중심의 인화를 중시하는 LG家의 장자승계 전통에 따라 1995년부터 LG 그룹을 이끌고 있다.

그의 회장 취임 일성은 '정도경영'으로 21세기 초우량 글로벌 기업으로 도약하기 위해서는 고객으로부터 존경받을 수 있는 '클린 컴퍼니'가 되겠다는 강력한 실천의지를 천명하였다.

구본무 회장이 3대 회장으로 취임하면서 그룹 이름을 럭키금성에서 LG로 변경하였다. 구씨 가문과 허씨 가문의 공동경영 형태로 운영됐던 LG 그룹은 2005년 1월 LG그룹과 GS그룹으로 분리됐다. 두 가문은 57년 동안 구씨 가문이 신사업 개척, 허씨 가문이 자산관리를 맡는 형태로 분쟁과 잡음 없이 그룹을 이끌어 왔다.

구본무 회장의 경영철학이자 마인드는 "똑똑한 사람은 노력하는 사람을 당할 수 없고, 노력하는 사람은 즐겁게 일하는 사람을 당할 수 없다." 구본무 회장은 아주 소탈하고 직원들과도 회장이라는 권위의식 없이 소통하는 것으로 유명하다.

구본무 회장은 유난히 '일등 LG'라는 표현을 자주 사용한다. LG가

추구하는 1등은 결코 단기성과에 만족하는 근시안적인 1등이 아니라, 50년, 100년 동안 지속하는 1등이 되어야 한다고 강조한다. 1등은 정도경영을 통해서만 완성된다는 그의 소신은 불확실한 미래에서 LG가 나아가야 할 방향을 제시하고 있다. "1등 LG는 반드시 정도경영의 기반 위에서 뿌리내려야 합니다. 건전하고 깨끗한 기업만이 오래도록 존경받는 위대한 기업이 될 수 있다는 사실을 우리 모두 명심하고, 철저하게 정도를 지켜 주시기 바랍니다."

연초 LG 계열사 CEO들과의 '컨센서스 미팅'에서 CEO들은 대내외 경영환경이 불투명한 점을 들어 보수적으로 잡은 내년 경영계획을 보고했다. 이에 대해 구 회장은 "환경이 어렵더라도 움츠러들어 소극적 목표를 세우지 말고 사업계획을 수립할 때 도전적인 목표를 세워 달라"며 공격적 경영을 당부한다. 이와 함께 CEO들이 실력이 있어야 글로벌 시장에서 도전적 목표를 달성할 수 있다면서 "창의와 자율의 조직문화를 바탕으로 성과를 이끌어내는 리더십을 발휘하라. 상황이 어렵다고 기존직원을 내보내거나 신입사원을 안 뽑으면 안 된다. 다른 방법을 통한 경영혁신과 원가절감으로 사회적 책임을 다해야 한다."며 LG 특유의 인화(人和)를 강조한다.[7)]

[그림 2-3] LG 가계도

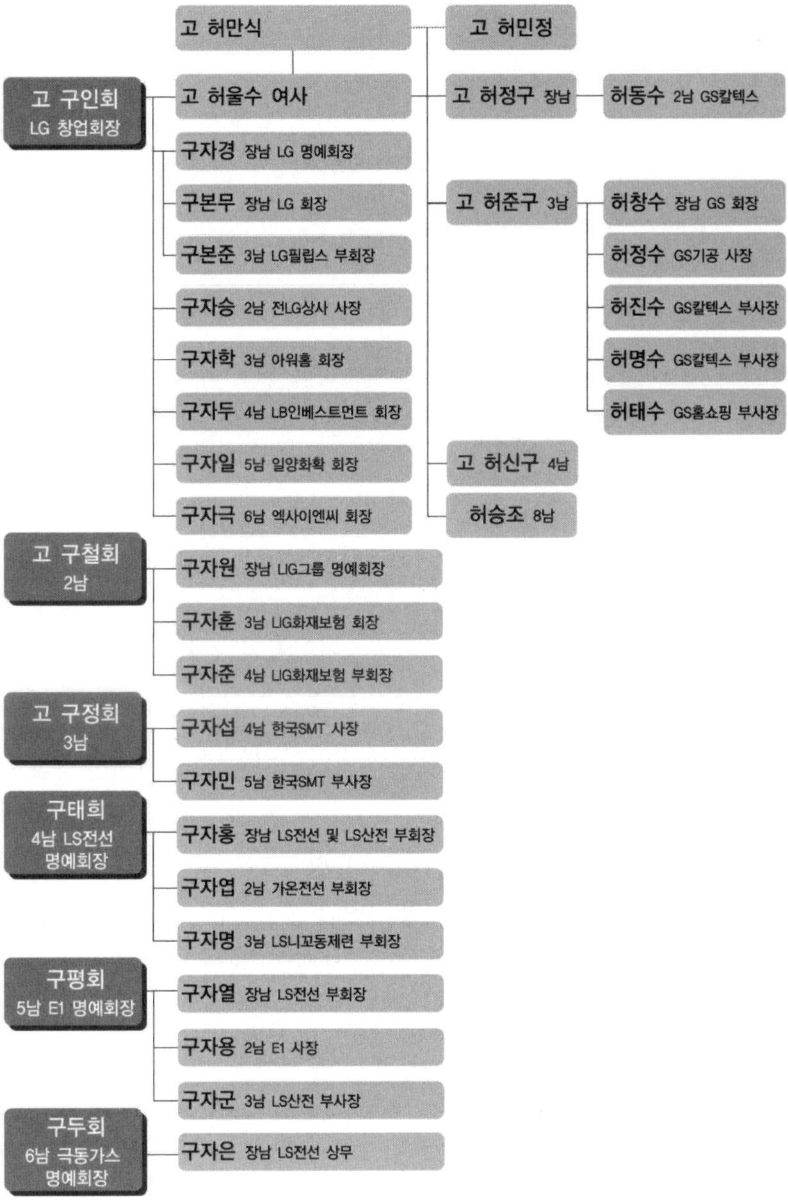

고 허만식
고 허민정
고 구인회
LG 창업회장
고 허울수 여사
고 허정구 장남
허동수 2남 GS칼텍스
구자경 장남 LG 명예회장
구본무 장남 LG 회장
고 허준구 3남
허창수 장남 GS 회장
구본준 3남 LG필립스 부회장
허정수 GS기공 사장
구자승 2남 전LG상사 사장
허진수 GS칼텍스 부사장
구자학 3남 아워홈 회장
허명수 GS칼텍스 부사장
구자두 4남 LB인베스트먼트 회장
허태수 GS홈쇼핑 부사장
구자일 5남 일양화확 회장
고 허신구 4남
구자극 6남 엑사이엔씨 회장
허승조 8남
고 구철회
2남
구자원 장남 LIG그룹 명예회장
구자훈 3남 LIG화재보험 회장
구자준 4남 LIG화재보험 부회장
고 구정회
3남
구자섭 4남 한국SMT 사장
구자민 5남 한국SMT 부사장
구태희
4남 LS전선
명예회장
구자홍 장남 LS전선 및 LS산전 부회장
구자엽 2남 가온전선 부회장
구자명 3남 LS니꼬동제련 부회장
구평회
5남 E1 명예회장
구자열 장남 LS전선 부회장
구자용 2남 E1 사장
구자균 3남 LS산전 부사장
구두회
6남 극동가스
명예회장
구자은 장남 LS전선 상무

제 3 장
중소기업과 벤처기업

1. 중소기업의 정의

중소기업기본법 제2조 1항에는 중소기업자의 범위를 명시하고 있는데, '중소기업 육성시책의 대상이 되는 중소기업자는 업종의 특성과 상시 근로자수, 자산규모, 매출액 등을 참작하여 그 규모가 대통령령이 정하는 기준에 해당하는 기업을 영위하는 자'로 정하고 있다. 우리나라는 업종에 관계없이 상시 근로자 수 1,000명 이상, 자산총액 5,000억 원 이상, 자기자본 1,000억 원 이상, 3년간 평균 매출액 1,500억 원 이상 중 어느 하나에 해당하지 아니할 것이라는 '상한기준'과 상호출자제한기업 집단에 속하는 회사, 자산총액 5,000억 원 이상인 국내법인과 외국법인이 주식 등의 30% 이상을 직접적 또는 간접적으로 소유하면서 최다출자자인 기업, 관계기업에 속하는 기업의 경우에는 출자 비율에 해당하는 상시 근로자 수, 매출액 등을 합산하여 규모기준을 미충족하는 기업 중 어느 하나에 해당하지 아니할 것이라는 독립성 기준에 따라 중소기업의 범위를 법으로 정하고 있다.

중소기업을 일컬어 흔히들 국가 경제의 '허리'라고 표현하는데 축구 경기에 비유하면 '미드필더'와 같은 위치다. 국가 경제 전체를 든든히 받쳐 균형 있게 성장하도록 도우면서 위기 때 완충 역할을 하는 존재다. 어떤 산업을 막론하고 허리가 약하면 그 산업은 생존하기 힘들다.

실제로 한 조사결과에 따르면 중소기업은 지난 10년간 고용인 수를 3백79만 명이나 늘린 것으로 나타났다. 반면 이 기간 중 대기업은 고용을 60만 명이나 줄였다. 고용창출이나 일자리 문제에 대해서 이야기할 때면 늘 대기업들이 전면에 나서지만 실제로 우리나라 경제는 물론 사회 영역에서까지 주요 현안으로 대두되고 있는 실업과 일자리 부족 문제를 해소할 수 있는 것은 중소기업들이다.

또한, 많은 사람들의 관심이 대기업과 대기업 제품에 집중되고 있지만 우리 경제의 당면문제를 해결할 수 있는 해답 역시 중소기업 육성에서 찾을 수 있다. 대기업만으로는 우리 경제에 산적해 있는 문제를 해결하지 못한다. 중소기업은 국가 경제의 뿌리이자 산업의 중추다. 대기업이 방향을 제시하면 내용품 중 상당수는 중소기업이 만든다. 결국 중소기업의 경쟁력이 바로 산업의 경쟁력이자 국가경쟁력인 셈이다.

처음부터 대기업이었던 기업이 있는가? 삼성이나 현대 같은 국내 대기업들도 모두 시작은 중소기업이었고 창업주들은 모두 중소기업인이었다. 삼성의 창업자 이병철 회장은 대구에서 '삼성상회'란 작은 가게로, 현대의 창업자 정주영 회장은 조그마한 쌀집에서 시작했으며, 세계적인 기업인 애플이나 HP, GE같은 회사들도 차고나 실험실에서 출발한 전형적인 중소기업들이었다.

중소기업은 경제에 활력소 역할을 한다. 경영의 특성상 중소기업은 새로운 수요, 새로운 기술개발 분야에 탄력적으로 적응할 수 있는 능동성이 대기업보다 상대적으로 높아 산업 전반에 걸쳐 새로운 활력을 불어넣을 수 있기 때문이다.

중소기업은 지역사회 발전에도 일익을 담당하고 있다. 지역 주민들의 경제 및 사회 활동을 뒷받침하면서 이들에게 취업 기회를 제공하고, 소득의 분배와 기술자 양성 등 지역사회 발전의 구심점 역할을 한다.

이밖에 중소기업은 기업가적 자질을 갖추고 있는 젊은이들에게 자신의 능력을 발휘할 기회를 제공하고, 새로운 아이디어나 상품을 기업화할 장도 마련해 준다. 또 사회적으로 안정된 다수를 만들어냄으로써 중산층을 확대해 우리나라 사회 계층 기반을 든든히 다져준다. 중소기업의 왕성한 경제활동은 독과점 체제를 약화시켜 소비자 권익을 신장시키는 역할도 한다.

이렇듯 중소기업은 국민경제 발전을 위해 여러 가지 기능을 수행하고 있는데 그 주요한 역할은 다음과 같이 요약될 수 있다.

① 중소기업은 경쟁과 자유기업제도를 유지하는데 크게 이바지한다. 중소기업은 새로운 상품생산과 새로운 생산기술 등을 끊임없이 도입함으로써 경제의 활력을 유지하도록 한다.

② 중소기업은 기업 간 분업의 역할을 담당한다. 기업 간 분업에 있어서 부품의 생산과 가공, 중간조립 등을 중소기업이 원가와 기술 면에서 효율적으로 행할 수 있으며 대기업의 보완적 역할을 담당하고 있다.

③ 중소기업은 잠재적 기업가들에게 창업의 기회를 제공한다. 창의력과 열정이 있는 젊은이들이 자신의 능력을 발휘할 기회를 제공함으

로써 새로운 산업의 생성발전을 위한 기반이 되고 있다.

④ 중소기업은 대기업이 제공하지 못하는 많은 상품의 생산이나 서비스를 제공함으로써 소비자의 다양한 욕구를 충족시킨다.

2. 중소기업 창업현황

우리나라 전체 사업자 수는 경제활동의 증가와 함께 매년 증가하여 2007년 약 298만 개에서 2011년 323만 개로 증가하였다. 중소기업이 전체 사업체 수의 99.9%를 차지하고 있는 반면, 대기업은 3,053개로 0.1%에 불과하다. 종사자의 수도 전체 1,453만 명의 86.9%인 1,263만 명이 중소기업에 종사하고 있는 반면, 대기업 종사자는 190만 명으로 13.1%에 불과하다.[8] 이것은 중소기업이 우리나라 산업에서 차지하는 비율이 상당히 높다는 것을 알 수 있으며, 고용창출을 위해서는 중소기업의 창업이 증가해야 함이 필연적이다.

1981년부터 2008년까지 창업 활동의 장기적 변화 추이를 보면, 우리나라는 2003년부터 창업 위축기에 진입한 것으로 판단된다. 일반적으로 창업활동의 장기 변화 추이는 생산 가능인구(15~64세)대비 고용주 비율 및 자영자 비율의 변화 추이를 통해서 살펴볼 수 있는데, 이 기간 동안 우리나라 창업 활동의 장기 변화 과정은 1981~1991년의 임금고용 증가 시기와 1992~2002년의 생계형 창업증가 시기, 그리고 2003~2008년의 창업 위축기로 구분해 볼 수 있다.

1) 임금고용 증가 시기 : 1981~1991년

1981~1991년 기간은 임금근로자 수가 크게 증가한 시기이며, 창업 활동은 다른 시기에 비해서 상대적으로 정체된 시기로 볼 수 있다. 창업 활동을 가늠해 볼 수 있는 지표인 생산가능인구(15~64세 인구) 대비 자영업자 비율은 1981년 19.5%에서 1991년 16.5%까지 계속해서 하락했다.

2) 생계형 창업 증가 시기 : 1992~2002년

1992~2002년 기간은 생산 가능인구 대비 자영업주 비율이 꾸준하게 증가한 반면, 임금근로자 수 증가율은 이전 기간에 비해서 크게 둔화된 시기이다. 특히 대부분 생계형 창업일 것으로 짐작되는 자영업자 수는 1992년 380만 명에서 2002년 457만 명으로 약 77만 명 정도 증가했다.

3) 창업 위축기 : 2003년 이후

2003~2008년 기간은 그 이전 기간에 비해서 상대적으로 창업이 위축된 시기로 볼 수 있다. 생산 가능인구 대비 자영업자 비율은 2002년에 13.4%를 기록한 이후 2008년 12.6%로 계속해서 하락하였으며, 고용주 비율도 같은 기간 4.8%에서 4.3%로 낮아졌다. 창업 활력을 나타내는 지표로 볼 수 있는 경제성장에 대한 사업체수 증가의 탄력성도 2003년 이후 크게 하락한 것으로 나타났다. 사업체수 증가율 탄력성의 점진적인 둔화 추세는 향후 경기회복이 본격화되어도 창업을 통해서 사업체수가 과거처럼 빠르게 증가하기는 어렵다는 것을 시사한다.

2004년 이후 우리나라의 신설법인 수가 증가추세를 보이고 있지만 창업률은 뚜렷한 증가추세를 보이지 않고 있다. 이는 성장과 고용증가를 위해서는 창업이 보다 활성화될 필요가 있음을 의미한다고 할 수 있다. 한편, 창업이 성장 및 고용증가에 미치는 긍정적인 효과를 보다 확대할 필요가 있는데, 이는 창업 중에서도 혁신 창업(innovative start-up)이 보다 활성화될 필요가 있음을 시사한다. 특히, 혁신 창업은 창업의 간접적 효과인 공급 측면의 효과를 더욱 크게 함으로써 창업의 경제성장 및 고용증가에 미치는 누적효과를 확대할 수 있기 때문이다.

[그림 3-1] 창업 동향

(단위 : %)

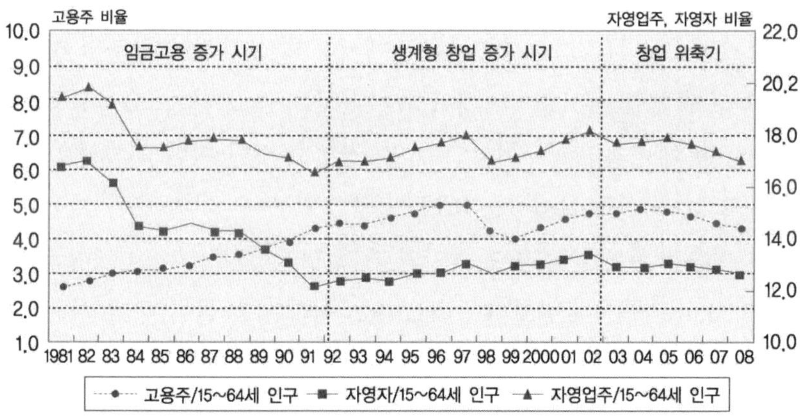

[자료 : 통계청, 경제활동인구조사]

4) 최근 창업 동향

최근 일자리창출을 위한 창업의 중요성이 강조되면서 창업활성화를 위한 다양한 정책들이 추진되고 있다. 2013년 중소기업정책 방향에 따르면, 주요 추진과제 중 하나로 기업가정신 확산과 창업촉진을 강조하면서 혁신 창업을 위한 정책들을 강화하고 있다.

특히 정부는 혁신 창업과 관련하여 청년 기술창업 활성화를 위한 지원을 강화하고 연구개발 지원 중에서 창업과 관련된 창업성장 기술개발 예산을 크게 확대하고 있다.

3. 벤처기업의 정의

벤처기업의 정의는 국가에 따라서 정책적으로 다양하게 사용되고 있다. 미국의 중소기업투자법에서는 위험성이 크나 성공할 경우 높은 수익이 예상되는 신기술 또는 아이디어를 독립기반 위에서 영위하는 신생기업으로 규정하고 있다. 일본에서는 중소기업의 창조적 사업활동 촉진에 관한 임시조치법에서 벤처기업을 중소기업으로서 R&D 투자비율이 매출액의 3% 이상인 기업, 창업 후 5년 미만인 기업으로 분류하고 있다. OECD에서는 R&D 집중도가 높은 기업 또는 기술혁신이나 기술적 우월성이 주요 요인인 기업으로 정의하고 있다. 미국에서는 'venture'라는 표현보다는 'start-up'이라는 표현이 주로 사용되는 편이다.

벤처기업의 정의를 일반적으로 보면, 벤처기업이란 기술수준이 높은 신규기술의 기업화를 위해 기업가정신이 강한 기술 창업인 또는 기존 기업인이 창업 또는 점진적 기술축적을 통해 위험부담은 높지만, 성공 시 기대수익이 큰 사업을 대상으로 운영하는 중소기업이라고 정의할 수 있다.[9] 벤처기업은 보통 소수의 핵심창업자가 기술혁신 아이디어의 개발과 상업화를 기본 동기로 하여 설립한 업체 또는 연구개발을 강조하거나 기술적으로 새로운 지식을 이용하는 데 중점을 둔 회사 등으로 정의되고 있다.

우리나라에서 벤처기업이란 용어가 본격적으로 사용된 것은 1997년 벤처기업육성을 위한 특별조치법의 제정 이후다. 정부는 1986년 창업지원법의 제정에 의하여 창업투자회사를 설립하도록 하여 벤처기업의 창업을 활성화하고자 하였다. 벤처기업이 본격적인 발전의 전기를 맞게 된 것은 1996년 코스닥시장의 설립과 함께 벤처기업에 대한 투자붐이 일어나기 시작하면서부터이다.[10] 국내 연구의 대표적인 정의는 이진주(1985)의 정의이며, 대부분의 국내 선행연구들은 그의 정의를 기초로 하여 상당부분 따르고 있다. 이진주는 벤처를 모험기업이라고 번역하면서 기업가정신이 강한 기업인이 위험부담은 높으나 성공 시 기대이익이 큰 사업을 운영하는 중소기업으로 정의하였으며 벤처기업의 특징으로 다음 세 가지를 제시하였다.

① 소수의 기술창업인이 기술혁신의 아이디어를 상업화하기 위해 설립한 신생기업.
② 높은 위험 부담이 있으나 성공할 경우 높은 기대이익이 예상되는 기업.
③ 모험적이고 왕성한 기업가정신을 가진 기업가에 의해 주도되는 기업.

이춘우(2005)는 기존의 선행연구문헌들에 나타난 벤처기업의 특성을 종합하여 조직시스템 관점과 내용분석 기법을 활용해 그 내용들을 조직시스템의 하위시스템별로 나누어 벤처기업의 특성을 분석하였다.

즉 벤처기업의 특징은 신생산업, 상위시스템 측면에서의 신흥시장, 사회심리적 시스템 측면에서의 기업가정신, 목표가치관, 전략 하위시스템 측면에서의 신기술의 사업화 및 신시장 개척의 추구, 구조적 하위시스템 측면에서의 독자성, 혁신지향, 관리적 하위시스템 측면에서의 위험감수, 개발시스템 측면에서의 벤처캐피탈과의 지원관계, 산출 측면에서의 고성과 및 고성장 등으로 요약할 수 있다. 이러한 특성들은 벤처기업이 조직시스템의 하위시스템을 구성하면서 유기적으로 상호작용하며 체계적인 하나의 기업가적 조직시스템을 구성하는 것이다.

한편, '벤처기업육성에 관한 특별조치법' 제2조 2항에 의하면 벤처기업을 중소기업으로서 벤처투자기업, 연구개발기업, 신기술기업 중의 하나에 해당하는 기업으로 분류하였다.

우리나라 벤처기업의 증감현황을 보면 1998년 벤처인증제도가 시행된 첫해 2,042개였던 벤처기업의 수가 매년 두 배로 증가하더니 2001년도 11,392를 정점으로 감소하기 시작하였는데, 이 시기는 벤처광풍이 지나가고 초기성장기에서 성숙기로 진입하지 못한 상당수의 벤처기업들이 퇴출되었다. 성장단계별 분포도를 보면 초기성장기, 고도성장기 벤처기업들이 2001년부터 80%대의 비중을 차지하고 있었으나 지속적으로 감소하고 있다. 즉 초기성장기와 고도성장기에 있는 기업들이 성숙기로 진입하지 못하고 상당수 벤처기업들이 중도 퇴출되었으며, 결국 성장기의 벤처기업들이 위험에 많이 노출되어 있는 것으로 볼 수 있다. 다행히 정부의 일자리 창출 정책과 벤처지원 정책에 힘입어 벤처기업의 수가 지속적으로 증가하여 2012년 27,876개로 지난 10년간 약 두 배로 성장하였다.

[표 3-1] 벤처기업 창업현황

년도	1998	2000	2001	2002	2004	2006	2008	2010	2012
기업수	2,042	8,798	11,392	8,778	7,967	12,218	15,401	24,645	27,876

[자료 : (사)벤처기업협회, 벤처기업현황 (www.venturein.or.kr)]

벤처기업협회가 보고하는 2012년도 벤처기업현황에서 벤처기업들을 인증형태별로 분류하면, 전체 벤처기업의 88.3%가 기술평가보증기업으로 확인받았으며, 연구개발기업 5.3%, 기술평가대출기업 3.9%, 벤처투자기업 2.3%, 예비벤처기업 0.2% 순으로 아직도 벤처기업이 정부주도의 보증이나 대출에 의한 인증이 전체의 92.2%를 차지하고, 진정한 의미의 벤처캐피탈의 투자나 연구개발에 의한 벤처기업의 수는 미미한 수준이다.

[표 3-2] 우리나라 벤처기업의 유형별 요건

유형	요건
벤처투자 기업	- 벤처투자기관(창업투자회사, 신기술금융회사, 산업은행, 기업은행 등)이 기업 자본금의 10% 이상 투자할 것. - 최소 5천만 원 이상 투자할 것. - 투자유지기간이 6개월 이상일 것.
기술평가 보증 대출기업	- 보증, 대출금액이 8천만원 이상일 것. - 보증, 대출금액이 총자산에서 차지하는 비율이 10% 이상일 것. - 기술성 평가가 우수할 것.
연구개발 기업	- 기업부설연구소를 보유할 것. - 연구개발비 5천만 원 이상일 것. - 연간 연구개발비가 차지하는 금액이 총매출액의 5~10% 이상일 것. - 사업성 평가가 우수할 것.
예비벤처 기업	- 창업전이거나 창업한지 6개월 미만의 기업. - 사업성, 기술성 평가가 우수할 것.

[자료 : KIBO 벤처확인 공시시스템 (www.venturein.or.kr)]

[표 3-3] 벤처기업 인증 사업성 평가표

구분	평가항목	심사항목	배점	해당 등급	득점
경영주 기술능력 (44 점)	기술지식 수준 및 경험수준	기술지식수준	10		
		기술경험수준	16		
	경영능력	기술인력관리	9		
		경영의지 및 사업수완	9		
소계			44		
사업성 (56점)	신청기술(제품)의 경쟁력	인지도	12		
		타제품과의 비교우위성	12		
	사업계획의 타당성	판매계획의 타당성	7		
		판매처의 다양성 및 안정성	7		
	수익전망	매출액경상이익율	9		
		투자대비 회수가능성	9		
소계			56		
합계			100		

* 배점은 신청기업에 해당되는 평가등급(A-E)별 가점 부여 등급별 가점
<A:배점 × 5/5, B:배점 × 4/5, C:배점× 3/5, D: 배점× 2/5, E:배점× 1/5>

[자료 : KIBO 벤처확인 공시시스템 (www.venturein.or.kr)]

4. 벤처기업의 성장

1998년 초 우리나라는 외환위기로 IMF 구제금융을 받아들이면서 기업들의 구조조정으로 약 200만 명에 달하는 실업자가 하루아침에 직장을 잃었으며, 그중 30%에 해당하는 60만 명이 생계형 창업전선에 뛰어들었다. 그 당시 새로 출범한 김대중 정부는 국가경제의 위기극복을 벤처기업을 통한 정보통신산업 육성으로 돌파하려고 하였다. 정보화 사업에 고학력 미취업자를 활용할 수 있도록 공공근로사업을 펼치고, 정보통신분야 인력확보를 위해 병역특례 제도를 도입하는 등 차세대 인터넷과 광통신, 디지털방송, 무선통신, 소프트웨어, 컴퓨터 등 6대 중점기술개발 사업에 정부와 민간기업이 올인하는 분위기였다.

소위 테헤란밸리라 불리는 강남의 역삼동, 삼성동 일대 테헤란로 주변의 빌딩들은 24시간 불이 꺼지지 않았으며, 창의적인 아이디어를 가진 5천여 벤처기업들을 창출하면서 IT 산업 현장에 많은 인재들을 끌어들이기에 충분했다. 오히려 1999년 들어서면서 IT 업계의 인력난 문제가 부각되기 시작했으며, 특히 인터넷과 관련된 사업이 늘어나면서 인력 수요는 크게 늘어났지만 정작 경험과 실력을 갖춘 전문가가 모자라는 것이 문제였다. 인력난은 인터넷 마케터, 자바개발자, IT컨설턴트, 웹마스터, 인터넷사업 개발자 등 모든 분야에 걸쳐 이어지고 있었다. 인력부족이 가중되고 있는 큰 원인은 벤처자금이 풍부해지면서 유망한 대졸 예정자들이 취업을 하기보다는 창업전선에 뛰어들고 있는데 따른 것이었다.

기존 업체에 근무하다 나와서 창업에 나서는 사례도 빈번하게 발견됐다. 대표적인 IT기업인 S사의 경우 사장과 본부장 등 책임자급 인력이 한꺼번에 빠져나오면서 급작스럽게 간부급 인사를 단행해야만 했다. 또 다른 IT 기업은 한 해 동안 700여 명의 직원이 창업해 나가거나 다른 벤처기업으로 자리를 옮겨, 업계에서는 '정보통신 사관학교'라 불리고 있었으며 스카우트 경쟁도 치열하게 전개됐다.

1차 벤처붐이 일었던 90년대 말과 2000년 초반까지만 해도 창업을 통한 벤처열기의 확산으로 1999년 4,984개였던 벤처기업의 수는 2001년 11,400개로 증가했지만, 과열된 벤처의 부작용으로 2005년에는 7,700개로 급감하며 벤처기업과 기업인의 이미지가 실추되었다.[11)]

그동안 벤처 광풍을 타고 신경제의 주역으로 떠올랐던 1세대 벤처기업들은 그 열기가 가라앉으면서 수익성 악화로 고전하고 있으며, 유망기업으로 각광받던 벤처기업들마저 사업 아이디어 고갈 및 기술의 진부화로 퇴출의 대상이 되어버리기도 하였다. 그럼에도 불구하고 건실한 창업자를 중심으로 한 벤처기업들은 꾸준한 성장을 보여 매출 천억 원 클럽 가입 벤처기업의 수가 증가하고 있음은 벤처산업의 밝은 미래를 보여주고 있다.

2012년도 결산 기준으로 매출 1,000억 원 이상을 달성한 벤처기업 수가 416개로 2005년 조사가 시작된 이래 천억 벤처기업은 6배가 증가했다. 업종별로는 기계·제조·자동차 등 일반 제조업이 전체의 52%를 차지하고 컴퓨터·반도체·전자부품 등 첨단 제조업(32%) 등에서 성장세가 두드러졌다. 지역별로는 전체의 56.5%인 235개사가 수도권에 소재하고 있어 정보, 인력, 기술 등에 있어 수도권과 지방의 격차가 벌어지고 있음을 알 수 있다.

창업 후 매출 1,000억 원 돌파에 걸린 기간은 평균 17년으로 2011년 조사 때 16.1년보다 1년여 늘었는데, 그 이유는 유럽 재정위기를 시작으로 글로벌 금융위기가 확산되고 내수경기 침체로 인한 성장세가 다소 주춤한 것으로 분석된다. 업종별로는 통신·방송기기 업종이 천억벤처에 도달하는 기간이 11.2년으로 가장 짧은 반면, 에너지·의료·정밀과 음식료·섬유·금속 업종이 22.4년으로 가장 긴 것으로 나타났다.

[표 3-4] 연도별 천억 벤처기업 수

구분	'04	'05	'06	'07	'08	'09	'10	'11	'12
기업수(개)	68	78	102	152	202	242	315	381	**416**
증가수 (비율, %)	-	10 (14.7)	24 (30.8)	50 (49.0)	50 (32.9)	40 (19.8)	73 (30.1)	66 (21.0)	**35 (9.2)**
신규진입수 (개)	-	24	34	59	68	73	85	87	**54**

[자료 : 중소기업청(www.smba.or.kr)]

천억 벤처기업의 매출액 합계는 89조 2,000억 원으로 우리나라 국민총생산(GDP)에서 차지하는 비중은 7%이다. 기업 당 평균 고용인력은 351명으로 이들 기업의 고용증가율은 중소제조업(3.5%)의 2.5배, 대기업(4.7%)의 1.8배로 나타나 벤처기업의 성장이 경제성장과 함께 양질의 일자리를 창출하는 주역이 되고 있다.

한편 매출 1.5조를 달성한 NHN은 5년 연속 1조 원대를 유지하고 있고, 넥슨코리아, 한국니토옵티칼, 성우하이텍, 유라코퍼레이션이 신규로 1조 매출 벤처기업에 진입하였으며, 히든챔피언의 기준과 유사한 글로벌 수준의 기업으로 성장할 수 있도록 집중 육성하고 있는 '월드클래스 300'에 38개사가 포함되어 있다.

[그림 3-2] 천억 벤처기업의 평균 매출액과 매출액 증가율

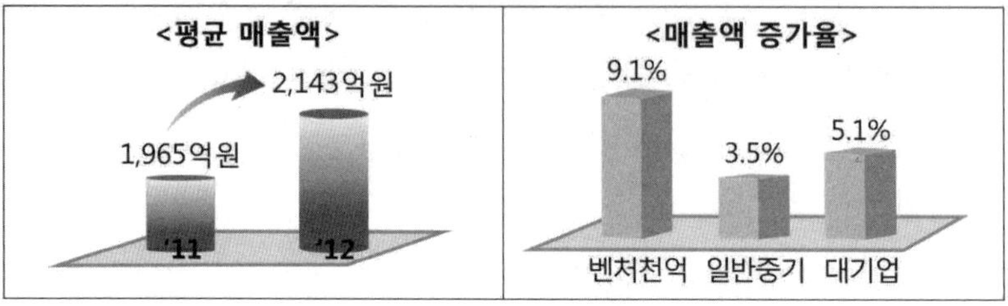

[자료 : (사)벤처기업협회, 벤처뉴스(www.venture.or.kr)]

이들 기업들의 고성장 요인은 첫째, 꾸준한 R&D 투자로 매출액 대비 평균 R&D 투자비율은 2.4%로 대기업 1.1%, 중소기업 0.6%보다 높다. 또한, 특허 보유건수는 36.3건으로 일반 벤처기업 평균 3건보다 12배가 높아 기술력이 벤처성장의 핵심요인임을 입증한다. 둘째, 글로벌 진출전략으로 천억 벤처기업의 84.6%인 352개사가 해외직접수출을 하고 있으며, 평균 수출액은 482억 원, 특히 컴퓨터·반도체·전자부품 업종의 평균 수출액은 885억 원에 달한다. 셋째, M&A 활성화를 들 수 있는데 천억 벤처기업의 35.5%가 평균 3회 인수합병(M&A) 경험이 있으며, 회사 간 강점을 결합할 수 있는 기술적 M&A가 대부분을 차지하고 있다.[12] 천억 벤처기업들은 대내외 어려운 여건 속에서도 열정과 도전정신으로 매진하고 있는 초기 벤처기업 및 예비창업자에게 성공모델과 미래비전을 제시하고 있다.

지난 15년 동안 벤처산업에 대한 평가는 긍정과 부정으로 엇갈리기도 하지만, 세계 최강의 IT산업으로 발돋움하고, 지금의 삼성전자, 네이버와 같은 IT기업이 탄생하는데 정부의 벤처지원정책과 함께 일하는 벤처 분위기가 그 기저에 있었음은 부정할 수 없을 것이다.

[표 3-5] 주요 벤처 지원 정책

구분		지원내용	근거
세제	법인세, 소득세 50% 감면	• 창업벤처 중소기업이 벤처확인을 받은 이후 최초로 소득이 발생한 과세연도와 그 다음 과세연도부터 4년간 50% 세액감면 ('15.12.31까지 벤처확인 받은 기업에 한함) • 수도권 과밀억제권역 이외의 지역에서 창업중소기업으로 중복세액감면적용은 불가 • 감면기간 중 벤처확인이 취소된 경우 취소일이 속하는 과세연도부터 감면을 적용하지 않음	조세특례제한법 제6조 1항, 2항
	취득세 면제	창업벤처 중소기업이 벤처확인일(창업중소기업은 창업일)로부터 4년이내에 취득하는 사업용재산에 대해 취득세 면제	조세특례제한법 제120조 3항
	재산세 50% 감면	창업벤처중소기업이 당해사업에 직접 사용하는 사업용재산에 대해 벤처확인일 (창업중소기업은 창업일)로부터 5년간 재산세의 50% 감면	조세특례제한법 제121조
금융	코스닥 상장	• 상장심사시 우대 * 자본금 및 자기자본기준 이익률 기준 하향 적용, 설립 후 경과년 수 및 부채비율 적용면제 등	코스닥시장상장규정 (한국거래소)
	정책자금	중소기업정책자금 한도 우대	중진공 규정 (기업금융사업처)
	신용보증	• 신용보증 심사시 우대(보증한도 확대, 보증료율 0.2% 감면 등) • 기술력 및 신용도 우수 기업에 대한 연대보증 기준 완화	기술보증기금 기술보증 규정
	투자지원	창업투자회사의 투자대상에 업력제한 없음 * 일반기업은 창업 후 7년 이내 기업만 해당	창업지원법 제10조

[출처 : 중소기업청(www.smba.go.kr)]

5. 벤처기업가정신

벤처기업가는 가능성으로서의 꿈과 비전을 현실에서 구현하려는 사업가이다. 시장 상황에서나 경제사회 일반에서 과거에는 전혀 없었던 아이디어나 기술을 기반으로 새로운 제품이나 사업영역을 창조하려고 한다. 벤처기업가는 실현가능성으로서 전략을 가지고 있을 뿐만 아니라 자신의 꿈과 비전을 현실에서 구현할 수 있는 전략을 가지고 있다.

벤처기업가는 단순한 조직혁신자가 아니라 사회혁신자(social innovator)이다. 벤처기업가는 모험을 지향하기 때문에 기업활동의 기존 관행이나 질서에 안주하지 않고, 또한 기업조직 내부의 역량이나 이해에 매몰되지 않으며 새로운 비전과 가능성을 추구한다. 따라서 벤처기업가는 기업조직 내·외부의 다양한 사회적 잠재력과 그 변화를 예측하고 전망하여야 하며, 변화되는 사회환경에서 기업조직의 목표와 사업영역의 가능성과 한계를 인식하고 조직 내·외부의 다양한 자원을 활용하여 목표를 달성하도록 조직화하여야 한다.

따라서 벤처기업가정신은 기업-사회의 연계를 넘어 '사회 속의 기업'이라는 인식전환을 핵심으로 하고 있다. 이러한 점은 단순한 '개방시스템으로서 기업조직'을 초월한다. 특정한 자원과 역량을 가진 단위기업이 외부의 다양한 사회환경에 반응하고 대응하는 소극적인 차원이 아니라, 오히려 다양한 사회환경과 그 변화 속에서 목표와 방향을 설정하고 어떠한 자원과 역량을 기업내부에서 키울 것인지, 내부화된 자원과 역량을 외부적 자원과 역량과 합쳐 어떻게 시너지를 최대화할 것인지를 전략화한다. 또한, 그러한 내·외부의 자원과 역량을 조직화하여 달성하고자 하는 목표를 사회환경의 변화 속에서 수정하고 변화시켜낼 것인지, 그리고 수정되고 변화될 목표가 합당하지 못하면 어떻게 조직을 처분할 것인지 등을 포함한다. 그러므로 벤처 기업가는 사회 혁신자이다.

벤처기업가정신은 핵심가치와 비전을 실현하는 가치, 그리고 비전 실현을 지원하는 가치로 구성된다. 핵심적인 가치로는 '기술과 고객에 대한 비전'을, 비전을 실현하는 가치로는 '조직적 리더십'을, 비전실현을 지원하는 가치로는 '사회경제적 환경에 대한 이해'로 구성된다.[13)]

[표 3-6] 벤처기업가정신의 구성요소와 상호관계

기술, 고객 비전	조직적 리더십	기술, 고객에 대한 비전을 조직적으로 실현할 수 있음
	사회환경 이해	기술, 고객에 대한 비전의 실현을 지원할 수 있는 수단과 방법을 발견할 수 있음
조직적 리더십	기술, 고객 비전	조직적 영업활동의 내용 및 방향을 제시해 줌
	사회환경 이해	조직적 영업활동을 지원하는 수단과 방법을 발견할 수 있음
사회환경 이해	기술, 고객 비전	사회환경 요소를 이해함으로써 좀 더 현실적으로 실현가능한 기술, 고객 비전을 수립할 수 있음
	조직적 리더십	사회환경 요소를 이해함으로써 더 넓고 더 쉽게 그리고 더 유연한 조직적 리더십을 발휘할 수 있음

벤처에 대한 세 가지 오해

- 벤처기업 사장들은 1주일에 평균 100시간을 일한다.
- 벤처인들은 이익 그 자체보다 자아실현을 위해 노력하는 사람들이 대부분이다.
- 수익을 직원들과 나누기 위해 노력하는 사람들이다.

'벤처'만큼 많은 오해를 받고 있는 단어가 있을까? 대기업은 성장하고 있지만 고용을 줄이고 있다. 전통 산업은 성장의 한계에 도달했다. 한국의 성장과 고용 문제 해결의 유일한 대안은 고품질 벤처기업의 활성화에 달려 있다. 이 단계에서 벤처기업에 대한 불편하지 않은 진실을 정리해 볼 필요가 있다.

첫째, '벤처는 거품'이라는 오해다. 대한민국은 1995년 12월 벤처기업협회 출범 이후 불과 5년도 채 안 되는 사이에 1만 개가 넘는 벤처기업이 만들어졌다. 전 세계가 놀란 질풍노도와도 같은 현상이었고 그 바탕은 1996년의 코스닥과 1997년의 '벤처기업특별법'의 바탕 위에 펼쳐진 강력한 벤처 드라이브 정책의 결과였다. 그리고 2001년 미국의 정보기술(IT) 버블이 꺼지면서 한국의 벤처 버블도 동시에 같은 형태로 가라앉았다. 그럼에도 불구하고 벤처의 현황은 일반인의 상상을 초월한다. 매출 1,000억 원이 넘는 벤처기업이 2년 전 315개를 돌파하고 작년 말 350개를 넘은 것으로 추정된다. 이들의 매출만 70조 원에 달한다. 대한민국 산업 역사상 30년간 거의 나오지 않았던 '1조 원(매출) 기업'이 벤처를 통해 우후죽순같이 쏟아지고 있다. 2년 전 이미 6개를 돌파하고 있다. 이 중 절반은 제조업, 절반은 서비스업이다. 벤처기업 전체 매출액은 삼성전자를 뛰어넘는 200조 원이 넘는 것으로 추정된다. 그러나 이 벤처의 현황을 잠시 들여다보면, 2002년 이후 새롭게 설립된 기업 중 1,000억 원 벤처는 거의 없다는 것을 알 수 있다. 반면 미국에서는 2001년 IT 버블 붕괴의 잿더미에서도 불사조와 같은 수많은 벤처기업들이 화려하게 등장하고 있다. 무슨 일이 벌어진 것일까. 바로 벤처 거품을 없앤다고 도입된 '벤처 건전화' 정책의 결과다. 적어도 벤처는 거품만은 아니었다. 그런데 거품이라고 생각하고 도입된 정책 이후에 우수 벤처들이 더 이상 나타나지 않았다.

두 번째 오해는 벤처의 모럴 해저드에 관한 것이다. 벤처기업 사장들은 1주일에 평균 100시간을 일한다. 대부분의 벤처기업에는 노조가 없다. 내부 정보가 개방되고 신뢰가 있기 때문이다. 벤처인들은 이익 그 자체보다 자아실현을 위해 노력하는 사람들이 대부분이다. 수익을 직원들과 나누기 위해 노력하는 사람들이다. 그런데 왜 모럴 해저드 문제가 나올까. 소위 이용호·정현준 게이트 등 소위 벤처 4대 게이트 때문이다. 그러나 냉정하게 물어보자. 그들은 기업 사냥꾼이지 벤처기업인들이 아니다. 이러한 기업 사냥꾼들은 불법 인수와 주가조작 등으로 문제를 일으켰다. 이러한 문제는 금융 당국과 사법 당국이 제도로 해결해줘야 하는 문제다.

세 번째, 한국에는 미국의 스티브 잡스나 빌 게이츠, 마크 주커버그와 같은 롤모델이 없다고 오해한다. 한국의 NHN·휴맥스·넥슨 등은 전 세계에 내놓아도 부끄럽지 않은, 자랑스러운 한국의 벤처기업들이다. 그러나 이들 기업의 창업자들은 롤모델이 되기를 한사코 거부한다. 롤모델이 되는 순간 기업에 곱지 않은 시선이 올 것이라는 우려 때문이다. 이들이 롤모델로 나서 젊은이들에게 희망을 전파해야 한국의 청년 기업가정신이 왕성해질 것이다. [14)]

美 14년 만에 최대 창업붐..경제에 새 성장엔진 기대

미국에서 창업 열기가 뜨거워지고 있다. 특히 생계형 창업이 아닌 고수익을 노린 기회형 창업이 주를 이루면서 미국경제에 새로운 성장엔진이 될 것으로 기대되고 있다. 매사추세츠주에 있는 밥슨칼리지와 뉴욕의 버룩칼리지가 최근 공동 실시한 '2012 글로벌창업모니터(GEM)'에서 지난해 미국 내 초기단계 창업활동률이 전년대비 13% 늘어 지난 1999년 조사 이래 최고치를 기록했다고 미국 CNBC가 25일(현지시각) 보도했다.

특히 지난 2008년 금융위기 이후 경기침체가 지속되면서 먹고 살기 위한 생계형 창업이 늘었지만 지난해에는 경기가 회복되는 와중에 기업가정신을 가지고 높은 투자수익을 추구하는 기회형 창업이 급증했다.

이번 조사에서 전체 창업 가운데 무려 78%가 기회형 창업으로 지난 2010년(71%)보다 7% 포인트 높아졌다. 앞서 지난 2008년 금융위기 직전 기회형 창업은 전체의 87.8%를 기록했다.

창업에 나선 기업주들의 낙관론도 커졌다. "사업 기회가 더 늘어날 것"이라고 답한 기업주는 43%로 지난 2011년 조사(20%)에 비해 두 배 이상 급증해 역대 최고치를 나타냈다. 또 "급여를 주지 않는 가족을 한 명 이상 고용하고 있다"는 비율은 23%에도 못 미쳤고 "5년 내 5명 이상 직원을 고용할 것"이라는 응답률은 37%였다.

이런 추세는 최근 전미 자영업자협회(NFIB)가 실시한 소기업 경기낙관지수에서도 확인되고 있다. 지난 4월 낙관지수는 92.1%로 상승세를 보였다. 이 낙관지수는 지난 2008년 이후 평균 90.7을 기록했다. 향후 매출과 원재료 비용 상승 부담은 여전했지만 소비경기가 다소 살아나고 있고 은행 대출이 안정세를 보이고 있다는 점이 소규모 사업주들에게도 긍정적 영향을 주고 있다는 분석이다.

실제 이번 GEM 조사에서도 미국 내 소비경기 회복과 그에 따른 수요를 기대하는 기업주들이 종전보다 늘어났다. 창업 업종의 41%가 소비 관련 부문이었고 "매출의 75% 이상을 미국 내에서 올리고 있다"고 답한 비율도 88%에 이르렀다.

기업가 5,500명을 대상으로 이번 조사를 실시했던 도나 J. 켈리 밥슨 칼리지 조교수는 "기회형 창업이 살아나고 있다"며 "이제 많은 미국인들이 우호적인 경제환경에 기대를 걸고 창업에 뛰어들고 있다"고 설명했다. 그는 이어 "경기가 아직 크게 회복되지 않았지만 향후 경기에 대한 기대감과 낙관론이 커지고 있다는 점은 경제에도 힘이 될 것"이라고 기대했다.

다만 초기 기업들의 자금 조달은 해결해야 할 숙제로 남아 있다. 지난해 창업기업들의 폐업률은 18%로 서부 유럽과 아시아 개발국가의 평균 11%보다 높았다. 특히 이들 중 3분의 2는 "영업자금 조달 실패"를 폐업 이유로 꼽았다. [15)]

제 4 장
강소기업 히든 챔피언

1. 히든 챔피언의 정의

'히든 챔피언'은 대중에게 잘 알려져 있지 않지만 각 분야에서 세계시장을 지배하는 우량 기업을 가리키는 말로 전략·마케팅·가격결정 분야의 권위자인 독일의 경영학자 헤르만 지몬(Hermann Simon)이 펴낸 <히든 챔피언 Hidden Champion>이라는 책에서 비롯된 용어다.

헤르만 지몬은 히든 챔피언을 대중에게 잘 알려져 있지 않은 기업, 각 분야에서 세계시장 점유율 1~3위 또는 소속 대륙에서 1위를 차지하는 기업, 매출액이 40억 달러 이하인 기업으로 규정하였다. 즉 애널리스트들조차 잘 모르는 기업이지만 목표에 맞는 적절한 전략들을 개발함으로써 세계시장의 지배자가 된 기업이라는 뜻으로, 강소기업(强小企業; 작지만 강한 기업)이라는 말과도 유사하다.

헤르만 지몬은 "한 국가의 수출은 소수 대기업에 의해 결정된다는 통념과 반대로 수출능력이 뛰어난 중소기업들이 많아야 증대된다"고 주장한다. 이처럼 히든 챔피언들은 국가의 수출에 크게 이바지하고 또한 일자리 창출에도 큰 도움이 되고 있다.

유럽의 대부분 국가들이 오랜 경기 침체 속에 성장률이 정체 또는 하락하고 있지만 독일만은 탄탄한 경제를 이어가고 있다. 독일의 실업률은 5.2%로 선진국 최저 수준이다. 이처럼 독일이 홀로 성장하고 있는 것은 히든 챔피언 기업들이 거대 독일 경제를 떠받치고 있기 때문이다.

히든 챔피언에 속하는 기업들은 평균 60년 이상의 기업수명, 평균 매출액 4,300억 원, 평균 성장률 8.8%, 분야별 세계시장 점유율 33% 이상이라는 공통점을 지니고 있다. 또한, 최근 독일에서는 젊은 청년들이 창업한 기업들이 새로운 히든 챔피언으로 떠오르고 있다. 디지털 포토 앨범을 만드는 아이피랩스(IP Labs), 카셰어링 업체 인버스(Invers) 등은 완전히 새로운 분야에서 젊은이들의 창의와 도전으로 이루어졌는데, 하나의 분야를 파고드는 전문성과 세계화에 대한 열망은 히든 챔피언의 공통분모이다. 또 다른 공통점은 다음과 같다.

① 장기적 전망을 중시한다. 이들 기업은 단기적인 투자가치보다 지속성에 무게를 두고 경영을 한다.

② 기업의 집중력을 중시한다. 여러 제품 시장에 관심을 두는 것이 아니라 협소하고 전문화된 제품 생산에만 집중하며, 독보적 기술을 갖추고 있다. 자신 있는 분야에만 집중하고 기술을 개발하기 때문에 한 분야에서 강자가 될 수 있는 것이다.

③ 세계시장을 중시한다. 이들 기업 중에는 본사 직원이 수십 명에 불과해도 100개가 넘는 해외지사를 거느린 사례가 많다. 또 고객의 의

견을 경영이나 생산에 반영할 수 있는 시스템, 훌륭한 인재, 독특한 기업문화를 갖추고 있다는 특징도 지녔다.

이들 기업들은 주로 기계, 부품, 공정 분야에서 활약하고 있기 때문에 일반 소비자들의 눈에 잘 띄지는 않지만 우수한 기술과 차별화된 전략으로 세계시장에서 인정받고 높은 시장점유율을 가진 숨겨진 강자들이다. '전문성'과 '세계화'가 바로 히든 챔피언을 만들어내는 원동력이다.

우리나라에서도 최근 한국형 히든 챔피언 육성에 힘을 쏟고 있다. 한국수출입은행이 2009년부터 '한국형 히든 챔피언 육성사업'을 시작하였는데, 2019년까지 총 20조 원을 투입하여 수출 1억 달러 이상의 지속적 세계시장 지배력을 갖춘 한국형 히든 챔피언 300개사를 육성한다는 목표 아래 매년 히든 챔피언 기업을 선정하고 있다.

한국무역진흥공사인 KOTRA의 '월드챔프사업'은 히든 챔피언으로 성장할 가능성이 높은 기업을 선정하여 해외시장조사나 기초자료를 제공하는 등 해외마케팅을 적극 지원하고 있다. 중소기업청의 '월드클래스 300'은 2020년까지 매년 잠재력이 있는 기업을 선정하여 산업기술연구회, KOTRA 등 17개의 지원기관을 통해 맞춤형 패키지 지원을 해주고 있다.

하지만 이처럼 여러 기관의 열정적인 육성정책에도 불구하고 해를 거듭할수록 히든 챔피언은 그 인기가 식어가고 있으며 히든 챔피언 신청 기업 수도 계속 줄어들고 있다. 기업들의 신청이 줄게 된 가장 큰 이유는 바로 너무 많은 유사 정책들이 유행처럼 신설되었기 때문이다. 게다가 선정되더라도 기업들은 '히든 챔피언'이라는 간판 말고는 뚜렷한 혜택을 체감하지 못한다.

오히려 지난 2010~2012년 히든 챔피언으로 선정된 43개 기업 중 22개 기업은 선정 후 주가와 실적이 더 떨어진 것으로 나타났다. 심지어 일부 기업들은 상장폐지가 되기도 하였다. 그래서 기업들은 굳이 까다로운 절차를 거쳐 가며 히든 챔피언에 선정되어야 할 필요성을 못 느끼고 있는 것이다. 이러한 히든 챔피언들의 부진은 투자자들에게 불신을 주어 다시 중소기업들에 대한 투자가 감소하게 되는 악순환을 가져다주고 있다.

대기업 중심으로 편성되어 있는 우리나라의 경제구조에서 히든 챔피언의 육성은 최근 경제 침체를 해결해 주기 위한 선결 과제다. 전체 GDP에서 수출이 차지하는 비중이 60%가 넘는 상황에서 수출경제가 흔들린다면 우리나라 전체의 경제가 흔들리는 상황으로 이어질 수 있다. 최근 히든 챔피언을 육성하기 위해 많은 정책이 나오고 KBS, 조선일보 등 각종 매체에서 히든챔피언 기업을 홍보하는 다큐멘터리가 제작되어 방영되는 등 강소기업 만들기에 불을 지피고 있지만, 기업에는 실질적인 도움이 되지 못하고 있는 실정이다.

히든 챔피언은 국가나 단체가 지정해 주는 것이 아니다. 헤르만 지몬이 히든 챔피언의 정의를 내렸듯이 대중에게 잘 알려져 있지 않지만 각 분야에서 세계시장을 지배하는 우량기업이 탄생할 수 있도록 조용히 지원하는 것이 중요하다.

히든 챔피언이 되기 위해 기업에게 가장 필요한 것은 첫째, 연구개발에 의한 새로운 아이디어를 창출함으로써 끊임없이 새로운 제품을 시장에 출시하는 것이며 둘째, 제품과 시장에 대한 선택과 집중, 그리고 유연한 사업전략을 통해 시장 지배력을 강화하는 것이다. 셋째, 제품의 브랜드 인지도를 높이기 위한 전략적 마케팅 활동과 충성고객 및 사업 파트너와의 관계 강화를 통해 시장을 넓혀야 한다. 특히 내수시장의 한계를 넘어 세계시장 진출을 통해 무한한 거대시장에서 승부수를 던져야 한다.

[그림 4-1] 히든챔피언의 탄생

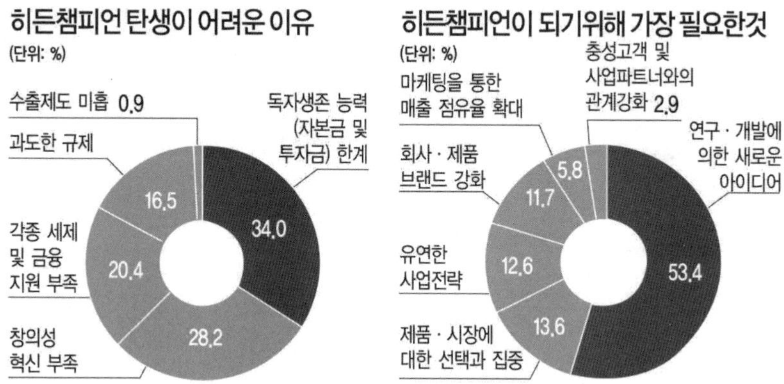

[출처 : 한국경제신문 2012.11.11]

[표 4-1] 2013년 코스닥 상장 히든챔피언 기업

업체명	주요제품	매출액 (억원)
<신규선정기업>		
비아트론	고온 인라인 RTA 열처리 시스템	532
비에이치아이	HRSG	5,006
빅솔론	POS프린터	712
상보	LCD TV용 복합시트	2,533
아모텍	ESD 방지 부품(Chip Varistor)	1,800
이노칩테크놀로지	Common Mode(ESD) Filter	716
테크윙	메모리 테스트 핸들러	911
<기존선정기업>		
고영	3차원 납도포 검사기	1,008
네오피델리티	디지털 오디오 엠프칩	490
동일금속	크레인용 트랙슈(Track Shoe)	1,090
메디톡스	메디톡신	363
뷰웍스	의료용 디지털 X-ray Detector	468
슈프리마	바이오인식 솔루션 및 시스템	519
씨젠	호흡기성 병원체 검사제품	517
알에프세미	ECM Chip	426
엘엠에스	프리즘시트	751
우노앤컴퍼니	가발용 난연고열사	653
원익IPS	반도체 증착장비	2,388
이녹스	FPCB(연성회로기판) 소재	1,423
이엔에프테크놀로지	LCD Thinner	2,330
이오테크닉스	반도체용 레이저마커	2,044
제닉	하이드로겔 마스크팩	859
제이브이엠	전자동 정제 분류 및 포장시스템	779
케이맥	FPD 공정용 박막두께 측정기	204
코텍	카지노용 모니터	1,629
하이비젼시스템즈	카메라 모듈 검사장비	836

[출처 : 한국수출입은행]

2. 제이브이엠

'전 세계 병원·약국 시스템 개발의 선두기업'

대구에 본사를 두고 있는 제이브이엠은 병원 및 약국의 수동식 약 포장기를 시작으로 현재는 컴퓨터가 자동으로 약을 선별, 포장까지 하는 약품 조제 자동화 시스템 분야 세계시장 점유율 1위 기업이다. 독자적인 개발, 독자적인 생산, 독자적인 마케팅, 독자적인 브랜드를 실천해 나가고 있는 제이브이엠은 '회장'이 없는 회사로도 잘 알려져 있다. 이 회사의 직제표 맨 윗자리인 회장란에는 '고객'이라고 쓰여 있다.

창업주 김준호 부회장은 중학교 때 갑작스럽게 아버지가 세상을 떠나면서 가족의 생계를 위해 야간고에 진학해야 했고 낮에는 약품 도매상에 취직하여 약을 배달하는 일을 했다. 당시 약 배달은 일종의 제약회사 영업사원과 같아서 본인이 약국으로부터 직접 배달주문을 받고 일정부분의 수수료를 받아서 월급으로 대신하는 방식이었다. 사회생활이란 전혀 없었고 작은 체구에 고물 자전거를 끄는 어린 학생에게 주문을 맡기려는 약국은 거의 없었다. 어린 그가 받았던 압박감과 위기감은 말로 표현할 수 없었으며, 그 위기를 벗어나기 위해 약국 주인에게서 호감을 얻는 방법을 생각했다. 그것은 약국에 아침 일찍 찾아가 청소를 해주고 약 포장을 대신 해주는 것이었다. 종이로 약을 포장도 해주면서 '빨리 약을 살 수 있으면 나에게 더 많은 일감이 떨어질 텐데'라고 막연히 생각만 갖고 있던 그는 군대에 입대해야 했고, 돈을 벌기 위해 베트남 파병에 자원해서 전쟁도 치렀다. 제대 후에는 제약회사에서 영업사원으로 일하게 되었다. 약을 파는 것보다는 약을 포장하는 방법에 대한 생각이 계속 머리에 맴돌았고, 제대로 일도 못 해줄 바에는 안하는 게 낫다는 생각에 회사를 그만두고 창업을 하기로 마음먹었다.

31세의 젊은 나이에 제이브이엠의 전신인 협신메디컬을 설립했다. 그러나 아이디어 하나만으로 당장 매출이 발생할 수는 없었으며, 약 포장 기계에 대한 아이디어를 현실화하기까지 3년이 넘는 시간이 걸렸다. 1978년 마침내 국내 최초로 약제 포장기기를 출시하였다. 원리는 아주 간단했다. 붕어빵 기계가 밀가루 안에 단팥을 넣고 찍어내는 것과 같이 비닐 위에 약을 넣고 다시 비닐을 덮고 눌러서 찍는 방식이다. 종이로 일일이 싸지 않아도 되니 편리함은 말할 수 없었다. 때마침 의료보험 제도가 도입되면서 병원으로 환자가 물밀듯이 몰려들었고, 수동식 약 포장기계는 종합병원을 중심으로 날개돋친 듯 팔려 나갔다. 아무도 주목하지 않던 약제 포장기기를 홀로 만들어낸 김 부회장은 거의 국내시장을 독점하였으며 누구도 부럽지 않을 만큼의 부를 이뤘다.

그러나 사업 성공의 단꿈을 누리는 것도 잠시일 뿐, 1988년 김 부회장은 폐암으로 6개월 시한부 인생을 선고받았다. 그는 회사를 직원에게 맡기고 강원도 산골로 들어갔다. 오직 살 수 있다는 단 하나의 희망으로 지냈고 마침내 기적같이 암이 나았다.

8년이 넘는 투병생활 끝에 회사를 다시 찾았지만 회사는 만신창이가 되어 있었다. 투병기간 동안 믿고 회사를 맡겼던 직원이 같은 업종의 회사를 따로 차려서 나가 70명이 넘는 직원 중 절반 이상이 그곳으로 옮겨갔다. 회사는 위기에 빠졌다. 껍데기만 남은 회사를 살리는 것은 재창업보다 더 힘들었다. 한솥밥을 먹었던 직원이 경쟁자가 된 현실에 그는 마음의 상처를 받았고 큰 심적 부담으로 작용했다.

위기를 극복하는 방법은 오직 기술로 승부하는 수밖에 없다고 생각한 김 부회장은 1996년 회사를 법인으로 전환하면서 20억 원을 투자해 새로운 기술을 개발하는 데 집중했다. 단순 수동식 포장기계에서 벗어나 과감한 투자로 전자동 정제분류포장시스템(ATDPS)을 개발했다. 처방전을 입력하면 자동으로 약이 분류, 포장되고 유통기간, 재고수량 등 각종 정보 관리도 자동으로 정리되는 첨단 기계다. 하지만 당시는 IMF(국제통화기금) 외환위기 직후여서 판매가 문제였다. 그에게는 운도 많이 따랐다. 첫 번째 개발한 수동시스템이 의료보험제도 시행으로 대박을 쳤다면, 이번에는 때마침 추진된 의약분업으로 수요가 급증하면서 서로 기계를 먼저 가져가겠다고 줄을 섰다.

기술력으로 다시 성장 가도에 오른 제이브이엠은 결국 자신을 떠났던 직원의 회사를 자회사로 만들었다. 기술에 대한 자신감이 생기자 해외 시장에도 눈을 돌렸다. 해외 전시회에 참가하며 자사 제품을 판매해 줄 회사를 찾았지만 막상 대한민국 제품을 팔겠다는 이들이 없었다. 김 부회장은 이번에도 아이디어를 짜내 돌파구를 마련했다. 경쟁사인 일본 제품의 미국 유통업체보다 더 규모가 크고 신뢰성이 높은 회사와 계약을 하면 수출을 할 수 있을 것이라고 판단했다. 당시 포천지가 선정한 500대 기업에서 38위에 오른 매케슨 그룹을 타겟으로 삼았다. 북미 시장의 큰손인 세계적인 의약 유통 전문기업 매케슨을 2년여 동안 오가며 설득한 끝에 제이브이엠의 제품이 미국 시장에 진입할 수 있었다. OEM 방식 대신 JVM 자체 브랜드를 끝까지 고집한 것이다. 눈앞의 이익보다 기업의 미래를 생각한 선택이었다.

성공적인 미국 진출이 알려지자 일본의 경쟁사가 제이브엠의 성장에 두려움을 느꼈는지 특허소송을 제기했다. 3년여에 걸쳐 긴 소송에서 승리했지만 이 일을 계기로 특허의 중요성에 눈을 뜨게 되어 전담부서를 만들고 특허등록 전문가를 고용했다. 회사 내에 특허내용을 전시해 놓은 특허벽에는 지금까지 334개 특허와 249개의 특허 출원이 등록되어 있다.

내수와 수출이 큰 폭으로 증가하면서 성공가도를 달리던 제이브이엠에게 또 위기가 찾아왔다. 2007년 매출 461억 원, 영업이익률 31%를 기록하던 알짜회사가 2008년 키코(KIKO)의 덫에 걸렸다. 키코는 2008년 금융위기 당시 대한민국 기업을 강타한 초강력 쓰나미였다. 우량 수출기업들이 순식간에 흑자 부도에 이르렀다. 환율변동으로 인한 수출기업의 피해를 방지하는 파생금융상품인 키코는 환율이 급상승하자 메가톤급 파괴력을 가진 폭탄으로 변했다. 글로벌 금융위기가 닥치면서 예상과 달리 환율이 급상승했고 파생상품손실도 눈덩이처럼 불어났다. 환율상승으로 제이브엠은 한 해 매출보다 훨씬 많은 1,200억 원을 손실을 입었다. 금융위기까지 겹치면서 미국시장 매출이 40%나 격감했다. 불과 1년 만인 2008년 당기순손실 788억 원으로 자본잠식 위험에까지 처했다. 부채비율은 무려 5,700%까지 뛰어올랐다. 은행들이 등을 돌리기 시작했다. 신규 외화 대출은커녕 오히려 기존 대출 금리를 올리겠다고 통보해왔다. 어떤 외국계 은행은 연 23%까지 이자를 내라고 했다.

수출입은행은 달랐다. 마치 이럴 때를 위해 준비했다는 듯 적기 맞춤형 외화대출을 제공했다. 제이브이엠의 기술력과 성장성을 믿고 수출금융 1,280만 달러와 해외투자금융 225만 유로를 지원했다. 이자는 겨우 연 2%대만 받았다. 대출 외에 환위험컨설팅, 해외 수출국 정보제공 등 비금융 서비스도 병행했다. 제품개발과 생산, 판매 등 전 과정에서 글로벌 경쟁력을 확보할 수 있도록 가장 좋은 조건으로 맞춤형 금융을 제공해 줄 뿐만 아니라 수출입은행의 오랜 경험을 바탕으로 해외 시장개척과 네트워크 구축에 필요한 각종 정보도 제공해 주었다. 수출입은행 덕에 제이브이엠은 다시 살아났다. 키코 때문에 생긴 빚을 완전히 털어냈다. 매출액은 전년보다 34%나 늘어난 755억 원을 달성했으며 부채비율도 172%로 떨어져 건실한 재무구조로 되돌려 놓았다. 김 부회장은 "수출입은행이 아니었으면 못 버텼을 것"이라며 "실제로 기업이 필요한 부분을 제대로 도와준다"고 말했다.

위기 때마다 김 부회장은 돌파구를 신기술 투자에서 찾았다. 위기의 한복판에서 더욱 공격적으로 투자에 나선 것이다. 매년 매출의 3~4%씩 투자하던 것을 14%까지 대폭 끌어올렸다. 이로 인해 환차 손실은 컸지만 매출의 급성장으로 이를 만회하고 정상적인 영업이익을 달성할 수 있었다. 현재 제이브이엠의 시장점유율은 국내 90% 이상, 유럽시장 78%, 북미시장 74%로서 명실상부한 세계 1위다. 올해 정부가 지정한 '월드 클래스 300'(2020년까지 세계적 기업 300개를 육성하는 프로젝트)에도 당당히 이름을 올렸다.

제이브이엠의 결재서류는 특이한 점이 있다. 최종 결재란은 최고 경영자가 아닌 고객이다. 김 부회장은 "제 직함은 부회장이고, 고객이 회장입니다. 고객이 우리의 미래를 결정해주고 고객이 우리를 지지해주고 고객이 떠나면 저도 언제든지 여기서 떠나야 합니다."라고 말한다. 직원들의 재킷과 모든 문서, 차량, 회사 벽면 곳곳에는 'Always with our Customer'(언제나 우리의 고객과 함께)라는 문구가 붙어 있다. "항상 우리는 긴장해야 됩니다. 기업이라는 것이 태산을 하나 넘고 나면 앞에 또 큰 태산이 있습니다. 넘고, 또 넘고 연속적인 위기에요." 고객을 최우선으로 하는 마음을 잊지 않기 위해서다.

제이브이엠은 자선활동에도 적극적이다. 고객으로 받은 사랑을 이제는 사회에 베풀어야겠다는 생각에 16년째 연간 3억~4억 원을 사회공헌 활동에 사용하고 있다. 15년째 이어지고 있는 국내외 소외 지역 생계 지원은 아프가니스탄, 캄보디아, 필리핀을 비롯해 아프리카 국가 등 전 세계 32개 지역에 달한다. 특히 제이브이엠은 학업환경이 조성되어 있지 않아 교육받지 못하는 아이들을 후원하는 데 적극적이다. 우선 타지키스탄과 캄보디아에 학교를 건립, 아이들의 교육지원을 진행하고 있다. 이런 지원은 지속적으로 이뤄지고 있으며 매년 3~4회 창업주인 김 부회장과 경영진이 직접 방문해 현지 봉사활동을 하고 있다. 또한, 매년 1~2개의 학교와 교회를 지어 부모가 없는 아이들을 지원하고 있다. 제이브이엠 사원들로 구성된 봉사회도 국내 보육원을 분기마다 방문, 금전적인 나눔만이 아닌 관심과 애정을 나누는 활동을 8년째 꾸준히 진행 중이다. 제이브이엠의 사원 중 약 10%는 장애우다. 나라에서 지정한 장애우 필수 고용률 2.5%에 비교하면 월등히 많은 수치로 그중 많은 사원이 장기근속자다. 이 밖에 소외계층 후원을 직접 실천하고 있는 제이브이엠은 사회복지재단 설립까지 검토하고 있다.

김준호 부회장은 고등학생 때 생계를 위해 약을 배달하면서도 꿈을 잃지 않았다. '빨리 약을 포장할 수 있으면 나에게 더 많은 일감이 떨어질 텐데'라는 막연한 꿈이 세계 최고의 약품 조제 자동화 시스템 기업으로 현실이 되었다.[16)]

[기업현황]

- 대표자 : 이용희
- 소재지 : 대구광역시 달서구 호산동로 121
- 업종 : 제조, 도소매
- 주 생산품 : 약국자동화 시스템 및 관련 소프트웨어
- 종업원 수 : 329명
- 해외법인 : 유럽 HDM 합작법인(Joint Venture Company)

[회사연혁]

1977. 06. 협신의료기 설립(개인회사)
1982. 06. 자동분할분포기(UP-501 45E) 출시
2000. 07. 대구 달서구 갈산동으로 본사 및 공장 이전 확장
2004. 04. (주)제이브이엠으로 상호 변경
2010. 07. 유럽 HDM 합작법인(Joint Venture Company) 설립
2012. 05. World Class 300 선정(지식경제부)
2012. 06. KOSDAQ Hidden Champion 선정(한국거래소)
2013. 04. 3년 연속 우리지역 일하기 좋은 기업 선정(산업통상자원부)

[JVM 주요 재무현황]

(단위:백만원)

결산일자	총자산	자본총계	납입자본금	매출액	영업이익	순이익
2012-12-31	163,606	78,637	3,165	77,867	14,344	6,043
2011-12-31	186,841	68,681	3,165	75,535	20,444	12,530
2010-12-31	264,916	56,566	3,165	56,507	9,995	6,070

[재무비율분석]

항목			2010-12-31	2011-12-31	2012-12-31	업종평균
수익성	매출원가율	%	57.06	54.45	57.65	69.05
	영업이익률	%	17.68	27.06	18.42	6.05
	당기순이익률	%	10.74	16.58	7.76	4.67
안정성	이자보상배수	배	1.13	4.90	4.31	2.25
	차입금의존도	%	59.56	54.58	40.57	38.24
	부채비율	%	368.32	172.04	108.05	162.49
활동성	매출채권회전율	회	3.15	3.05	2.64	6.13
	총자산회전율	회	0.23	0.33	0.44	
성장성	매출액증가율	%	-8.55	33.67	3.08	9.78
	총자산증가율	%	28.29	-29.47	-12.43	11.66
	영업이익증가율	%	-36.71	104.54	-29.83	5.06
	자기자본증가율	%	62.88	21.41	14.49	12.89

3. 마이다스아이티

'세계 건축시장에서 시뮬레이션 소프트웨어 시장점유율 1위'

마이다스아이티는 공학기술용 소프트웨어 개발 및 보급 그리고 구조분야 엔지니어링 서비스와 웹 비즈니스 통합 솔루션 서비스를 제공하는 회사로 2000년 설립되었다. 포스코 사내 벤처기업 1호로 직원 7명으로 출발하여 일 년 만에 독립적인 회사로 창업하였고, 현재 530여 명의 글로벌 전문기술인력을 보유하고 있으며, 미국, 일본, 중국, 인도, 영국의 현지법인과 27개국의 전세계 네트워크를 통해 100여 개국에

공학 기술용 소프트웨어를 수출하는 세계적 기업으로 성장하였다.

높이 828m 세계 최고층 빌딩 두바이의 '부르즈 할리파'와 길이 3,100m로 세계에서 가장 긴 사장교인 러시아의 러스키 아일랜드 브릿지는 바람, 지진, 열, 습도, 강우 등의 외부 자극에 어떻게 견딜 수 있을까? 마이다스아이티는 토목 건축설계의 핵심기술로 건축물의 설계단계에서 안전성과 경제성을 파악하는 데 쓰이는 시뮬레이션 프로그램 개발 기술을 보유한 세계 7대 기업 중 하나이며, 이 분야 세계 시장 1위라는 선도적인 지위를 점유하고 있다.

후발 업체였음에도 놀라운 성장을 기록할 수 있었던 이유는 쉽고 편리한 사용자 맞춤형 기술과 제품을 파는 게 아니라 기술로 세상을 행복하게 만들겠다는 이형우 대표의 경영철학이 있기 때문이다. 대한민국 공학기술 자립화의 꿈을 넘어 장차 우리의 기술이 바로 세계 표준이 되는 그 날까지 부단히 정진하는 것이 마이다스아이티가 추구하는 궁극적인 목표이다.

"우리 회사의 경영목적은 사람에 있습니다. 돈이 목적이 아닌 사람이 목적이 되는 회사, 기술로 세상을 행복하게 만드는 사람들을 키우는 것이 저의 일입니다". 이 회사의 성장에는 일하는 게 즐거운 행복한 일터, 누구나 원하는 회사를 만들겠다는 이형우 대표의 지론이 숨어 있다. "직원을 행복하게 돕는 것이 당연히 경영자의 기본 책무가 되겠죠. 그러기 위해서 최상의 근무 환경을 제공하는 것은 기본중의 기본이라고 생각합니다."

그는 체력 단련장에서 직원들과 아침운동을 하며 하루를 시작한다. "아침에 운동을 안 하면 뇌의 작동에 문제가 생깁니다. 그래서 혈액순환을 원활하게 해놔야죠" 사내에 헬스장과 미용실을 두고 편히 낮잠을 자도록 목베개를 제공한다. 일류 호텔 출신 주방장을 채용해 한 끼에 1만 5000원 상당의 식사를 제공하고 한 달에 한 번은 가족들과 즐길 수 있도록 스테이크, 파스타 등의 요리를 반조리 식품으로 만들어 나눠준다. 또 사내 복지는 직원의 업무효율로 이어진다. 시간 외 수당 없이도 야근을 자처하는 직원이 늘 정도다.

"행복한 직원들이 있어서 최고의 회사가 될 수 있었던 것 같습니다." 직원들의 행복을 위해서는 잘 먹고 잘 쉬는 기본적인 욕구부터 충족시켜 줘야 한다는 게 이형우 대표의 경영철학이다. "경영의 핵심은 사람이죠. 그리고 사람이 원하는 것은 행복한 삶입니다. 따라서 경영은 사람의 행복을 돕고 세상의 행복 총량을 늘리는 것이 목적입니다. 그런 관점에서 회사는 행복의 놀이터이자 행복 시너지를 생산하는 공장이어야 한다고 생각합니다." 그는 매출을 한 기업이 세상에 제공한 행복의 총량이라고 정의한다.

창업자 이형우 대표는 어려운 집안형편으로 공고를 나와 기술의 중요성에 일찌감치 눈을 뜨고 부산대 기계설비학과 졸업 후 포스코 전신인 제철엔지니어링에 입사한다. 벤처바람이 불던 1990년대 말 기업들은 사내기업가 제도를 도입하였고, 사내 1호 벤처기업으로 출발한 마이다스아이티는 일 년간 포스코의 사내 벤처를 거쳐 2000년에 독립한다.

창업 초기부터 국내시장에 안주하지 않고 탄탄한 기술력으로 세계적인 설계회사가 밀집해 있는 미국시장에 법인을 설립하였다. 본사에서 주재원을 파견하는 대신에 현지출신 직원을 채용하여 빠른 현지 적응을 한 것도 전략 중의 하나였다. 해외법인은 국내에서 개발한 기술을 세계시장에 판매하고 고객들의 요구를 신속하게 파악하는 첨병 역할을 하기 때문이다. 창업 2년 만에 일본에 첫 수출을 시작한 마이다스아이티는 전 세계에 13년 동안 1만 5,000여 개의 소프트웨어를 공급했다. 신축건물뿐 아니라 이탈리아의 성당이나 고건축물의 복구에도 마이다스아이티의 프로그램이 사용되고 있다. 최근에는 부르즈 할리파보다 높은 1,000m 높이의 사우디아라비아 '킹덤타워 프로젝트'에도 참여하고 있다.

이형우 대표에게는 창업과 기술에 대한 철학이 있다. 기업의 존재가치는 옳은 일(Right Thing)을 올바르게 실행(Doing Thing Right)하는 데 있다. '옳은 일'이란 '핵심가치(행복, 보람, 나눔)를 추구하는 것'을 의미하며, '올바르게 실행함'이란 '옳은 일(핵심가치)의 극대화를 위해 같은 목표, 같은 마음, 같은 방법으로 실행하는 것'을 뜻한다. 조직의 시너지를 결정하는 내적변수로 세 가지 요소를 제시하는데, 첫째, '같은 목표'는 핵심가치, 비전 및 미션에 대한 분명한 공유를 말하며, 마이다스아이티의 같은 목표는 기술로 세상을 이롭게 하며 나눔의 선을 실행하는 것이다. 둘째, '같은 마음'은 조직과 개인 간 이해관계의 일치화 및 인식공유로 애사심과 회사에 대한 신뢰를 든다. 이를 위해 회사는 공정한 인사정책과 성과에 대한 보상, 쾌적한 근무환경과 복리후생제도를 최고의 수준으로 제공한다. 셋째, '같은 방법'은 옳은 일을 올바르게 하는 것으로 목표달성을 위한 가장 효율적인 실행방법을 통해 궁극적으로 고객과의 성공적 소통을 이루는 것이다.

기술에 대한 이형우 대표의 철학은 기술로 인간을 행복하게 하고 나눔으로 세상을 아름답게 함을 최선의 가치로 추구하는 것이다. 기술자의 소명은 창의적 기술을 이용하여 인간의 행복추구를 위해 필요한 것을 제공하며, 따라서 기술자는 인간의 행복을 위해 정체보다는 변화를, 안주보다는 나아감을, 현재보다는 미래를 지향하는 사람이라는 관점에서 개혁자이고 개척자이며 선구자임을 자부해야 한다.

최근에는 의료분야에도 진출하여 건축물을 분석하는 데 사용하던 기술을 사람의 몸에 적용 혈관의 상태와 혈액의 흐름을 시뮬레이션해서 분석하는 프로그램을 개발하였는데, 이것이 이형우 대표가 주장하는 기술을 통한 인간의 행복추구이다.

마이다스아이티를 역동적으로 살아 움직이게 하는 원천은 항상 최고를 향한 최선의 노력을 아끼지 않는 마이다스아이티의 모든 임직원이다. 마이다스아이티가 경쟁하는 시장은 블루오션이 아니라 레드오션이다. 이 시장에는 수십 년 역사를 가진 미국과 유럽의 강자들이 많다. 여기까지 올라오는데 결코 쉽지 않았으며 경쟁을 이겨낸 것은 행복경영이 직원들의 열정을 불살랐기 때문이다.

세계시장 점유율 1위 기업!
11년 동안 총매출이 37배 증가한 기업!
공채 경쟁률이 350 대 1에 달한 기업!
직원이 자동으로 승진하고 구조조정이 없는 기업!
직원에게 제공되는 점심이 한 끼 1만 5,000원짜리인 기업!

여기에 수식어를 더 붙인다. 자녀에게 상속되지 않는 강소기업! 우량한 기업을 자식에게 물려주는 게 당연할 것 같은 한국 기업 풍토에서 이 대표는 "기업은 내 것도 아니고, 자식 것도 아니다"고 잘라 말한다. 2017년까지 자신이 아닌 직원들이 최대 주주가 되는 회사를 만드는 것이다. 그 방법으로 사내근로복지기금인 '행복기금'에 자사주를 양도해 1대 주주로 만드는 작업을 하고 있다. 직원과 회사가 함께 출연해 만든 행복기금은 현재 마이다스의 지분 12.65%를 보유하고 있다. 이형우 대표와 자사주를 제외하곤 2대 주주다. 경영진이 바뀌어도 직원이 그만둬도 계속 유지되는 사내복지기금을 통해 경영권도 안정시키고 직원이 주인 되는 회사를 만들겠다는 것이다.

중소기업은 대기업과 다르게 사람과 함께 성장하는 성취감도 갖게 한다. 기업의 성장과 함께 개인의 성취와 보상이 보장되는 회사, 마이다스아이티야말로 진정한 기업가정신을 실천하는 중소기업이다.

불가능의 역사를 가능의 현실로 만들어 온 마이다스아이티는 대한민국의 공학 기술과 인터넷 기술의 우수성을 전 세계에 알리는 대표 기업이 될 것이다.[17)]

[기업현황]

- 대표자 : 이형우
- 소재지 : 경기도 성남시 분당구 삼평동 633 판교세븐벤처밸리
- 업종 : 제조
- 주 생산품 : 소프트웨어 개발 공급
- 종업원 수 : 310명
- 해외법인 : 중국 현지법인(북경마이다스기술유한공사)
  미국 현지법인(MIDASoft Inc)
  인도 현지법인(MIDAS R&D Centre India Private Limited)
  일본 현지법인(MIDAS IT Japan Co., Ltd)
  영국현지법인(MIDAS IT UK Co., Ltd)

[회사연혁]

2000.09. 법인 설립 (법인명 ㈜포스마이다스, 설립자본금 15억 원)

2000.10. 벤처기업 등록 (기술평가기업)

2001.02. 포스마이다스에서 마이다스아이티로 상호 변경

2002.10. 대한민국 벤처대상 수상 (산업자원부, 국무총리 표창)

2011.05. 월드클래스 300기업선정(지식경제부 주관)

2013.05. IR52 장영실상 수상(미래창조과학부 장관)

[마이다스아이티 주요 재무현황]

(단위:백만원)

결산일자	총자산	자본총계	납입자본금	매출액	영업이익	순이익
2012-12-31	98,907	43,808	1,976	55,581	12,937	11,761
2011-12-31	75,286	51,011	1,826	50,501	10,198	9,474
2010-12-31	62,309	39,703	1,700	41,077	7,602	7,877

[재무비율분석]

항목			2010-12-31	2011-12-31	2012-12-31	업종평균
수익성	매출원가율	%	32.79	33.42	33.61	16.71
	영업이익률	%	18.50	20.19	23.27	3.67
	당기순이익률	%	19.17	18.76	21.16	3.19
안정성	이자보상배수	배	9.70	16.23	23.24	2.57
	차입금의존도	%	23.31	16.73	41.04	29.36
	부채비율	%	56.93	47.58	125.77	128.07
활동성	매출채권회전율	회	1.85	1.68	1.43	7.39
	총자산회전율	회	0.71	0.73	0.63	
성장성	매출액증가율	%	20.72	22.94	10.06	14.97
	총자산증가율	%	18.18	20.82	31.37	14.86
	영업이익증가율	%	37.95	34.14	26.86	19.27
	자기자본증가율	%	24.76	28.47	-14.11	17.36

4. 아이디스

'세계 보안 시장의 선두기업'

아이디스는 디지털 영상보안장치(DVR)전문 벤처기업으로 1997년 창립 이래 DVR 제품을 개발·생산·판매하고 있다. 테이프로 녹화하던 CCTV 영상을 디지털로 바꿔 세계 최초 보안용 디지털 영상 녹화장비를 개발한 것이다.

창업자 김영달 대표는 엔지니어 출신의 46살 젊은 CEO다. KAIST 전산학과 박사과정 중에 미국 실리콘밸리에서 연구원으로 지내며 벤처의 진정한 가치를 두 눈으로 지켜봤던 게 결정적인 계기가 되었다. 하루에도 수천 번의 성공과 실패가 되풀이되고 수많은 기업들이 사라지고 태어나기를 거듭하는 벤처 생태계를 지켜보며 김영달 대표도 벤처의 꿈을 키웠다. 첨단기술 자체도 새로웠지만 대기업 위주의 한국과 달리 수백, 수천 개의 강한 벤처가 끝없이 탄생하는 실리콘밸리에서 깊은 감동을 받았다. "국가경제가 튼튼한 밑바탕을 갖기 위해서는 무엇보다 시장을 선도하는 작은 기업이 많이 있어야 한다."는 생각을 안고 귀국한 김영달 대표는 바로 창업 준비에 나섰다. 함께 박사과정을 지내고 있던 동료 2명과 함께 "우리도 세계적인 회사를 만들어보자"며 의기투합했다.

사업 아이템도 정하지 않고 무작정 창업을 결심했다. 일단 대전에 작은 사무실을 얻고 아이템을 고민하던 중 어느 날 KAIST 경비실 한쪽 구석에 수북이 쌓인 CCTV 녹화 테이프를 주목하게 된다. 부피가 크고 관리도 어려운 비디오테이프를 대체할 기록장치가 없을까? 단순한 관찰이 아이디어로 변화하고 다시 기술로 승화한다. 한 분야에서 세계 제일이 되기 위해서는 역량을 한 곳에만 집중해야 한다는 판단 아래 영상압축, 다차원 신호처리, 네트워크, 멀티미디어 등 각 분야의 전문가를 모았다. 카메라에 잡히는 영상을 비디오테이프 없이 디지털화시켜 하드디스크에 압축 저장하는 장치인 DVR(Digital Video Recorder)은 이렇게 세상에 탄생하였다. 이전까지만 해도 2~6시간 몇 시간에 불과했던 녹화시간을 1개월로 늘렸고 때마다 녹화 테이프를 교체하는 불편함이 줄어 당시엔 혁신적인 제품이었다.

제품의 기술력에 자신감을 가진 아이디스는 1999년 미국에서 열린 보안장비전시회에서 그들의 제품을 선보였다. 당시엔 미국 보안업체 전문가가 인정할 정도로 세계 최고의 성능을 자랑했지만 시장에서의 반응은 냉담했다. 기술을 앞세우다 보니 미처 사용자들의 편의성을 고려하지 못했던 것이다. 제품의 성능은 뛰어났으나 소비자들이 사용하기에 어려웠기 때문이다. 많은 보안 업체들로부터 관심을 받았지만 실제 구매로는 이어지지 않았다.

첫 실패는 아이디스에게 보약이 되었다. 제품에 자신이 있어도 소비자들로 하여금 외면을 당한다면 성장할 수가 없다는 것을 깨달았다. 제품의 성능이 뛰어나면서도 소비자들이 조작하기 쉽도록 만드는 것에 주력했다. 그 후 시장에서 반응이 오기 시작했고, 보안장비 전문가들로부터 최고의 제품으로 인정을 받았다.

제품의 성능에 자신감을 갖고 세계 최대 시장인 미국시장의 문을 다시 두드렸다. 거대시장 미국을 공략하기 위해 현지 판매회사도 설립했다. 그리고 가격 경쟁을 해야 하는 시장이 아니라, 프리미엄 시장으로 가는 것으로 방향을 정했다. 해외 판매부문에서는 세일즈 파트너십을 맺은 것이 큰 도움이 됐다. '독점은 안 된다'는 원칙으로 세일즈 파트너와 동등하게 계약을 맺었다.

미국 현지에서는 레스토랑, 카지노 등 개인을 주요 고객으로 하고, 철저하게 고객의 요구에 맞춰 제품을 개발함으로써 성공 가능성을 높였다. 소비자들이 한번 선택하면 잘 바꾸지 않는 보안장비 특성상 미국 시장 내에서 아이디스의 제품으로 교체하는 사람들이 점차 늘어났다. 뿐만 아니라 미항공우주국(NASA)과 유니버셜 스튜디오의 문을 두드렸고 우여곡절 끝에 계약을 성사시켰다.

2000년 시드니 올림픽이 개최되면서 올림픽 스타디움, 오페라 하우스 등이 새롭게 들어서면서 여기에 들어가는 보안장비는 최첨단을 적용한다는 호주 정부의 입찰에 전 세계 16개 업체가 테스트에 참여하였는데, 그중 아이디스 제품이 선정되었다. 타겟 시장에 맞는 R&D를 통해 차별화된 제품을 만들어 낸 전략이 시장에서 좋은 평가를 받은 것이다. 제품의 기술력을 인정받으면서 매출은 고속으로 급성장했다. 코스닥 시장에도 상장하고 미국의 경제주간지 포브스로부터 '세계 200대 중견기업'에 선정되는 영예를 누리기도 했다.

DVR 시장이 커지자 국내 및 중국, 대만 등 동남아 국가에서 우후죽순처럼 생겨나 저가로 덤핑하는 기업들이 몇백 개가 넘었다. 선발주자로 안주할 수 없기에 기술뿐만 아니라 품질과 서비스에도 경쟁력을 가져야 했다. 아이디스는 세상에 없던 제품을 선보이고 끊임없는 기술개발과 철저한 품질관리로 세계 보안시장의 작지만 강한 기업이 되었다.

기업에게 혹한기는 꼭 온다. 그는 "난 혹한기를 좋아한다. 내가 체력이 강하면 감기에 걸리지만 약한 사람들은 얼어 죽을 수 있는 기회가 온다." 어려운 상황이지만 한 번 더 점프할 수 있었다고 한다.

김영달 대표는 벤처붐이 일어 그 시절 주변에서 투자할 테니 일단 확장해서 판매에 나서라는 제의가 쏟아졌지만 그 길이 아닌 것 같아 모두 거절했다고 한다. 그 덕분에 사업도 모르는 곰 같은 사람이라는 비난을 받았지만 한결같이 기술에 집중한 덕에 놀라운 성장을 이룰 수 있었다. 또한, 김영달 대표이사는 "가격에 의해서 형성되는 시장에 우리가 있지 않았다는 겁니다. 프리미어 마켓에서 우리의 기술을 인정받았기 때문에 제조업, 그것도 한국에 있는 조그만 제조업이지만 매출도 1천 억대가 넘고 수천 억대가 가고 그 기간도 십 년이 넘게 지속하면서 영업이익률을 20% 이상씩 유지할 수 있는 것은 그런 일등 마켓에서 일등 제품으로 인정받았기 때문에 가능한 것이죠."라고 말한다.

아이디스는 DVR뿐만 아니라 CCTV용 카메라 분야에 진출하기 위해 산업용 모니터 전문업체 코텍을 인수했다. CCTV 카메라를 자체 생산함으로써 보안 시스템에 필요한 전체 제품을 갖출 예정이다. DVR에 카메라를 결합함으로써 아이디스는 토탈 보안 장비 업체로의 힘찬 도약을 준비하고 있다.

창업 16년째 접어든 아이디스는 세 명에서 시작한 직원이 이제 300명으로 늘어났다. 이 회사의 특징 중 하나는 직원 300명 중 절반이 개발부서에서 일할 정도로 기술을 중요시한다. 창업 초기부터 'R&D(연구개발) 중심회사'를 표방하고 이를 실천에 옮기고 있다. 2008년 말을 기준으로 직원의 업무별 분포를 보면 연구 인력이 전체 직원의 46%로 가장 많고, 그다음이 생산직으로 30%를 차지한다. 벤처회사라는 회사의 성격과 일치하게 매년 매출액의 약 7% 이상을 연구개발비로 재투자하고 있다.

그는 벤처를 꿈꾸는 이들에게 "가고자 하는 바를 명확히 선택하고, 그 선택에 집중하다 보면 단순히 돈을 버는 차원 이상의 의미를 찾을 수 있다"며 "기업가는 국가 경쟁력의 원천인 만큼 사회 전체에 기여한다는 자부심을 가져야만 한다"고 조언한다. 김영달 대표는 기업가에게는 기업가정신이 반드시 있어야 한다고 강조한다.

1. 기회는 변화에서 온다. 그 변화는 그냥 잡히는 게 아니라 그전에 충분히 내공을 쌓고 준비를 해야 한다. 아이디스는 교과서적인 성공을 한 케이스다.
2. 첨단을 추구해야 한다. 제품이라는 것은 첨단을 갖고 만드는 게 아니라 첨단과 첨단 사이에 생기는 골짜기를 메꾸는 게 진정한 첨단이다.
3. 기업의 존재가치는 개인의 이익 창출이 아니라 사회의 부를 축적하는 것이다. 기업가의 창업정신을 갖고 나라를 강대국으로 만드는 데 애를 써야 한다.[18)]

[기업현황]

- 대표자 : 김영달
- 소재지 : 대전시 유성구 관평동 1301
- 업종 : 제조
- 주 생산품 : 영상기기 개발
- 종업원 수 : 295명
- 해외법인 : 아이디스 유럽법인(IDIS Europe Limited)

[회사연혁]

1997.09. 주식회사 아이디스 설립(자본금 50백만 원)

1999.03. 벤처기업 지정

2001.09. 코스닥 등록

2002.10. 美경제지 포브스가 선정한 2002년도 "세계 200대 BEST 중견기업" 선정

2011.07. (주)아이디스홀딩스 인적분할

2011.07. 지식경제부 "World Class 300" 지정

2011.09. 코스닥시장 재상장

2011.12. 전자신문 추천 상품 부분 선정

2012.04. 일하기 좋은 기업 대상 선정

2012.10. HDPRO인수

2013.05. 'DIRECT IP' 아이디스 자가 브랜드 런칭

[아이디스 주요 재무현황]

(단위:백만원)

결산일자	총자산	자본총계	납입자본금	매출액	영업이익	순이익
2012-12-31	124,665	89,545	1,553	151,909	32,603	25,795
2011-12-31	114,940	65,070	1,553	65,484	14,181	13,802
2010-12-31	62,309	39,703	1,700	41,077	7,602	7,877

[재무비율분석]

항목			2011-12-31	2012-12-31	업종평균
수익성	매출원가율	%	62.38	63.24	78.07
	영업이익률	%	21.65	21.46	4.63
	당기순이익률	%	21.07	16.98	3.54
안정성	이자보상배수	배	17.40	22.12	2.38
	차입금의존도	%	33.06	14.43	34.87
	부채비율	%	76.63	39.22	155.50
활동성	매출채권회전율	회	3.37	4.25	6.47
	총자산회전율	회	1.13	1.26	
성장성	매출액증가율	%		131.97	1.13
	총자산증가율	%		8.46	4.89
	영업이익증가율	%		129.89	4.74
	자기자본증가율	%		37.61	7.54

5. 휴비츠

'안광학 기술로 세계 최초를 꿈꾸는 휴비츠'

휴비츠는 사람을 뜻하는 '휴먼'과 빛을 조합한 이름이다. 빛, 즉 광학기술로 사람을 이롭게 하는 제품을 만들겠다는 기업의 철학이 담겨 있다.

1999년 미래광학 기술로 출발한 안광학 의료기기 전문 벤처기업으로서 한국에선 미개척지나 다름없던 분야에 도전해 시력측정 장비로 세계시장에 그 기술력을 인증받은 기업이다. 10년 전만 해도 이런 검안기 시장을 장악하고 있었던 것은 니덱, 탑콘, 캐논 등 일본의 3대 브랜드였는데 휴비츠가 이를 뒤집었다.

김현수 대표는 러시아 광학기술의 산실인 모스크바 공과대학 레이저 연구소에서 1년간 광학을 연구했다. 모스크바에서 쌓은 연구 경험을 토대로 한국에 광학기술을 꽃 피우겠다는 포부를 안고 국내 한 대기업 LS산전에서 "신사업을 같이 해보자"는 제안을 받아 LS산전의 헬스케어 사업부를 총괄했다. LS산전에서 2년여의 기획과 연구개발을 끝마치고 제품화만 앞두고 있었다. 하지만 97년 IMF 외환위기로 그가 이끌었던 사업부를 정리하자 그의 꿈도 접을 수밖에 없었다. 그는 창업을 결심하고 대기업 중앙연구소를 박차고 나와 핵심연구원 5명과 함께 안광학 의료기기 전문 벤처기업을 창업했다. 2002년에는 지금의 상호 '휴비츠'로 변경하고, 2003년 코스닥 시장에 상장했다. 현재는 100여 개국에 제품을 수출하고 있으며, 전체 매출의 85%를 수출을 통해 올리고 있다.

우리나라에선 황무지 같은 검안 기술, 그런 큰 시장을 보고 또 기술적으로도 보면 사실 못할 것도 없다는 믿음과 자신감을 갖고 국내 최초 검안기를 개발해 보겠다는 꿈을 이루기 위해 모두가 똘똘 뭉쳐 기술개발에만 매달렸다. 그렇게 1년여를 노력한 끝에 검안기 개발에 성공했다. 해외시장을 먼저 개척하겠다는 생각으로 진출한 미국에서 4억 원 규모의 주문을 받는 쾌거까지 올렸다. 하지만 그 기쁨도 잠시 며칠 만에 전량 반품이 들어왔다. 제품에 심각한 문제가 있다는 것이다. 제품을 반품받은 것도 문제였지만 그 제품이 엉터리였다고 하는 것이 더 심각한 문제였다. 그대로 주저앉을 수 없어 원인을 파악하기 위해 밤낮으로 엔지니어들과 머리를 맞대고 연구했다. 위기는 좋은 교훈이 됐다. 단순한 기술 구현이 아니라 완벽한 제품을 만들어야 한다고 생각을 전환했던 것이다.

비록 휴비츠는 일본이나 독일 기업에 비해 후발 주자로 시작했지만 우수한 제품과 가격 경쟁력을 무기로 시장 점유율을 조금씩 넓혀갔다. 아무리 가격 경쟁력이 있어도 제품의 기술 면에서 앞서지 않으면 신뢰를 얻기 어려운 걸 알기 때문에 사업 시작 단계부터 R&D에 집중했고 그 결과 제품을 잘 바꾸지 않는 시장에서 적극적인 자리매김을 할 수 있었다.

휴비츠는 디자인 개발에도 공을 들였다. 후발주자였기에 경쟁사를 이기기 위해 디자인의 차별화 전략을 세운 것이다. 휴비츠의 제품 디자인은 경쟁사를 압도했다. 고급스럽고 세련된 이미지, 보수적인 의료기기 시장에선 좀처럼 시도되지 않았던 일이었다.

미국 남부의 마이애미에 위치한 한 의료기기 유통회사. 휴비츠가 처음으로 해외시장을 개척한 곳이다. 판매 전략에서도 휴비츠는 국내시장보다는 해외시장에 먼저 눈을 돌리는 역발상 전략을 짰다. 현지 회사들과 손을 잡고 활로를 개척했다. 현지 기업들과 제휴를 통해 적극적인 해외시장 개척으로 직원 170명에 불과한 휴비츠는 세계 최고가 될 수 있었던 것이다.

비버리힐스에서 가장 큰 규모의 안과센터. 모두 7개의 검사실과 진료실을 갖추고 있는 이곳에서 사용하고 있는 장비는 모두 휴비츠 제품이다. 모든 검사가 자동화 시스템으로 되어 있어 기계가 자동으로 시력을 측정해서 결과를 내놓으면 전송된 데이터를 토대로 다시 눈 검사를 전문으로 하는 검안의에 의해 보다 정밀한 시력 측정이 이뤄진다. 미국이나 유럽과 같은 선진국에서는 안경 하나를 맞추더라도 전문의사로부터 눈 검사를 받게 되어 있다. 만에 하나라도 발견되는 안질환까지 철저히 예방하기 위해서인데 여기서 쓰는 안과 진단장비 역시 휴비츠

제품이다.

해외에서 성공을 거두자 고지식한 국내 시장에서도 매출이 열리기 시작했다. 수년간 독점했던 일본과 독일의 제품이 차지했던 곳에 이제 휴비츠 제품들이 채워져 있다. 끊임없는 도전정신으로 국내에선 불모지나 다름없던 검안기 분야에서 세계 최고를 만들어 낸 것이다.

휴비츠는 기존 사업 외에 최근 가장 공을 들이는 것은 광학현미경 시장의 도전이다. 전 세계 안광학 의료기기와 렌즈 가공기기 시장 규모는 1조 5,000억 원에 불과하다. 휴비츠로선 2년 내 2조 6,000억 원 규모로 성장이 예상되는 광학현미경 시장에 성공적으로 진입해 신성장 동력을 마련한다는 계획이다. 광학현미경은 산업현장에서 정밀한 반도체를 들여다보거나 연구소에서 세포를 관찰할 때 쓰이는 만큼 고도의 정밀한 기술이 요구되고 그만큼 시장 진입의 장벽 또한 높다. 세계 광학현미경 시장을 장악하고 있는 올림푸스, 니콘, 라이카나 칼자이스는 짧게는 50년, 길게는 2백 년 가까운 역사를 가지고 있는데 휴비츠의 목표는 바로 이들 세계 4대 브랜드에 맞서는 것이다. 무려 6년 동안 80억 원을 투자했던 야심찬 프로젝트. 하지만 가장 중요한 대물렌즈의 핵심기술을 구현해 낼 수 없어 처음부터 난관에 부딪혔다. 최고의 기술을 만들어 보겠다는 목표 아래 관련 분야의 내로라하는 국내 전문가와 기술자들을 모아 렌즈 가공팀을 꾸렸다. 해외 기술자들을 찾아다니며 자문을 구하고 또 끊임없이 연구하고 계속되는 실패를 거듭하며 휴비츠 직원들은 국내에 없던 기술을 배우고 익혀 보유하게 됐다. 현재 광학현미경은 지난해부터 20여 개국에 판매되고 있다. 불과 6년여 만에 세계적인 광학기업을 따라잡은 것이다.

광학현미경 개발에까지 성공하면서 휴비츠는 뛰어난 기술력을 바탕으로 세계적인 광학기업들로부터 주목받는 기업이 됐다. 휴비츠는 매출의 85%를 해외에서 벌어들이고 있다. 시장도 어느 한 지역에 국한된 게 아니라 유럽, 아메리카, 아시아, 중동 등 다양하다. 세계 시장 점유율을 보면 유럽 30%, 미국 25%, 중동에선 50% 이상을 차지하고 있다. 러시아와 남미에선 70%에 이른다.

김현수 대표는 공부하는 것을 최고로 생각한다. 회사 내에는 직원들끼리 모여 지식과 기술을 공유하는 학습동아리가 15개가 있는데 그 성과를 토대로 회사에선 포상을 하고 있다. 끊임없이 연구하고 공부하는 직원들. 그것이 휴비츠가 언제나 '국내 최초'를 만들어 낼 수 있던 또 하나의 힘이었다.

2015년까지 매출 1천억 원 영업이익률 20%를 달성하기 위해 직원 동기부여 차원에서 '정년보장제도'를 도입했다. 최근 사회적으로 고용불안이 심각한 터라 일단 직장이 심적으로 편안해졌고 상대적으로 나이가 많은 부장급 이상의 임직원과 생산직 직원들에게는 최고의 복지가 됐다는 평이다. 김현수 대표는 회사 내에 발생하는 여러 작은 문제의 해결책은 언제나 내부에 있다고 한다. 그는 "회사 임직원이 어떤 동기부여와 자부심을 가지고 일하는지 고민하고 소통해야 한다. 힘든 일 속에도 재미와 휴식이 있어야 하고, 권한과 대우가 함께 따라야 하며 비전과 장래성도 보장되는지 두루 살펴야 한다"고 말한다. 문제는 항상 조직의 내부에, 사람에 있다는 것이 그의 일관된 경영철학이다.[19)]

[기업현황]

- 대표자 : 김현수
- 소재지 : 경기도 군포시 금정동 689-3
- 업종 : 제조
- 주 생산품 : 광전자 의료계측기기의 판매
- 종업원 수 : 183명
- 해외법인 : 상해 휴비츠정밀의기 유한공사

[회사연혁]

1999.04. 미래광학 주식회사로 법인 전환

2000.09. 국산신기술(KT) 인증 획득 (과학기술부)

2003.10. 코스닥 상장

2007.12. 베르노 기연 (VERNO CO.,LTD / 일본) 자회사 편입

2008.01. FDA 허가 취득 (HS-5000 : 세극등현미경)

2009.02. 제14회 국제 안광학 전시회 "광학회사 최고부문 수상"

2010.09. 포브스 선정 "아시아 200대 중소기업"

2010.12. 비접촉식안압계 CE 마크 획득

[휴비츠 주요 재무현황]

(단위:백만원)

결산일자	총자산	자본총계	납입자본금	매출액	영업이익	순이익
2012-12-31	77,169	58,641	5,245	63,074	10,051	9,607
2011-12-31	63,544	46,577	5,086	56,415	9,396	7,337
2010-12-31	57,620	38,740	4,804	44,657	8,160	6,663

[재무비율분석]

항목			2010-12-31	2011-12-31	2012-12-31	업종평균
수익성	매출원가율	%	59.89	62.31	62.96	69.05
	영업이익률	%	18.27	16.65	15.93	6.05
	당기순이익률	%	14.92	13.00	15.23	4.67
안정성	이자보상배수	배	13.27	14.58	24.22	2.25
	차입금의존도	%	25.50	15.57	15.29	38.24
	부채비율	%	48.73	36.42	31.59	162.49
활동성	매출채권회전율	회	6.48	6.83	6.40	6.13
	총자산회전율	회	0.85	0.93	0.89	
성장성	매출액증가율	%	15.59	26.32	11.80	9.78
	총자산증가율	%	23.80	10.28	21.44	11.66
	영업이익증가율	%	7.09	15.14	6.97	5.06
	자기자본증가율	%	24.23	20.23	25.90	12.89

6. 씨젠

'세계 바이오 산업의 뉴 리더, 씨젠'

씨젠은 유전자로 질병을 찾는 분자진단 기술을 이용하여 세계 최초로 한 번의 검체 채취로 여러 종류의 균을 동시에 검사할 수 있는 종합 진단장비를 개발하였다. 이러한 분자 진단장비를 이용하면 정확한 약제 처방을 가능하게 하고 개별로 검사하는 것보다 검사 비용과 검사 시간을 대폭 줄일 수 있다.

이전에는 감기에 걸려도 주사와 약이 전부였는데 최근 신종 바이러스에 관한 우려가 커지면서 환자의 몸에서 채취한 혈액이나 체액에서 병을 일으키는 미생물의 유전자가 있는지 확인하는 분자진단 검사법은 더욱 확대되었다. 이는 보다 빠르고 정확하게 병의 원인을 찾아 빠른 처방과 치료를 가능케 한 것이다.

창업주 천종윤 대표는 자수성가한 인물이다. 유년시절 부친의 사업이 갑자기 어려워지면서 끼니를 걱정하면서 살아야 했다. 이후 학업을 할 수 없어 생업전선에 나가 나무판자 등 재활용품을 팔아 생활비를 벌었다. 어느 정도 안정된 생활을 할 수 있게 되었지만 갑자기 결핵이라는 병이 찾아와 다시 한 번 시련이 닥치게 되었다. 연구를 하는 것이 꿈이었던 그는 몸이 불편한 상황에서도 꿈을 포기하지 않고 더욱 학문에 매진해 검정고시를 거쳐 대학을 졸업한 뒤 미국으로 건너가 박사과정 후 연구원 과정을 거쳤다. 이후 국내로 들어와 이화여대 생물학과 조교수로 있다가 학문적으로도 연구할 수 있지만 세상을 바꾸기 위해서는 산업적인 연구도 필요하다는 생각이 들어 벤처바람이 불던 2000년 한 대학의 작은 연구실에서 두 명의 연구원과 함께 창업을 시작했다.

분자진단을 보고 최선의 노력을 했지만 회사 운영은 쉽지만은 않았다. 빠듯한 자금상황에서 연구개발 비용은 지속적으로 투입되었지만 눈에 보이는 성과는 나타나지 않아 6년여 동안 적자에 허덕였다. 하지만 천종윤 대표는 새로운 기술을 적용한 유전자 진단제품을 만들어 낸다면 세계 시장에서도 승산이 있을 것이라는 확신을 갖고 분자진단 연구에 더욱 몰두했다.

드디어 독보적인 원천기술인 DPO와 TOCE 기술 개발에 성공했다. DPO 기술은 불필요한 유전자까지 증폭되던 기존방식과 달리 원하는 병원균의 유전자만을 증폭시키는 기술이고, TOCE 기술은 증폭된 여러 병원균의 유전자를 온도 분석을 통해 규명하는 기술이다.

씨젠은 바이오 산업의 업종 특성에 맞게 철저한 연구중심 기업이다. 본사 10개 층 가운데 4개 층이 연구소다. 4개 층의 연구소는 원천기술과 다양한 시약을 개발하는 생명과학 연구소와 시약의 적용방법을 연구하는 융합과학연구소로 나뉜다. 연구원 또한 100여 명이 넘고, 전체 임직원 중 60%가 넘는 비중을 차지한다. 직원이 연구에 몰두할 수 있게 학비를 지원하는 등의 아낌없는 투자도 해주고 있다.

씨젠은 연구를 우선으로 하는 회사에서 고객들에게 제품을 이해시키는 과정이 무엇보다 중요하다고 판단하여 고객에게 전문적으로 제품을 시연하는 '학술팀'을 따로 두고 고객들에게 기술을 알리는 한편 문의에 대해 빠르게 대응하는 역할을 한다.

씨젠은 성감염증, 호흡기질환, 결핵, 패혈증, 자궁경부암 등 5대 주력 제품을 바탕으로 놀라운 매출 성장세를 이루고 있고, 해외수출이 매출의 75%를 차지하는 혁신적인 수출주도형 중소기업으로 전 세계 56개국에 제품을 판매하고 있다. 특히 최근 분자진단 시장이 급격히 성장하고 있는 이탈리아, 독일, 스위스 등 유럽 국가의 대형 병원과 검사센터가 집중 공략대상이다. 유럽의 경기상황은 그다지 좋은 상황은 아니지만 씨젠은 매년 50% 이상의 성장세를 보이고 있다.

유럽시장의 진입은 처음부터 많은 난관에 부딪혔다. 마치 난공불락의 요새 같았다. 시장 특성 자체가 워낙 보수적이고 자국기술에 대한 우월의식 때문에 씨젠은 의료진과 관련 전문가를 초청해 학술 세미나를 열었고 각종 의료 박람회에 참석해 제품을 홍보하기도 했다. 이 외에도 유명한 연구소, 병원, 여러 의료기관을 통해 프로모션을 했지만 씨젠에게 기회의 문이 쉽게 열리지 않았다.

그러던 중 유럽 최대의 검진센터 '신랩'과 계약이 성사되었다. 대형 검진센터는 일반 병원보다 진입장벽이 훨씬 높다. 제품이 우수해야 하는 것은 기본이고 제품 테스트 비용, 안정성, 검사자의 편의성 등 다양한 조건을 충족시켜야 하기 때문이다. 그런 까다로운 검진센터가 씨젠에게 기회를 준 이유는 간단하다. 바로 씨젠만의 독보적인 기술력 때문이다. '신랩'이 그동안 진단사업을 해오면서 느꼈던 기술적 한계들을 해결해줄 새로운 대안이었기 때문이다. 이로써 유럽 최대의 시장에서 씨젠은 다시 한 번 경쟁력을 입증받았다.

씨젠은 얼마 전 병원도 검진센터도 아닌 세계적인 기업 듀폰사와 계약을 맺었다. 연 매출액 44조 원에 달하는 듀폰은 최근 부각되고 있는 식품안전 분야에 투자를 쏟고 있다. 일찍부터 식품안전 검사에 분자진단을 도입한 듀폰은 씨젠의 기술을 도입한 후 줄곧 지대한 관심을 보였고 7개월의 협의 끝에 기술이전 계약을 한 것이다. 이번엔 제품이 아닌 기술 자체가 수출된 것이다. 세계적인 대기업과의 공동연구는 씨젠의 기술을 세계화하는 중요한 디딤돌이 될 것이다.

천종윤 대표는 창업 후 일에만 파묻혀 살다 보니 취미를 가질 여유가 없었다. 비즈니스를 위한 골프도 배우지 못했을 정도다. 그러나 직원들에게는 최고의 대우를 해주겠다는 것이 그의 생각이다. 회사 설립 때부터 지금까지 아무리 바빠도 꼭 챙기는 것이 있다. 바로 직원의 생일이다. 작은 선물을 손수 전달하며 직원들 한 명 한 명을 챙기면서 회사 내에서는 우리는 늘 똑같고 그냥 역할이 다를 뿐 다 똑같은 동료라고 생각을 한다. 또한, 씨젠은 정년도 없다. 나이가 많다고 나가라는 것은 말이 안 되고, 나이가 많아도 일을 하고 싶다면 얼마든지 할 수 있도록 정년을 두지 않았다고 한다. 천종윤 대표는 회사를 1기와 2기로 구분한다. 이제 1기가 끝나고 2기가 올해부터 시작이다. 1기는 사업을 하기 위한 준비단계, 즉 사람, 자금, 기술력, 세 가지를 갖추는데 10년 이상이 걸렸다. "이제 그 세 가지가 어느 정도 갖춘 것 같아서 저희가 예상하는 것에 크게 벗어나지 않으면 분자진단에 있어서는 세계에서 선도하는 기업이 되어 있을 거라고 확신합니다." 그는 자부한다.

그의 성장 계획은 여기서 그치지 않고 새로운 기술 개발에도 힘쓸 것이다. 현재 병원에서만 가능한 분자진단을 5년 내에는 누구나 쉽게 할 수 있도록 대중화하겠다는 것이다. 그는 "의사의 경험적 판단에 따라 감기라고 진단을 받고 약을 먹었지만 상태가 호전되지 않아 재차 병원을 찾으니 폐렴인 경우가 허다하다"며 분자진단이 상용화되면 이런 오진, 약물 오남용이 사라질 것이라고 자신했다.

한 번에 여러 병원균을 검사하는 획기적인 기술로 세계 시장에 돌풍을 일으킨 분자진단 전문기업 씨젠. 그들에겐 세계 최고의 기술이 있고 꿈과 열정, 그리고 신뢰와 책임이 있다. 이들은 이제 세계 1위라는 더 큰 꿈을 꾸고 달려갈 것이다.[20)]

[기업현황]

- 대표자 : 천종윤
- 소재지 : 서울특별시 송파구 오금로 91(방이동, 태원빌딩)
- 업종 : 제조
- 주 생산품 : 유전자 분석 상품 개발
- 종업원 수 : 183명

[회사연혁]

2008.12. 미국 대형 검사센터와 성감염증 검사제품 공급계약 체결

2009.03. 영국 Randox사에 DPO 기술 비독점 기술이전 계약 체결

2009.09. READ(Real Amplicon Detection) 기술개발 및 특허 출원

2009.12. 호흡기 검사제품 차세대 세계일류상품 선정(한국생산성본부)

2010.09. 중소기업 기술혁신대전 대통령상 수상 (이노비즈협회)

2010.09. 코스닥 상장

2010.10. 벤처기업대상 철탑산업훈장 수상 (벤처기업협회)

2011.05. 미국 Akonni biosystems사에 DPO 기술이전 계약

2011.07. TOCE 기술개발 및 특허출원

2011.10. 미국 대형 검사센터와 성감염증 검사제품 공급 연장 계약

2012.12. 미국 Dupont사 식품안전검사분야 기술이전 계약

2013.03. 유럽 대형 검사센터에 제품 공급 계약 체결

[씨젠 주요 재무현황]

(단위:백만원)

결산일자	총자산	자본총계	납입자본금	매출액	영업이익	순이익
2012-12-31	83,615	41,937	6,548	51,712	12,226	9,102
2011-12-31	78,487	40,732	6,536	39,399	10,142	9,350
2010-12-31	41,715	31,522	6,483	24,581	6,544	5,885

[재무비율분석]

항목			2010-12-31	2011-12-31	2012-12-31	업종평균
수익성	매출원가율	%	28.40	31.69	32.12	69.13
	영업이익률	%	26.66	25.74	23.64	5.158
	당기순이익률	%	23.94	23.73	17.60	2.86
안정성	이자보상배수	배	15.99	21.85	8.86	1.64
	차입금의존도	%	12.70	38.46	37.58	39.02
	부채비율	%	32.33	92.69	99.38	158.87
활동성	매출채권회전율	회	3.18	2.27	1.83	5.89
	총자산회전율	회	0.87	0.65	0.63	
성장성	매출액증가율	%	87.04	60.28	31.25	14.77
	총자산증가율	%	184.61	88.15	6.53	10.72
	영업이익증가율	%	43.04	54.75	20.54	12.96
	자기자본증가율	%	374.49	29.21	2.95	16.20

7. 블루버드

'세계 산업용 단말기 시장의 작은 거인'

1998년부터 산업용 단말기를 만들어 온 블루버드. 바코드 인식과 재고관리, 결재 등 첨단 기능을 갖춘 고성능 단말기로 실시간 배송을 확인해야 하는 우체국, 택배를 비롯한 물류유통 업계에 혁신을 가져온 국내에서 1위, 세계 4위에 오른 강소 기업이다.

블루버드는 품질 경쟁력을 위해 모든 부품은 전문업체에 위탁 생산하고, 공장에서는 최종 조립만을 담당하고 있다. 이는 산업용 단말기가 주로 물류 특성상 외부에서 사용되기 때문에 내구성이 핵심이기 때문이다. 부품 조립이 끝난 후에는 반드시 내구성 테스트를 거쳐야 한다. 거친 작업 환경에서 사용하는 장비인 만큼 낙하/방수/방진 능력이 뛰어나야 한다. 100℃가 넘는 고온 테스트, 비나 눈에 대비하는 방수 테스트 등 제품 출시 때마다 혹독한 환경 테스트를 거쳐 그 강도 높은 테스트를 통과해야만 비로소 블루버드의 이름표를 달고 세계시장에 나갈 수 있다.

블루버드의 강력한 품질이 인정되면서 매출은 연 820억 원에 달하고, 90% 이상이 해외 수출에서 발생한다. 특히 산업용 단말기 시장이 가장 활발한 유럽은 매출의 30~40%를 차지할 정도의 큰 시장이다.

산업용 단말기 시장이 가장 활발한 시장은 유럽이다. 총 매출액의 30~40%를 차지할 정도로 매우 큰 시장이다. 블루버드는 네덜란드의 국영철도인 NS철도와 인연이 깊다. 2,800km가 넘는 전 노선에서 승차권 발부에 사용되는 단말기가 바로 블루버드 제품이다. 네덜란드의 중세도시 한 목장에서도 블루버드의 단말기를 사용한다. 낙농업이 발달되어 있는 네덜란드에서는 산업용 단말기가 있으면 굳이 사무실에 가지 않아도 목장 현장에서 필요한 사료와 양의 정보를 수시로 파악할 수 있기 때문이다. 과거와 같은 서류작성의 번거로움 없이 단말기를 통해 데이터 송수신이 가능해지면서 업무의 효율이 높아진 것이다.

독일 서부의 중심 도시 뒤셀도르프에 유럽 파트너사인 카르마사가 있다. 카르마는 독일을 비롯해 네덜란드, 벨기에 등 유럽 전역에 파트너사를 갖고 있는 산업용 모바일 컴퓨터 공급업체이다. 카르마사의 대표이사는 블루버드 제품을 예찬하는 열혈 팬이다. 블루버드의 제품을 널리 알리기 위해 내구성 테스트 과정을 촬영해 유튜브에 올렸다. 촬영 결과는 블루버드에서 강점으로 제시하는 성능, 그 이상으로 뛰어난 제품임을 입증시켰다.

블루버드의 뛰어난 품질과 성능이 알려지면서 보수적이고 깐깐하기로 소문난 독일의 소비자들이 관심을 갖기 시작하였다. 트럭물류업체인 Hoss가 그중 한 업체이다. 물류의 차량 배송관리와 관제를 위해 지난 2012년부터 블루버드의 단말기를 사용하고 있다.

강력한 기술력이 무기인 블루버드는 이제 유럽시장을 넘어 미국시장 진출에도 성공했다. 미국의 심장 뉴욕에서 관광객들이 애용하는 시티투어버스의 티켓팅 및 결제를 하는 단말기도 블루버드 제품이다. 거대기업 모토로라가 점령하고 있는 미국 시장에서 블루버드 제품이 비상의 날개짓을 시작한 것이다.

중국 경제의 허브 상하이의 공안들도 블루버드 단말기를 사용한다. 교통 범칙금 발부나 면허증 검사 용도로 7천여 개를 납품한 상태다. 신흥시장으로 떠오르는 중국에서 산업용 단말기 또한 앞으로 수요가 클 것으로 예상된다. 블루버드는 베이징과 상하이에 지사를 두고 중국시장 공략에 적극적으로 나서고 있다.

1995년 설립된 블루버드의 시작은 컴퓨터 프로그램을 개발하는 소프트웨어 전문회사였다. 이장원 대표는 현 삼성SDS에 재직 중이었던 동료들과 함께 1억 원을 모아 창업전선에 뛰어들었다. 회사경영은 친구에게 맡기고 기업용 메신저의 소프트웨어 개발에 몰두해 삼성, LG 등이 채택한 기업용 메신저 원본은 대부분이 블루버드 제품일 만큼 큰 성공을 이루었다. 이장원 대표는 새로운 신사업을 구상하던 중 국내에선 찾아보기 힘든 '산업용단말기'에 도전을 했다.

시작부터 많은 어려움이 따랐다. 국내외 글로벌 기업들의 제품이 선점해 있는 상황이었고 소비자들 역시 제품을 바꿔야 하는 필요성을 느끼지 못하는 상황이었다. 이장원 대표는 단말기 시장에서 반드시 성공하겠다는 각오로 5년 동안 30여 개의 제품을 개발했고, 기존 단말기에 결제기능을 결합시킨 BIP1000을 출시하였다. 기존에 나와 있는 단말기와 차별화하여 와이파이 기능을 추가한 매우 작고 가벼운 제품을 출시한 것이다. 2002년에는 풀무원을 시작으로 현대백화점, 롯데백화점이 블루버드에게 새로운 문을 열어 주었다. 블루버드는 초창기부터 철저한 맞춤제작 전략을 구상했다. 한 대의 주문이 오더라도 고객의 요구에 최대한 대응하는 디자인과 기능을 탑재시켰다. 대기업과의 대량생산에 맞서 다품종 소량생산의 틈새전략을 세운 것이다. 2003년 블루버드는 외국기업을 제치고 국내 매출 1위를 달성하였다. 경쟁기업들이 따라올 수 없는 맞춤제작 소량생산, 뛰어난 기술력이 성공의 원천인 것이다.

블루버드에서는 제품 생산까지의 많은 부분 중 디자인에 많은 시간과 공을 들이고 있다. 디자인이 나온다고 해서 그대로 제품을 만들기란 현실적으로 매우 어려운 일이다. 이상적인 디자인과 실제 개발품 간의 간격을 좁히는 것이 관건이다. 그렇게 수많은 고민과 수정에 거친 제품이 블루버드란 이름을 가진 제품이고 역사이다.

블루버드 사옥의 불은 밤늦도록 꺼질 줄 모른다. 4년 연속 수출탑을 수상할 만큼 글로벌 파워를 입증한 성공요인 중 하나는 각 부서에서 세계 최고의 제품을 만들겠다는 목표로 밤낮을 가리지 않고 전력질주 하는 직원들이 있기 때문이다. 다품종 소량생산을 추구하는 블루버드는 더 다양하고 실용적인 부가가치 개발에 박차를 가하고 있으며 고객이 원하는 맞춤식 설계를 구현하기 위해 끝없는 연구개발로 최선을 다하고 있다.

독일 엣센시에 레드닷 디자인 박물관이 있다. 세계 3대 산업디자인 상인 레드닷 디자인 수상작들을 전시하고 있는 이곳에 블루버드 제품이 있다. 산업용 모바일 프린터로 2012년 레드닷 디자인 상을 수상함으로써 블루버드의 디자인 우수성을 세계적으로 인정받았다. 시장의 트렌드를 좇기보다는 한발 앞서 가는 기업이다. 얼마 전에는 미국의 IDEA를 수상함으로써 세계 3대 산업디자인 상을 모두 석권한 것이다. 블루버드는 혁신적인 디자인으로 세계 산업용 단말기 시장을 선도해 가고 있다.

블루버드는 시장의 트렌드를 좇기보다는 한발 앞서 가는 기업으로 새로운 신규제품에 집중하고 있다. 지금까지와는 다른 원통모양의 바코드 스캔 단말기로 손에 쥐는 느낌이 향상된 인체공학적 디자인으로 승부수를 띄우려고 한다.

이장원 대표는 회사에서 매월 한 권의 필독도서를 정해 전 직원이 읽도록 권장하고 있다. 읽은 필독서로 직원들은 독서시험을 치러야 한다. 책을 통해 지식과 문화를 공유하고 자기계발의 시간을 갖자는 취지에서다. 그는 사업철학으로도 외국 거래처를 상대하려면 그 나라 역사를 먼저 알아야 한다고 강조하고 있다.[21)]

[기업현황]

- 대표자 : 이장원
- 소재지 : 서울시 강남구 언주로 30길 SEI타워 13~14층
- 업종 : 제조
- 주 생산품 : 산업용 모바일 컴퓨터
- 종업원 수 : 250명
- 해외법인 : Bluebird USA Inc

[회사연혁]

1995.03. 회사 설립

1997.07. 기업부설연구소 설립

2004.12. 정보통신산업디지털대상(정보통신부)

2008.02. 생산기술센터 설립

2008.04. 북미법인/북경지사 설립

2009.11. Product of the Year BIP-6000 선정(Aving)

2010.10. Global IT CEO 지식경제부 장관 표창

2012.11. "2013 IF Design Award" 제품 디자인 부문 본상 수상

2012.12. "으뜸기술상" 최우수상 수상(지식경제부)

[블루버드 주요 재무현황]

(단위:백만원)

결산일자	총자산	자본총계	납입자본금	매출액	영업이익	순이익
2012-12-31	86,620	57,427	3,109	81,848	10,099	10,144
2011-12-31	64,768	47,282	3,109	92,445	16,680	13,703
2010-12-31	45,739	33,581	3,109	77,764	14,004	10,764

[재무비율분석]

항목			2010-12-31	2011-12-31	2012-12-31	업종평균
수익성	매출원가율	%	62.79	59.53	59.91	78.42
	영업이익률	%	18.00	18.04	12.33	4.51
	당기순이익률	%	13.84	14.82	12.39	3.30
안정성	이자보상배수	배	150.21	133.16	185.74	2.17
	차입금의존도	%	8.36	6.06	7.85	36.40
	부채비율	%	36.20	36.98	50.83	162.30
활동성	매출채권회전율	회	6.85	6.25	4.13	6.17
	총자산회전율	회	2.01	1.67	1.08	
성장성	매출액증가율	%	46.25	18.87	-11.46	5.22
	총자산증가율	%	45.92	41.60	33.73	8.69
	영업이익증가율	%	83.04	19.10	-39.45	15.35
	자기자본증가율	%	47.17	40.80	21.45	11.09

8. 히든 챔피언의 교훈

기업을 구성하는 네 가지 요소는 경영자, 직원, 제품 그리고 고객이며, 성공한 기업들은 이 네 가지 요소와 기업환경에서 모두 탁월한 성과를 거두어 현재의 위치를 차지하고 있다. 경영자의 개인적 자질이 뛰어나다 하더라도 그 경영자를 보완적으로 지원하는 유능한 직원이 없다면 경영자의 뛰어난 경영능력을 발휘하지 못할 것이고, 우수한 기술력을 바탕으로 세계 최고의 획기적인 제품을 개발하더라도 시장이 요구하는 제품이 아니거나 고객의 마음을 사로잡지 못하는 경우 기업은 성공하기 어렵다.

앞에 소개한 국내 히든 챔피언 기업들의 사례를 통하여 히든 챔피언들에게서 공통으로 발견할 수 있는 교훈이 있다. 그들은 분명히 남들과 다른 방법으로 경쟁을 피하면서 세계시장 점유율을 높여가고 있다. 히든 챔피언 기업들을 살펴보면 특별하고도 소중한 교훈을 얻을 수 있다.

■ CEO의 의지와 목표

히든 챔피언들에게는 탁월한 CEO들이 있다. 화려한 학력과 이력을 갖추었다고 성공한 기업가가 보장되는 것은 아니다. 헤르몬 지몬의 히든 챔피언 CEO들도 높은 교육을 받은 것이 특징이 아니며, 외국어 구사능력 또한 높지 않은 사람들이 대부분이다. 가장 중요한 것은 CEO의 의지와 목표이다. 히든 챔피언에게 있어서 리더십이란 최고가 되고자 하는 의지를 직원뿐만 아니라 전 세계에 있는 많은 관련자에게 전파하여 해당 시장에서 최고의 기업이 되는 것이다.

■ **높은 성과를 올리는 직원들의 충성도**

'일기당천'이라는 말이 있다. 한 사람의 기병이 천명의 적을 물리친다는 뜻이다. 십여 년 전 삼성 이건희 회장은 똑똑한 한 명이 십만 명을 먹여 살린다고 했을 정도로 핵심인재 한두 명이 이끌어 가는 세상이었다. 하지만 수십 배 빨라진 디지털 시대에서 아무리 똑똑한 인재라도 이 변화를 감당하기가 쉽지는 않을 것이다. 따라서 높은 성과를 올리는 핵심인재를 얼마나 보유하고 있느냐가 성공기업의 중요한 요소가 되고 있다.

히든 챔피언이 가진 내적인 힘 중 회사에 대한 직원들의 충성도를 가장 큰 요소로 지적하고 있다. 기업의 CEO가 직원들과 위기감을 공유하면서 일치감을 갖게 된다면 어떤 어려움이 닥쳐도 이를 극복할 수 있는 내재된 힘을 축적할 수 있다. 충성도가 높은 직원들은 기업이 어렵다고 해도 쉽게 이직하지 않으며 끝까지 회사와 동고동락하려는 자세를 가지고 있다. 세계적으로 유명한 히든챔피언 기업들의 평균 이직률은 2%대로 일반 기업들의 8%보다 현저히 낮다. 히든 챔피언 기업들의 낮은 이직률이 보여주듯 회사에 남아 있는 직원들은 성과가 뛰어난 직원이며 이 점에 대해 자부심을 갖고 있다.

■ **자체 생산비율**

'자체 생산비율'이란 기업에서 제품이 자사의 생산라인에서 어느 정도 생산되는지를 말한다. 고도로 전문화된 부가가치 높은 제품을 틈새시장에 파는 것이 히든 챔피언의 기본 전략이기 때문에 그들은 제품의 핵심부분 대부분을 직접 만든다. 높은 전문성과 자체 생산비율은 끊임없는 혁신에 의해 뒷받침되고 있으며, 매출액 중 상당 부분을 R&D 예산으로 쓰고 있다.

제품 또는 가치의 유일무이함은 오로지 기업 안에서 나온다. 마음만 먹으면 언제라도 시장에서 구입할 수 있는 게 아니다. 따라서 히든 챔피언들은 가치창출과 자체 생산율이 높을 뿐만 아니라 R&D 비중이 높아서 아웃소싱에는 어느 정도 소극적일 수밖에 없다.

■ 분권화

어느 기업이든 시장점유율에 한계가 있다는 것은 당연하다. 지나치게 한 시장이나 제품에 집중하는 전략을 쓰게 되면 위험에 빠질 가능성도 있다. 한 분야에 집중된 전문화는 핵심시장에서 발생한 위기로 인해 기업의 존재 자체까지 위협을 당하는 어려움에 빠질 수 있다.

집중전략과 함께 분권화를 시행함으로써 히든챔피언 기업들은 초기 중앙집권적 조직 체계에서 유연성을 발휘하고 대기업에 비해 의사결정 과정에서 더 많은 자유를 부여한다.

분권화란 보다 커지고 복잡해진 시장구조에서 히든 챔피언이 힘을 보유할 수 있는 수단이다. 가능한 곳이면 어디든 분권화를 통해 하나의 히든 챔피언 그룹 안에 새롭고 작은 히든 챔피언들이 탄생하게 한다.

■ 집중

앞에 소개된 히든 챔피언 CEO들이 방송 인터뷰에서 자신의 회사를 소개할 때 하나같이 "우리는 ㅇㅇㅇ 분야에 전문 기업입니다."라고 말한다.

히든 챔피언 기업들은 자신이 할 수 있는 일에 집중하며 틈새시장에서 활동한다. 그들은 하나의 시장을 확정하고 그 시장에 고도로 집중하고 지속성을 유지한다. 이렇게 열정적으로 한 분야에 전념하는 모습이 고객에게 전달되고, 고객은 그들을 신뢰하게 된다. 자신이 가진 자원에 집중하는 사람만이 야심 찬 목표를 실현할 수 있다. 하나의 영역에 집중하면 한정된 자원을 비효율적으로 사용하는 것을 막아줄 수 있기 때문이다.

■ **세계화**

히든 챔피언 기업들은 대부분 국내보다는 해외시장에 더 알려져 있고, 수출 비중이 전체 매출액의 절반을 넘는다. 헤르만 지몬에 의하면 히든 챔피언들의 세계시장 진출 전략에는 두 가지가 있다.

첫째, CEO가 사전 전략이나 구체적 계획 없이 저돌적으로 해외시장에 진출하여 일정한 성과를 이루는 것이다.

둘째, 체계적이고 전문적으로 계획을 짜서 해외시장에 진출하는 전략이다. 국제화 과정에서 점점 더 경험을 얻고 이를 새로운 시장을 개척하는 데 이용한다.

세계화는 예상치도 못한 성장의 기회를 열어주며, 작은 회사에서도 마찬가지다. 기회를 잘 이용하기 위해 국가라는 한계를 벗어던지고 오랜 시간을 인내해야 한다. 가장 힘든 도전은 직원들의 국제화로 해외 마케팅을 수행할 수 있는 외국어 능력이 중요하다.

■ **혁신**

'혁신'이라는 단어에는 주로 기술과 신제품이 포함된다. 대부분의 히든 챔피언 기업들에게도 기술은 혁신 역량의 핵심 요소이다. 그들 스스로 자신을 기술주도형 기업이라고 말하며, 시장에서도 히든 챔피언 기업을 기술적으로 가장 혁신적인 기업으로 평가한다.

그러나 히든 챔피언에게 혁신이란 기술과 제품에만 한정되지 않으며 사업의 모든 측면이 포함된다. 디자인, 생산공정, 유통, 판매, 마케팅 등 전사적으로 혁신이 수행되며 혁신을 기반으로 성장한다. 한 기업이 이뤄낸 혁신에 대한 성과는 다양한 지표, R&D 강도, 특허권을 비롯한 지식재산권 보유 정도, 신제품이 매출액에서 차지하는 비율 등으로 측정할 수 있다.

혁신은 경쟁에서 이기기 위해 필요한 효과적인 수단이며, 시장과 기술을 동등하게 통합하여 혁신의 원동력으로 삼는다. 혁신은 창의력과 질적 내용의 문제이지 결코 돈의 문제만이 아니다.

■ **고객관계**

히든 챔피언 기업들 중 약 70%는 중간 유통단계를 거치지 않고 직접 판매를 함으로써 고객과 친밀하고 지속적인 관계를 유지한다. 그들의 제품은 단순하지 않고 기존 제품과 차별적이거나 복잡하고, 소프트웨어나 시스템 솔루션을 고객에게 제공하기 때문에 고객의 철저한 동의 과정을 통해 판매가 된다. 특히 히든 챔피언의 고객은 요구수준이 매우 높으며 까다롭기 때문에 고객과의 친밀성이 중요하다.

고객과 가까워지면 자연적으로 경쟁우위를 갖게 된다. 최고의 고객들은 최고의 경쟁자들처럼 체계적으로 성과를 자극하는 원동력으로 삼아야 한다. 경쟁을 지향하는 것이 아니라 고객을 지향한다.[22)]

[그림 4-2] 히든 챔피언이 주는 교훈

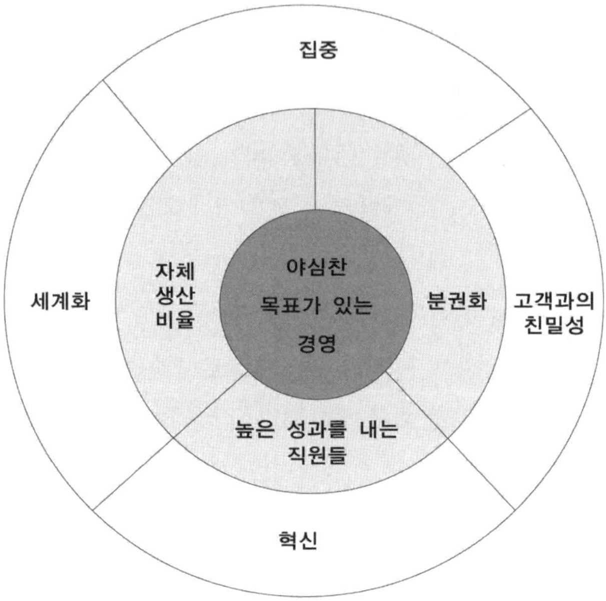

[출처: Hermann Simon, 이미옥 역, 히든챔피언, p.512]

▣ 재무비율 정의

구분	비율	산식	정의
수익성	매출원가율	(매출원가÷매출액) × 100	매출액 중 매출원가가 차지하는 비중을 나타내는 비율로서 기업원가율 또는 '마진'율을 측정하는 지표
	영업이익율	(영업이익÷매출액) × 100	기업의 주된 영업활동에 의한 성과를 판단하기 위한 지표로서 제조 및 판매활동과 직접 관계가 없는 영업외손익을 제외한 순수한 영업이익만을 매출액과 대비한 것으로 영업효율성을 나타내는 지표
	당기순이익율	(당기순이익÷매출액) × 100	매출액에 대한 당기순이익의 비율을 나타내는 지표

안정성	이자 보상 배수(배)	영업이익÷(이자비용 +매출채권처분손실)	영업이익으로 금융비용을 어느 정도 상환할 수 있는지를 측정하는 지표
	차입금 의존도	(장·단기차입금+ 회사채)÷자산총계× 100	기업의 부채 중 외부에서 차입형식으로 조달되는 차입금비중을 총자본과 대비한 지표로서, 이 비율이 높을수록 금융비용부담이 커 수익성이 낮아지게 되며 안전성면에서도 불리하게 됨
	부채 비율	(부채÷자기자본) × 100	자본구성의 안정도를 판단하는 대표적 비율로서 타인자본의존도를 판단하는 비율이며 100% 이하를 표준비율로 삼고 있으나, 이 표준은 기업의 업종 또는 규모에 따라 상이함
활동성	매출 채권 회전율 (회)	매출액÷매출채권	매출채권회전비율은 매출채권이 현금으로 회수되는 속도를 표시해 주는 것으로서 지급능력의 양부상태를 나타내는 유동비율이나 당좌비율에 비해 동태적 의미를 갖고 있음
	재고 자산 회전율 (회)	매출액÷재고자산	이 비율은 재고자산과 매출액과의 비율로서 재고자산이 일정기간 중 몇 번이나 당좌자산으로 전환했는가 하는 재고자산의 회전속도를 나타내며, 재고자산의 현금화속도를 측정하여 자본 배분의 적정상태를 판단하는 지표로 이용됨
	총자산 회전율 (회)	매출액÷자산총계	기업이 사용한 총자본의 운용능률을 총괄적으로 표시하는 지표로서 이 비율이 높으면 높을수록 총자본이 양호한 상태로 나타나고 수익성이 높아짐. 따라서 확정적인 표준비율은 없으나 보통 2~2.5회전 이상을 양호한 상태로 보고 있음
성장성	매출액 증가율	(당기매출액÷ 전기매출액)× 100-100	당해 연도 매출액의 전년도 실적에 대한 증가율 지표로서 기업의 신장세를 판단하는 대표적 지표이며 정상적 경영활동결과를 나타냄
	총자산 증가율	(당기자산총계÷ 전기자산총계)× 100-100	기업에 투하 운용된 총 자산이 당해 연도에 얼마나 증가하였는지를 나타내는 비율로 기업의 전체적인 성장척도를 측정하는 지표
	영업 이익 증가율	(당기영업이익÷ 전기영업이익)× 100-100	기업의 영업이익이 당해 연도에 얼마나 증가되었는가를 나타내는 지표로서 기업의 질적인 성장세를 판단하는 지표
	자기 자본 증가율	(당기자기자본÷ 전기자기자본)× 100-100	자기자본의 증가율을 측정하는 지표로서 자본의 확충력을 나타내는 지표

Part 02

Entrepreneurship and Start-up

창업의 본질

제 5 장
창업과 창업자

1. 창업의 개념

창업이란 사전적 의미로 새로운 업을 창조하는 일로 중소기업창업 지원법에서 창업은 새로이 중소기업을 설립하는 것을 의미한다고 규정하고 있다. 창업은 인적, 물적 자원, 더 나아가 사회적 자본을 결합하여 상품이나 서비스를 생산, 판매, 조달하기 위해 이전에 존재하지 않았던 새로운 기업조직을 설립하는 것으로 정의할 수 있으며, 타인의 사업을 인수, 승계, 전환, 합병하여 기존의 사업을 계속하는 경우는 창업으로 보지 않는다.

슘페터(Schumpeter)는 창업을 새로운 상품, 새로운 서비스, 새로운 자원, 새로운 생산방법, 새로운 시장, 새로운 조직형태로 기업형 조직을 탄생시키는 행위라고 개념을 정의하고 있다. 베스퍼(Vesper)는 창업이란 자원, 노동, 재료 그리고 자산을 결합시켜 이전보다 가치 있는 조직으로 변환시키는 것이며, 변화와 혁신, 새로운 질서를 수반한다고 정의를 내렸다.

샌드버그(Sandberg, 1986)는 창업은 기존 기업의 틀에 박힌 직무에 적응하지 못한 사람들에게 능력을 발휘할 수 있는 기회를 제공하며, 보다 많은 사람들이 리더로서의 입지와 경제력을 갖게 됨으로써 민주적 경제체계의 기반을 강화시키는 등 국가의 중요한 자원 중 하나라고 정의하였다.

가트너(Gartner, 1989)는 기업가정신과 관련해 다루어져 온 주요 주제로 창업자, 소유경영자, 조직설립, 혁신, 독특성, 가치창조, 이익창출 여부, 기업의 성장 등 8가지 측면에서 창업을 설명하였으며, 창업과정은 하나의 조직을 창조하는 과정으로 정의되는데, 이것은 창업이 하나의 조직을 출현시키는데 있어 개인에 의해 수행되는 과정이고 존재 그 자체라기보다는 존재하기 위한 과정으로 해석되어진다.

창업에 관한 국내 학자의 견해를 살펴보면, 이석규(1997)는 창업이란 제품 또는 용역을 생산하거나 판매하는 사업을 시작하기 위해서 이제까지 존재하지 않았던 새로운 기업조직을 설립하는 행위로 정의하였으며, 서정민(1999)은 창업이란 사업을 창조하는 것으로 경영목적과 계획 하에 계속적으로 사업을 수행하는 조직체 또는 시스템인 기업을 만드는 것이라고 정의하고, 사업의 주체로서 재화 또는 서비스를 생산, 판매하는 시스템을 구축하는 일이라고 하였다. 백형기(1999)는 창업이란 사업의 기초를 새로 세우는 것으로서 창업자가 창업아이디어와 일정한 사업목표 아래 생산요소를 적절히 결합하여 제품생산 등에 적합한 기업을 세우는 것을 말한다고 정의하고, 창업을 하기 위해서는 창업자, 창업아이디어, 생산요소라는 세 가지 요소가 필요하다고 하였다. 박정기(2001)는 창업이란 돈을 버는 것을 목적으로 여러 가지 요소들인 사람, 기계, 공간, 원료 등을 체계적으로 결합하는 시스템으로 정의하고 있다.

이신모(2002)는 창업이란 일반적으로 사업을 새로이 시작하는 것이고 학문적으로 보면 인적, 물적 자원을 적절히 결합하여 미리 설정된 기업목적을 달성하기 위하여 상품이나 서비스를 조달, 생산, 판매하거나 그와 부수된 활동을 수행하는 것으로 정의하고 보다 실무적으로 개인 또는 집단이 자신의 책임 하에 돈과 사람을 동원하여 새로이 사업을 개시하는 것이 곧 창업이라 하였다.[23)]

2. 창업의 중요성

대졸자 실업문제가 갈수록 악화되고 있는 가장 직접적인 이유는 취업시장의 수급 불균형에 있다. 대졸자들이 일하기 원하는 고용 인원 500인 이상 대기업이 전체 신규고용에서 차지하는 비중은 97년 17%에서 2012년 7.6%로 낮아졌다. 300인 이상 기업 비중도 11%에 불과하다. 이렇게 자신의 마음에 드는 직장을 얻기 어려운 시점에서 원하는 일자리를 스스로 구상하여 새로운 부를 창출하고, 더 나아가 새로운 고용을 창출할 수 있다는 점은 개인에게 부를 제공하는 것 이상의 의미가 있다. 현대사회에서 직장생활이란 단순히 생계에 필요한 물질을 얻기 위한 활동이라는 차원을 넘어서 인생 자체에서 가장 중요한 일부분이다. 따라서 창업은 창업자 본인과 그가 고용한 종업원에게 중요한 삶의 공간을 창출하는 행위라 볼 수 있다.

국가 경제에 있어서도 창업은 고용의 창출이라는 긍정적인 효과로 사회 안정에 큰 역할을 분담한다. 미국의 경우 해마다 쏟아지는 200만 명의 신규인력의 2/3를 전 직원 20명 이내의 중소기업에서 소화하고 있다는 점은 창업을 통한 중소기업 비중의 확대가 실업문제와 함께 경제성장을 해결해 줄 수 있다는 것을 시사하고 있다. 실제로 정부의 각종 창업지원정책은 창업을 통하여 고용 안정화를 꾀하려는 정부의 의도가 담겨 있으며 창업의 중요성을 사회적으로 부각시키려는 목적이 있다.

창업은 미래의 삶을 계획함에 있어서 충분한 대안일 수 있다. 올바른 창업을 통하여 명예퇴직이나 조기퇴직의 대상이었던 가장들은 생활의 안정감을 되찾고, 여성에게는 그동안 남성위주의 경제구조에 익숙한 기업에서 벗어나 본인이 창조한 문화 속에서 일을 할 수 있을 것이며, 취업이 어려운 젊은이들에게는 그들의 자유로운 사고와 젊음을 바탕으로 한 창업을 통하여 신규채용을 기피하는 기업의 인사정책을 돌파할 수 있을 것이다.

사람마다 적성과 취향이 서로 다르다. 샐러리맨이 적성에 맞는 사람이 있는가 하면 사업가로서 자질이 뛰어난 사람도 있다. 그러므로 샐러리맨 기질이 있는 사람은 샐러리맨으로, 사업가적 기질이 있는 사람은 사업가로 출발하는 것이 좋을 것이다.

우리나라에는 해마다 약 4~5만 개의 중소기업이 새로 설립되는 것으로 추정된다. 일정한 규모와 체계를 갖춘 주식회사 형태로부터 일인창조기업, SOHO 형태의 소규모 기업까지 그 형태와 규모는 다양하다.

또한 기회와 여건만 주어지면 언젠가 한 번쯤 자기 회사를 차려 사장이 되고 싶어 하는 잠재적 창업가들도 수없이 많다. 그러나 사장이 되어 보겠다는 막연한 생각과 의욕만으로는 회사를 창업할 수 없고, 더

군다나 성공적인 경영을 이룩해 내기란 불가능한 일이다. 창업을 성공적으로 이끌기 위해서는 창업자에게 특별한 창업철학이 있어야 한다.

창업은 아무것도 없는 무(無)의 상태에서 출발하는 것이다. 따라서 강한 신념을 관철시킬 수 있는 자신만의 철학 없이는 결코 성공에 이르지 못한다. 단순히 돈을 벌기 위한 창업이라면 과정 자체가 고달프기 짝이 없고, 설령 성공하여도 큰 보람을 느끼지 못하게 된다.

3. 창업의 유형

1) 기술창업과 일반창업

기술을 보유하고 있는지 여부에 따라 기술창업과 일반창업으로 분류할 수 있다.

기술창업은 '소수의 예비 기술창업인이 혁신적인 기술아이템을 상업화하기 위해 기업을 설립하는 것'이라 할 수 있다. 이러한 특화된 기술을 기반으로 시장을 개척하는 기술창업자들은 진취적이고 혁신적인 기업가정신을 갖고 있으며, 또한 상품의 독창성과 경쟁력을 무기로 글로벌 기업이 되기 위해 노력하는 혁신적인 기업을 지향하고 있다. 대부분의 벤처기업들은 새로운 기술과 아이디어를 상업화하기 위해 창업하는 기술창업의 대표 사례다.

일반창업은 특정한 기술이나 아이디어 없이 진입장벽이 낮은 서비스업이나 도소매업에 진출하는 형태로 낮은 부가가치로 인해 빈번하게 창업과 폐업이 일어나는 창업의 유형으로, 주로 음식업, 이미용업, 기타 일반상품을 단순 유통하는 소상공인 창업이 주를 이룬다.

[표 5-1] 기술창업과 일반창업

창업분류	사업유형	사업수행형태	특성
기술창업	제조업 전문서비스업 지식문화사업	신기술 또는 새로운 아이디어를 가지고 제품(서비스)의 생산 및 판매활동을 하는 형태	- high risk(고위험), high return(고수익) - 소규모 창업 고성장을 통한 중견 기업 성장가능
일반창업	일반서비스업 도소매업	음식업, 이미용업, 기타 일반상품을 단순 유통하는 등의 일반적 사업 형태	- 낮은 진입장벽, 빈번한 창업 및 소멸 - 소자본 창업으로 일반적으로 영세, 낮은 부가가치

2) 동기 및 배경에 따른 창업유형

창업의 동기 및 배경에 따라 생활보장형 창업과 사업개발형 창업으로 구분할 수 있다. 생활보장형 창업은 주로 창업 이외의 다른 대안이 없어 선택하는 창업으로 가족의 생계를 위한 생계형, 소득증대 및 여유생활을 위한 부업형, 실업의 상태를 벗어나기 위한 탈출형, 주변 지인의 요청에 의한 동업형, 기존 사업의 부진에 따른 업종 전환을 위한 전환형 창업으로 나누어 볼 수 있다.

사업개발형 창업은 자신이 보유한 기술, 아이디어, 노하우 등을 사업에 활용하기 위해 창업을 선택하거나, 직장생활을 통한 경험과 취미활동이나 동호회 활동을 통해 체득한 관심거리를 사업으로 발전시켜 창업하게 되는 경우이다.

[표 5-2] 동기 및 배경에 따른 창업유형

구 분	유 형	내 용
생활보장형 창업	생 계 형	가족의 생계 및 생활보장을 위한 창업
	부 업 형	소득의 증대 및 여유생활을 위한 창업
	탈 출 형	미취업, 실업을 벗어나기 위한 도피 창업
	동 업 형	주변 요청에 의한 도움을 위한 창업
	전 환 형	사업 부진에 따른 업종의 전환 창업
사업개발형 창업	아이디어형	아이디어를 구체화하기 위한 창업
	기 술 형	기술을 기반으로 한 창업
	경 력 형	경력을 기반으로 한 창업
	취 미 형	취미 또는 동호회를 발전시킨 창업

[출처 : 김이태(2002), 창업경영전략, OK Press, p32.]

3) 연령에 따른 창업유형

일반적으로 연령별에 따른 창업유형은 모험창업, 선택창업, 기반창업, 전문창업, 안전창업 등으로 구분되는데, 각 유형에 따른 연령 및 판단기준은 다음과 같다.

① 모험창업 (20대)

우선 모험창업에 속하는 연령층은 자기의 전공, 직업과 크게 관계없이 어떤 분야를 선택하여 창업하더라도 성패의 결과는 크게 달라지지 않을 것이며 재기의 가능성이 높다. 이 시기에는 창업의 열정은 높으나 개인적으로 보유한 인적, 물적 자원이 부족하고 사회적 경험도 충분치 못하므로 철저한 사전준비가 필요하다. 따라서 강한 신념과 젊음의 열정을 통하여 문제를 해결하고 극복할 수 있는 실천의지만 있다면 성공은 한 발짝 가까이 있다.

② 선택창업(31~35세)

자신의 적성에 맞는 분야를 골라 창업하여야 하며, 자기 적성과 업무와의 상관관계를 충분히 고려하여 사업 아이템을 선정하여야 한다. 이 시기는 일반적으로 회사 생활 5~10년 이하의 초기 경력기간이므로 특정 분야에서 전문가로서 인정을 받기에는 다소 부족한 면이 있다. 이 시기의 창업은 새로운 변화에 대한 강한 욕구 때문이다. 기존 직장의 틀에서 한 번은 벗어나고 싶은 욕망이 생기고, 사회 초년병을 벗어나 조금은 자신감이 생긴다. 자신이 즐겨할 수 있는 일을 찾아 창업하는 것이 좋다.

③ 기반창업(36~40세)

사회생활 및 일정 분야에서 자기가 닦아놓은 기반을 최대한 활용하여 사업 아이템을 찾는 것이 유리하다. 이 시기는 회사에서는 중간 관리자로서 책임과 자신의 고유한 지위를 확보하지만, 가정에서는 가장으로서의 역할과 책임이 다른 연령층보다 무겁게 주어지므로 창업에 대해 운신의 폭이 줄어들고 다소 신중해진다. 회사생활과 사회경험을 통해 쌓아놓은 사회적 네트워크를 활용하고 자신의 경력을 충분히 활용할 수 있다면 창업의 불확실성을 줄일 수 있다.

④ 전문창업(41~50세)

학력을 불문하고 자신의 업무분야에서는 최고의 전문가인 점을 십분 활용하여 창업을 하여야 한다. 회사나 가정적으로 가장 책임이 무거운 시기이므로 새로운 변화에 대해 두려움을 느끼게 된다. 40대 후반으로 갈수록 승진과 명예퇴직을 염두에 두고 의사결정을 하게 된다. 이 시기에는 자신이 걸어온 길에서 벗어나지 않는 새로운 일을 찾아 창업하는 것이 좋다.

⑤ 안전창업(51세 이상)

사회 경륜과 전문지식은 풍부하나 행동보다는 생각을 많이 하게 되는 것이 특징이므로 가급적 안전한 분야를 선택하여야 한다. 이 시기는 가정에서 양육의 부담에서 벗어나 다양한 사회적 관계를 가지고 되므로 정신적으로 안정된 상태가 된다. 따라서 자아실현과 새로운 도전을 위해 보수적 창업을 시도하는 경우가 많다.

4. 창업자의 개념

창업자에 대한 많은 연구에서 연구자들은 창업자는 비창업자와 다르다는 것을 주장하여 왔으나, 창업자에 대한 정의는 통일되지 않고 다양하게 발전되어 왔으며, 창업자와 비창업자와의 차이는 창업자 자신들의 개인적 성격과 배경에서 온다고 밝히고 있다.

비창업자와 다른 문화적, 사회적, 정치적, 교육적 배경에서 창업자가 양성될 수 있으며, 창업자들 간에도 성장 배경에 따라 창업에 관한 자질은 물론 창업동기와 목적 등이 다를 수 있으며 창업자가 동일집단의 자질이라는 가정은 더 이상 유효하지 않다.

창업의 주체인 창업자는 창업에 관한 자질과 능력 그리고 창업과정에서 발생하는 모든 난관을 돌파해갈 수 있는 의지와 사명감이 있는 사람으로 슘페터(Schumpeter)는 창업자를 창조적 파괴과정에 기여하는 리더로서 경제 시스템에서 새로운 구성요소들을 통합 수행하는 사람이라고 했다. 창업자란 이익의 기회를 감지하고 시장에 새로운 수요를 창출하거나 충족되지 않은 수요를 보충시켜주는 선두역할을 하는 사람으로, 할피클(Hal B. Pickle, 1990) 등은 창업자는 기업가정신이 충만해야 하며 기업 시스템 내의 초석과 같은 중요한 역할을 수행하고, 새로운 상품과 서비스를 창출하여 새로운 사업기회를 만들어내는 중추적인 역할 수행자로 위험을 감수하면서 이익을 위해 사업체를 조직하여 운영하는 사람이라고 정의를 내렸다.

호제트와 쿠라토(Hodegetts & Kuratko, 2006)는 창업자를 혁신을 수행하는 사람으로서 창업자 특유의 정신을 발휘하여 환경변화에 적응하고, 새로운 사업영역을 개척하여 성공적인 기업을 경영하는 개척자이고 모험가이며 혁신가로서 기업을 운영하는 사람으로 정의하였다.

리와 피터슨(Lee & Peterson, 2000)은 건전한 사회적 환경, 좋은 재정적 지원 상태 그리고 창업자들의 질 좋은 경험 등을 기초로 하여 동기 부여된 창업자들이 있다고 해도 그러한 창업자들이 속한 국가가 창업정신을 함양시키고 창업활동을 적극 지원해주는 국가적 창업문화 없이 경쟁력 있는 창업자들이 배출되기는 어렵다고 주장하면서 창업자 개인의 능력뿐만 아니라 사회적 환경과 국가의 역할을 강조하였다.

중소기업창업지원법 제2조 1항에 따르면 창업이라 함은 '중소기업을 새로이 설립하는 것'을 말하며, 2항에서 창업자라 함은 '중소기업을 창업하는 자 및 중소기업을 창업하여 사업을 개시한 날로부터 7년이 경과되지 아니한 자를 말한다'로 정의하고 있다.

박춘엽(1998)은 창업 아이디어의 확보, 사업성 분석, 사업계획 수립, 계획의 실행 등을 주도하고 책임지는 창업을 주도하는 자로 창업자를 정의하고 이러한 기능을 수행하기 위해 창업자는 기업설립에 필요한 유형, 무형의 자원을 동원하고, 이들을 적절히 결합하여 기업이라는 시스템을 만들고, 설립된 기업이 의도한 대로 기능을 발휘하도록 관리하는 역할을 해야 한다고 주장하였으며, 이재선 등(2001)은 창업자를 기회가 있을 때 현재 동원가능한 자원의 종류나 양을 고려하지 않고 새로운 조직을 만들어 그 기회를 사업화하는 사람으로 정의하고, 창업과정은 이러한 기회포착에서부터 조직의 설립까지 필요한 모든 기능과 활동이라고 하였다.[24)]

5. 창업자의 특성 및 자질

1) 창업자의 특성

창업은 국가의 경제발전을 선도하고 사회변화를 이끌어내는 매우 중요한 요소이기 때문에 경영학, 경제학, 사회학, 심리학 분야에서 많은 연구들이 진행되어 왔으며, 창업의 주체인 창업자에 대한 연구는 개인적 특성으로 높은 수준의 성취욕구와 개인적 동기 등 창업자의 개인적 특성을 발견하는데 초점이 맞춰져 왔다.

성공한 창업자와 관련한 대부분의 연구에서 창업자의 성과와 창업팀의 다양한 기능, 경험과 창업자의 경력특성에 상관관계가 있음을 실증적으로 확인하였으며, 성공적인 창업에서 보이는 공통적인 개인적 특성으로 성별, 연령, 학력, 경험, 심리학적 특성들을 제시하였다. 특히 경험은 여러 연구자와 창업자들 간에 널리 인정되고 있는 주요 성공요인들 중 하나로 이는 특정 개인이 경험을 통하여 창업하려는 사업에 대한 지식을 획득하고 이에 기초하여 올바른 의사결정을 내림으로써 사업의 성과에 영향을 미치기 때문이다.

서근하와 윤성욱(2002)은 창업자의 특성을 창업동기, 창업의 적정성 및 당위성, 직업관, 경영관 등으로 구분하여 정리하였는데, 창업자의 공통적 개인적 특성으로 인구통계적 특성과 심리적 특성 및 행동적 특성들이 기업성과에 미치는 영향을 규명하고자 하였다. 빈봉식과 박정기(2002)는 창업자의 개인적 특성을 배경적 특성과 심리적 특성 등으로 구분하고, 개인적 특성 중 연령, 강좌, 상담, 실무경험, 창업경험 등이, 심리적 특성에서는 성취욕구, 통제위치, 모호함에 대한 인내가 사업성과에 영향을 미친다고 하였으며, 개인적 특성 이외에 많은 여러 조건, 즉 주변 사람들의 도움이나 경제적 환경으로부터의 기회 등 여러 외부 환경요인이 창업 성공에 영향을 미치는 것을 확인하였다.

창업자가 갖추어야 할 조건은 여러 가지가 있다. 우선 형태적 측면에서는 사업에 대한 헌신, 몰입과 확고한 결의, 기회에 대한 집착, 위험과 불확실성에 대한 수용, 창의성, 자립심, 적응력, 남보다 앞서려는 동기, 리더십, 현실감각과 유머감각 등이 필요하다. 그러나 일반적인 창업자의 성향은 위험과 변화를 수용하는 혁신가로서의 성향과 현상유지 및 예측가능성을 선호하는 관리자로서의 성향이라고 하는 두 극단의 범주에 속한다.

창업자는 경영기술, 노하우 및 네트워크와 창의력 및 경영혁신능력이 다른 사람에 비해 높다. 즉 창의력 및 혁신능력도 높고 경영기술, 노하우 및 네트워킹 능력도 높아야 하는데 이런 사람들을 우리는 창업자(entrepreneur)라고 하며, 다음과 같은 기업가정신의 특성을 가지고 있다.

① 기회의 초점을 둔 전략적 성향 (현상유지보다는 기회인식 중시)

② 포착한 기회의 과감한 추구 (신속하고 과감한 행동)

③ 적정한 자원의 확보 (필요한 시기에 필요한 양)

④ 다양한 자원의 관리 (소유, 임차 등의 활용)

⑤ 수평적 관리 (상하보다는 수평, 네트워크)

⑥ 가치창조의 보상체계 (가치창조기여, 팀워크 중시)[25]

[그림 5-1] 창업자의 영역

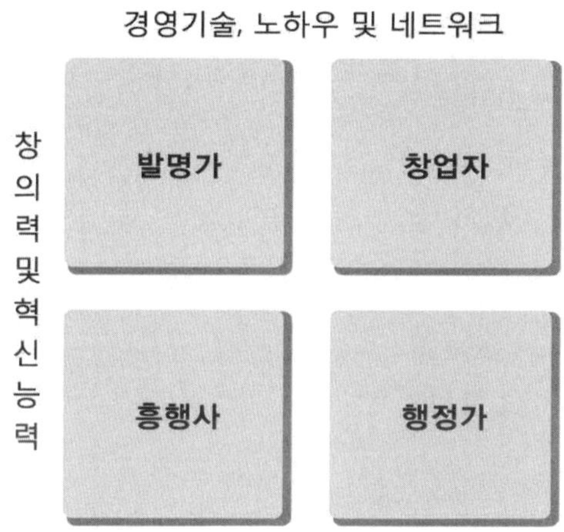

[출처 : 이상석, 고인곤(2011), "기업가정신과 창업", 학현사, p.16]

2) 창업자의 자질

창업자에게는 개인적인 특성과 함께 기나긴 창업의 여정을 성공적으로 수행할 수 있는 자질이 필요한데, 자질은 선천적 자질과 후천적 자질로 나누어 볼 수 있다.

가. 선천적 자질

창업기업의 최고경영자는 기업경영에 대해 최종 결정권자인 동시에 최고의 지휘권을 갖는 사령관이다. 그런데 훌륭한 최고경영자가 되기 위해 각고의 노력을 통해 경영능력을 키워 가는 것도 필요하지만, 이에 앞서 타고난 성격상의 자질이 사업성공의 키워드로 작용한 경우가 상당히 많다. 선천적 자질에는 다음과 같은 여러 유형이 있다.

① 모험지향적 자질

새로운 것에 도전하는 모험심이 강한 사람으로 이론에 얽매이기 싫어하는 행동파 창업자들이다. 이들 모험형 창업자는 뉴 비즈니스, 벤처 비즈니스의 창업자들로서 이 사회를 이끌어 갈 경영선두 그룹으로 자리 잡아 가고 있다.

② 끈기와 집념의 의지

집념이 유달리 강하여 한번 마음먹고 도전했다 하면 좌절을 거듭하더라도 성공할 때까지 포기하지 않는 의지파 창업자 그룹이다. 실패에 좌절하지 않고 새롭게 재출발할 수 있는 용기와 의지를 겸비한 사람만이 성공에 이를 수 있는 것이다. 이들의 끈기와 성실성은 남달라서 제품개발 단계에서부터 기업화 단계까지 무계획적인 자금투입만 자제한다면 성공할 확률이 높다.

③ 외향적 성격

스케일이 크고 큰일을 해내는 사람은 일반적으로 성격이 원만할 뿐만 아니라 외향적 성격의 소유자들인데 창업자로서는 적격인 자질이다. 창업 과정에서 창업자가 만나야 할 사업 관계자는 수없이 많으며, 정부기관, 세무서, 금융기관 등을 수없이 왕래하며 해결해야 할 일 또한 한두 가지가 아니다. 이런 일들을 무난하게 해결하려면 아무래도 스케일이 크고 성격이 사교적일수록 좋다. 수용적이고 포용력 있는 자세도 필요한데 그래야만 효과적인 대외관계를 수행할 수 있기 때문이다.

④ 리더십

대인관계적인 면에서는 다분히 리더십과 사교성이 뛰어난 사람으로 사람을 다루는 솜씨가 좋고 교섭력이 뛰어난 사람이 창업자로 유리하다.

창업자로서의 선천적인 자질, 특히 성격적으로 사업이 맞는지에 대해 자가 진단할 필요가 있다. 창업은 창의력뿐만 아니라 인내심과 도전정신 그리고 무엇보다도 영업을 위한 대인관계가 필요하므로 성격상 절대 맞지 않는 창업을 무리하게 시도해서는 안 된다.

다음에 소개하는 성격 진단표에 따라 자신이 창업자 또는 기업가가 지녀야 할 성격을 갖고 있는지 확인해 보자. 자신을 포함하여 친구, 동료, 가족 또는 자신의 성격과 기질을 잘 아는 사람과 함께 체크해 보면 간단하면서도 효과적으로 자신의 성격을 발견할 수 있다.

① 성격 진단표를 여러 장 복사한다. 그중 한 장에 자신을 가장 잘 표현한 12가지 특성을 찾아 동그라미로 표시한다.

② 단어를 선택한 이유를 간략하게 적는다. 예를 들어 '흔들림 없는'

에 동그라미를 표시했다면 '나는 무슨 일이든 끝까지 해내며, 중간에 마음을 바꾸는 일이 없다.'라고 쓴다.

③ 믿을 만한 친구, 동료, 상사, 가족이 생각하는 당신의 모습을 알아보자. 그들에게 성격 진단표를 건네고 당신을 설명할 수 있는 특성 12가지를 골라 표시하도록 하자. 이때 다음과 같이 이 실험을 소개한다.

> "다른 사람들이 나에 대해 어떻게 생각하는지 알아보려고 해요. 당신이 보기에 나를 잘 표현하고 있는 단어 12가지를 골라주시겠어요?"

④ 당신의 파트너가 그 단어를 선택한 이유를 물어보자. 이렇게 시작할 수 있을 것이다.

> "여기에 표시한 내용이 어떻게 드러나나요? 당신은 어떻게 알았어요? 왜 나를 그렇게 생각하는지 말해 줄 수 있나요?"

⑤ 활용 가능한 결과가 나올 때까지 신뢰를 주는 사람들과 가능한 한 여러 번 실험을 진행한다. 서너 번 정도 반복하면 그들이 선택한 공통주제가 나타날 것이다. 다른 사람이 바라본 당신의 모습과 스스로 생각한 당신의 모습은 얼마나 일치하는가? 26)

[표 5-3] 성격 진단표

추상적 사고		불안해하는		경쟁심 강한		신뢰할 수 있는	
학구적		명료한		자신만만한		의존적	
솔직한		수줍은		혼란스러운		의기소심한	
정확한		독단적		보수적		세밀한	
성취지향적		영악한		일관된		결연한	
행동지향적		권위적		만족한		근면한	
적응력 강한		소심한		세련된		외교적	
모험을 즐기는		따분한		협조적		쉽게 실망하는	
상냥한		관대한		용감한		훈련된	
겁이 많은		실무적		열광적		분별력 있는	
공격적		평온한		창의적		무시하는	
불만을 품은		태평한		믿을 만한		낭패한	
냉담한		조심성 있는		호기심 강한		무질서한	
야심찬		돌보기 좋아하는		고객 중심의		지배적	
즐거운		카리스마 있는		대담무쌍한		세상물정에 밝은	
분석적		잘 속는		단호한		역동적	
화가 난		냉담한		패배주의에 빠진		느긋한	
짜증내는		이재에 밝은		공손한		유능한	
걱정하는		헌신적		반항적		유요한	
고마워하는		유능한		신중한		감정적	
관습적		덫에 걸린		크게 성공한		사람을 믿는	
특이한		불확실한		흔치 않은		복수심에 불타는	
이해심 있는		음울한		확고한		유머가 넘치는	
에너지 넘치는		유쾌한		융통성 있는		히스테리성의	
진취적		근거가 충분한		집중하는		이상주의자	
열렬한		입이 무거운		멍청한		상상력이 풍부한	
예외적		행복한		관대한		성급한	
흥미진진한		도움이 되는		단도직입적인		충동적	
자기이익에 밝은		무기력한		다정다감한		우유부단한	
숙달된		적대적		낙담한		독립적	
전문적		굴욕적		놀기 좋아하는		공평한	
자극이 되는		쉽게 동요 안하는		전략적 사고자		빈틈없는	

직설적	비판에 민감한	강력한	깔끔한
관대한	이기적	실용적	내성적
온화한	근면한	정확한	회복이 빠른
겸손한	이해심 많은	예측 가능한	기지가 좋은
다재 다능한	잔인한	개인적	책임을 지는
영향력 있는	성숙한	예방적	민감한
주도권을 가진	고지식한	방어적	위험을 감수하는
혁신적	온화한	자랑스러운	슬픈
통찰력 있는	해를 끼치는	규칙적	만족한
지성적	겸손한	호기심 강한	회의적
자아성찰적	의욕적	빠른	냉소적
시기하는	객관적	조용한	자신 있는
즐거운	숨김 없는	이성적	자제력 있는
비판적	질서정연한	반응을 나타내는	자기 비판적인
친절한	정리 잘하는	현실적	스스로 동기부여
지식이 풍부한	외향적	사려깊은	자립적
야망이 부족한	두드러진	약한	재치있는
경솔한	매우 민감한	고집 센	걱정많은
박학한	겁에 질린	독선적	지원하는
활발한	참을성 있는	세심한	놀란
논리적	짜증나 있는	평화로운	의심스러운
방황하는	통찰력 있는	진지한	동정적
애정 있는	직관력 있는	부끄러움이 많은	요령 있는
충성스러운	끈기 있는	어리석은	재능 있는
솔직한	집요한	진심의	말이 많은
활기찬	따뜻한	느린	과업지향형의
미래지향적	경계하는	사교적	팀을 만드는
설득력 있는	받아들여지지 않는	교양 있는	팀으로 일하는
개척적	믿을 수 있는	슬픈	완강한
만족스러운	안도감을 느끼는	안쓰러운	상냥한
긍정적	후회하는	자발적	날카로운
실제적	억울해하는	흔들림 없는	이론적
성공적	소심한	샐쭉한	관용있는

[출처 : A. Osterwalder, 유태준 외 역(2013), "Business Model 단 한 장의 인생설계도", 교보문고, pp.119-121.]

나. 후천적 자질

후천적으로 만들어질 수 있는 창업자의 자질도 물론 있다. 창업을 성공적으로 이끌기 위한 능력이나 소질은 여러 가지 내적·외적 환경요인에 의해 새로이 개발할 수 있는데, 특히 경영인으로서 필요한 소질을 키워 나가야겠다는 자신의 굳은 의지가 있을 때 가능한 것이다. 성공적인 창업을 위한 후천적 자질 요소는 다음과 같다.

① 경험

후천적 자질 중 첫 번째 자질은 창업자가 지금까지 쌓아온 창업관련 분야에서의 경험이다. 지금까지 쌓아온 경험이란 단순히 업무에만 국한되지는 않는다. 통상 창업의 업종과 취급상품은 전 직장의 업무와 관련 있는 경우가 많다. 아무래도 난생처음 보는 업종보다는 자신이 해오던 분야의 일을 선택, 창업을 하고 운영해 나갈 때 유리한 점이 많다는 것은 의심할 여지가 없다.

② 경영 노하우

지금까지 획득한 지식이라고 해봤자 학교에서 배우거나, 관련 분야의 책을 읽거나, 각종 세미나나 선배·친구들에게서 얻어들은 지식의 총합일 것이다. 이렇듯 스스로 체험하여 학문과 지식을 얻는 데는 한계가 있으며 하루아침에 이뤄지지는 않겠지만 구체적이고도 실제적인 경영 노하우는 창업경영에 꼭 필요한 자질이다.

③ 체력

사업경영 추진의 원동력은 어디까지나 창업자의 체력을 바탕으로 한다. 창업자의 경험이나 지식도 이와 같은 체력적인 뒷받침이 없으면 능력을 충분히 발휘할 수 없으므로 체력적 능력은 향후 경영능력의 핵심을 이루는 중요 요소이다. 정신적 건강과 육체적 건강을 둘 다 겸비하는 것은 창업자의 필수요건이 되는 것이다.

④ 신뢰도

창업자가 가지고 있는 자격이나 사회적 지위, 전 직장에서의 신용 등도 중요한 고려대상이다. 이런 요소에 의해 창업자는 경영에 필요한 내적, 외적 신뢰성을 증대시키는 원동력을 얻게 되는 것이다.

⑤ 사회적 네트워크

창업자의 인간관계도 큰 몫을 차지한다. 창업자가 다양한 인간관계, 특히 깊이 있는 인간관계를 평소에 유지하고 있었다면 경영이 손쉬울 것임은 설명할 필요가 없다. 창업환경을 둘러싼 인간관계는 창업자의 능력에 따라 좌우되는 경우가 많다. 창업자가 지니고 있는 경험, 신분, 혹은 경영능력 외에 주변에 있는 다양한 인간관계가 창업자의 힘을 더욱 강하게 만들어 주는 중요한 요소가 되는 것이다.

◆ 바움백(Baumback) 교수가 개발한 창업가 자질 테스트를 통해 자신의 창업가적 자질을 판단해 보자.

[표 5-4] 창업가 자질 테스트

번호	질문내용	응답(V)		
		긍정	보통	부정
1	다른 사람과의 경쟁 속에서 희열을 느낀다.			
2	보상이 없어도 경쟁이 즐겁다.			
3	신중히 경쟁하지만 때로는 허세를 부린다.			
4	앞날을 생각해 위험을 각오한다.			
5	업무를 잘 처리해 확실히 성취감을 맛본다.			
6	일단 하기로 결심한 일이면 뭐든 최고가 되고 싶다.			
7	전통에 연연하기 싫다.			
8	일단 일을 시작하고 나중에 상의하곤 한다.			
9	칭찬을 받기 위해서라도 업무 자체를 중요하게 생각한다.			
10	남의 의견에 연연하지 않고 내 스타일대로 한다.			
11	나의 잘못이나 패배를 잘 인정하지 않는다.			
12	남의 말을 듣지 않는다.			
13	웬만해서는 좌절하지 않는다.			
14	문제가 발생했을 때 직접 해결책을 모색한다.			
15	호기심이 강하다.			
16	남이 간섭하는 것을 못 참는다.			
17	남의 지시를 듣기 싫어한다.			
18	비판을 받고도 참을 수 있다.			
19	일이 완성되는 것을 꼭 봐야 한다.			
20	동료나 후배가 나처럼 열심히 일하기를 바란다.			
21	사업지식을 넓히기 위해 독서한다.			

▣ 채점방법 : 긍정(3점), 보통(2점), 부정(1점)

▣ 평가결과 : • 63점 이상 : "매우좋은" 자질을 갖추고 있다.
• 52~62점 이상 : "좋은" 자질을 갖추고 있다.
• 42~51점 이상 : "보통" 자질을 갖추고 있다.
• 41점 이하 : 자질이 "매우부족"하다.

[출처 : 김영문(2009), 창업학, 법문사, pp.37-38.]

6. 창업생태계

1) 창업생태계의 개념

생태계는 환경과 생물군집 간의 통합된 시스템을 지칭하는 인위적 단위로 1935년 영국의 식물학자 탠슬리(Tansley)가 생물적 요소와 무생물적 요소를 분리하지 않고 사고하자는 의미로 사용한 개념이다. 생물공동체인 유기체와 이를 둘러싼 환경인 무기체가 상호작용하는 공간을 말하며, 단순히 하나로 묶는다는 것 보다는 다양한 요소들이 체계적으로 조직되어 있으며 평형상태를 이루고 있다는 점을 강조하기 위해 하나의 '시스템(system)'으로 본다.

창업기업의 성장과정을 설명하기 위해 '창업생태계'라는 개념을 도입하고 있는데, 생태계는 생산자→소비자→분해자로 이어지는 먹이사슬에 의해 평형이 유지된다. 창업생태계는 자연생태계의 먹이사슬에 비유하여 창업기업(생산자) - 벤처캐피털 및 엔젤(소비자) - 코스닥 및 인수합병(분해자)의 세 가지 구성요소로 이루어지는데, 단순히 자연생태계와의 유사성을 서술하는 차원을 넘어 현실을 분석·파악하기 위한 분석도구로 발전시키는 것이 중요하다. 모든 생명체는 장기간에 걸쳐 단순한 것에서 복잡한 것으로 진화하며, 이러한 진화는 생존경쟁, 적자생존, 자연도태를 통해 이루어진다는 다윈(Charles Darwin)의 진화론은 신생 창업기업이 창업생태계에서 살아남기가 얼마나 힘든지를 설명해 주는 좋은 비유가 될 것이다. 창업생태계를 하나의 모형으로 만들면 [그림 5-2]에서 보듯이 복잡한 활동의 메커니즘을 생산자→소비자→분해자 구성요소들 간의 상호작용으로 단순화시킬 수 있다.

[그림 5-2] 자연생태계와 창업생태계

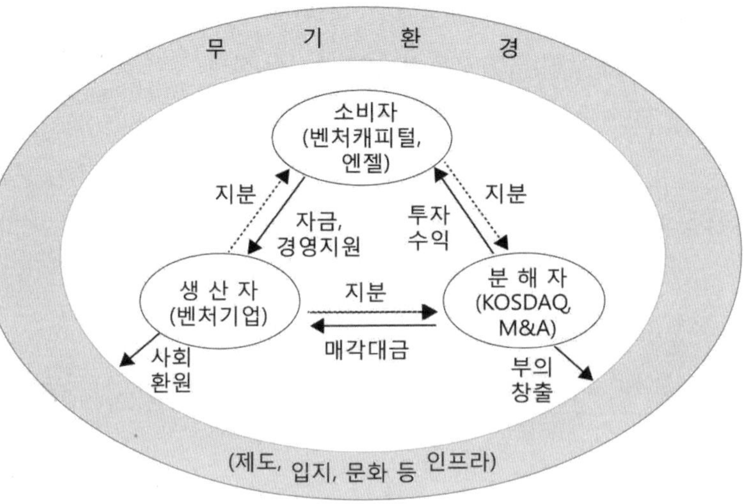

[출처: 고정민, 김정호(2000), "벤처생태계의 형성과 진화", 삼성경제연구소, p.3]

2) 한국형 창업생태계

실리콘밸리와 이스라엘 등 외국 창업생태계의 성공 방식을 우리나라에 그대로 적용하기는 쉽지 않다. 실리콘밸리의 창업생태계는 자본주의 및 관용적 문화, 교육의 우수성 등 지역의 강점을 기반으로 오랜 시간에 걸쳐 형성되었으며, 이스라엘 역시 초기 정부의 강력한 지원 정책과 별개로 미국과의 특수 관계에 따른 시장 접근의 용이성, 유대인 네트워크의 막강한 자본 등 특수한 이점에 따라 창업생태계가 성공적으로 정착할 수 있었다. 따라서 우리나라의 강점을 최대한 활용하는 것이 경쟁력 있는 창업생태계를 조성하는 최선의 길이 될 수 있다. 즉, IT와 함께 자동차, 건설, 조선, 중화학 등 다양한 업종에서 세계적인 경쟁력을 갖추고 있는 독특한 산업 특성과 중국과 동남아시아에 산재해 진출해 있는 글로벌 생산네트워크를 잘 활용하고, 이종 산업 간의 융합 활성화를 통해 우리의 비교우위를 확보해야 한다.

[그림 5-3] 이상적인 한국형 창업생태계

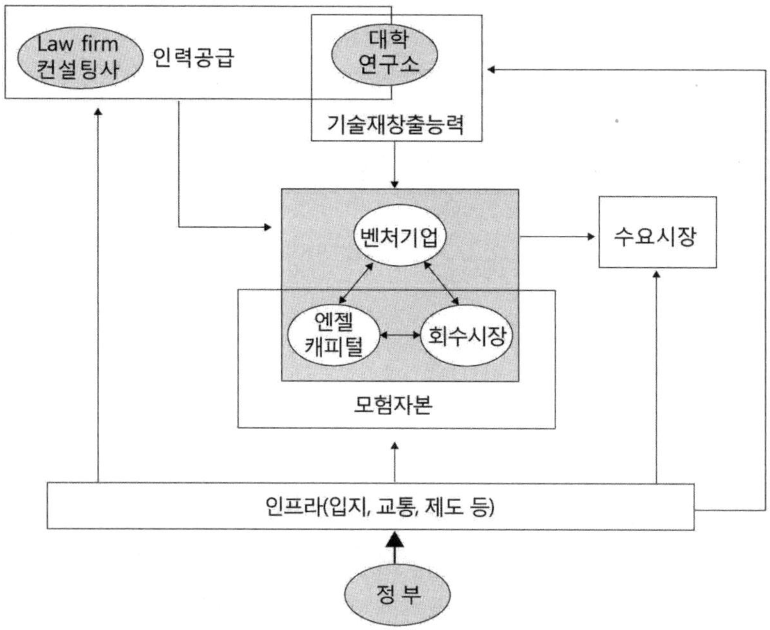

[출처 : 삼성경제연구소(2000), CEO Information, 제240호, p.4.]

이상적인 창업 생태계 모형은 다음과 같은 관점에서 구축되어야 한다.

① 창업생태계는 벤처기업, 벤처캐피털, 회수시장과 같은 몇 개의 기업군으로 이루어지는데, 벤처캐피털과 회수시장은 벤처기업과 자본시장의 정보비대칭성을 완화시켜 주는 촉매 역할을 담당한다.

② 자연생태계에서 에너지 흐름에 해당하는 것은 지식의 흐름으로 볼 수 있다. 즉, 벤처기업군의 배태조직의 역할을 담당하는 대학·연구소·기업 등의 연구개발·영업 등의 활동을 통하여 기술혁신의 결과 또는 소비시장의 정보 등을 축적한 기업가들이, 자신이 축적한 지식을 시장에 적용하기 위하여 끊임없이 벤처기업군으로 유입된다.

③ 창업생태계 내에서 회수시장은 자기조직화의 기능을 담당하게 된다. 벤처기업과 벤처캐피털에 축적되어 온 무형의 가치를 유형화하고, 이를 자본이라는 유형의 물질로 전환시켜 주는 역할을 담당하며, 회수시장에서 벤처기업과 벤처캐피털이 유형화한 자본의 양의 과소에 따라서 발생하는 시그널은 차기 배태조직으로부터 벤처기업으로 전환되는 지식의 흐름, 자본시장으로부터 벤처캐피털에 유입되는 자본의 양을 강화 또는 약화시키는 동기부여를 제공하게 된다.

④ 창업생태계에서 환경은 제도적 환경, 소비시장 등으로 구분해 볼 수 있다. 제도적 환경으로는 벤처생태계의 상호작용과 물질순환에 영향(강화 또는 약화)을 미치지는 못하지만 이를 원활하게 촉진하는 촉매의 역할을 담당하는 각종 인프라, 문화, 지원정책 등이 이에 해당한다.[27)]

제 6 장
창업의도와 창업 아이디어 발견

1. 창업의도

창업의도는 창업에 대한 행위인 의도적인 태도를 의미하며, 창업이라는 긴 과정의 첫 단계이다. 창업의도는 미래에 창업할 가능성에 대한 의지가 아니라 새로운 가치를 발견하고 실현하고자 하는 실질적으로 창업에 대한 구체적이고 전략적인 창업계획을 의미한다. 따라서 창업자 개인의 창업의사결정과 행동의 선행요인으로 창업의도, 즉 창업에 대한 긍정적 태도가 선행되어야 한다. 이와 같이 창업의도는 창업과정을 이해하는데 핵심적인 개념으로서 기업가정신 연구에서 개념적으로 또는 실증적으로 많은 연구가 이루어졌다.

이와 같은 과정적 측면에서 창업을 보는 관점은 창업이 시간의 경과에 따라 일어나기 때문에 창업자의 창업 의사결정 단계에서 창업의도는 기업의 설립과 관련된 첫 번째 단계로 본다. 창업의도는 새로운 조직을 설립하기 위한 의사결정과 행위를 형성하기 때문에 창업과정을 이해하는 데 있어 가장 핵심적인 개념으로 간주되어진다. 즉, 창업가의 창업의사결정은 사전에 치밀하게 계획되고 준비된 행동으로 미래에 새로운 기업을 창업하기 위한 의도에 관한 이해는 창업과 관련된 전반적인 현상을 이해하는 데 매우 중요하다. 이와 같은 중요성에 따라 창업에 대한 학문적 관심의 증대로 창업의도의 결정요인에 대한 연구 또한 다양한 관점에서 이론적, 실증적으로 다루어지는 주요 주제로 등장하고 있다[28]

샤페로(Shapero, 1982)는 창업의도를 설명하기 위해 '기업가 사건 모형'을 제시하면서 창업의도는 행동성향, 즉 창업에 대해 개인이 끌리는 정도로 측정되는 인지된 소망성(perceived desirability)과 개인이 창업에 대해 느끼는 가능성의 정도인 인지된 타당성(perceived feasibility)에 의해 영향을 받는다고 주장한다. 따라서 창업의도는 창업과 관련된 행동과 매우 밀접한 관계를 갖고 있는 중요한 변수라고 할 수 있다.

행동의지에 관한 사회심리학 연구에서 가장 폭넓게 받아들여지고 있는 아젠(Ajzen)의 계획된 행동이론 모형에 따르면 의지는 미래 목표행동에 대한 몰입을 나타내며, 목표행동에 대한 태도, 사회적 규범, 그리고 인지된 행동통제력 등 세 가지 핵심적 태도에 의해 영향을 받으며, 그 행동의 실행여부를 가장 정확하게 예측하고 설명해주는 변수다.

리와 벤카타라만(Lee & Venkataraman, 2006)은 창업이 개인의 주관적 욕구들의 결합함수인 야망과 상대적으로 불확실성이 낮은 대안인 취업기회들의 함수인 시장제공기회에 의해 결정된다고 하였다. 현대사회에서는 기존 조직이 필요로 하는 인적자원을 효율적인 취업시장을 통해 조달되고 있으며, 구직자들은 자신들의 인적자본에 적합한 많은 취업기회 혹은 시장제공기회를 단시간 내에 쉽게 찾을 수 있다. 개인이 비교적 확실한 대안인 시장제공기회를 통해 자신의 목적이나 욕구를 충족시킬 수 있으면 가장 적합한 시장제공기회를 선택할 것이다. 하지만 자신의 야망을 충족시킬 수 있는 시장제공기회가 주어지지 않는 상황 하에서는 불확실한 대안인 창업을 선택할 가능성이 높다.

창업은 위협보다 기회를 강조하는 사고방식이며, 기회 확인과정은 명백히 의도적인 과정이다. 창업의도는 치밀한 사전계획이 내포되어 있고, 기회를 확인하는 의도적 과정이므로 의도기반 모델인 계획된 행동에 대한 실질적인 통찰력을 제공한다. 이에 따라 창업활동을 창업의도의 결과변수로 이해함에 있어 크뤼거(Krueger, 2000)는 기업가 의도의 2가지 모형 즉, 아젠(Ajzen)의 계획된 행동이론과 샤페로(Shapero)의 기업가 사건모형에 대한 예측력을 비교하여 창업의도는 계획된 행동에 대한 최고의 단일 예측요인이고, 개인 및 상황적 변수는 핵심 속성과 일반적인 행동 동기에 영향을 주어 창업에 간접적인 영향만을 준다고 지적하였다.

창업의도에 영향을 미치는 요인을 규명하기 위해 가장 많은 연구가 이루어진 것은 창업을 선택하는 사람들의 개인적인 특성이다. 개인의 위험감수성, 통제의 위치, 성취욕구, 그밖에 자율성, 개인적 통제욕구 등이 창업의도에 영향을 미치는 개인적인 특성으로 제시되었다. 그러나 창업 프로세스에 영향을 미치는 요인으로서 개인적 특성에 관한 연구가 가진 약점 중의 하나는 기존의 연구대상이 된 특성이 창업에 미치는 영향과 이유에 대한 이론적 근거가 미약하다는 것이다[29)]

또한, 많은 연구에서 규명된 통제의 위치, 성취욕구, 위험성향 등의 특성이 창업 프로세스를 이해하기 위한 목적으로 개발된 것이 아니라, 다양한 상황에 적용될 수 있도록 개발된 일반적인 개인적 성향을 의미하기 때문에 창업 동기와 의도를 규명하는데 유용성이 떨어진다. 창업 의도는 인지된 욕구와 인지된 실현가능성, 그리고 기회에 따른 행동성향에서 나타나는데, 인지된 욕구는 자신의 창업이 주변 사람들에 의해 바람직한 것으로 받아들여지고 있는지를 나타내는 인식의 정도를 말한다. 인지된 실현가능성은 주변 상황을 고려하였을 때 창업을 성공으로 이끌 수 있을 것으로 판단하는 개인의 신념과 능력을 말하며, 행동성향은 의도에 대한 의지를 반영하는 결정에 따라 행동하는 개인의 성향을 말한다.[30]

위에서 살펴본 여러 학자들의 정의를 요약해 보면 창업의도는 창업자적 행동을 수행하기 위한 노력을 의미하고 아래 4개의 구성요인들에 의해 영향을 받는다.

① 개인적 태도

창업에 관해 긍정적이거나 부정적인 개인의 평가 정도이다.

② 주관적 규범

창업행동을 수행하려고 할 때 지각되는 사회적인 압력으로 측정되며, 창업을 위한 결정에 영향을 미치는 준거집단의 영향이다. 주관적 규범과 창업의도와의 영향관계는 간접적인 영향에 대한 연구가 필요한데, 이것은 주관적 규범이 개인적 태도와 인지된 행동통제에 영향관계를 가지고 있기 때문이다. 이러한 이유는 사회적 자본 관점에서 준거집단에 의해 개인적 태도와 인지된 행동통제에 긍정적인 인식이 나타나기 때문이다.

③ 인지된 행동통제

창업에 대한 편리함 또는 곤란에 대한 지각으로 정의된다. 행동에 대한 의도는 미리 확립되지 않으며 선행된 구성개념들의 특정행동에 의해 경험적으로 결정되어진다.

④ 자기효능감

창업의도에 영향을 주는 또 다른 요인은 창업에 대한 자기효능감(Self-Efficacy)이다. 창업에 대한 자기효능감은 창업을 잘할 수 있다는 자신감을 의미한다. 자기효능감은 다양한 상황에 적용될 수 있는 일반적 경향의 개인차이가 아니라, 과업의존적인 자신감을 의미한다. 자기효능감은 동기와 성과를 예측하는 강력한 개인변수로서 조직에서 광범위하게 연구가 되어 왔다. 자기효능감은 과업수행의 노력, 지속성, 성과에 긍정적 영향을 주며, 무엇보다 과업의 선택과 목표의 선택에 영향을 준다.

창업은 창업자의 개인적 요인으로만 설명될 수는 없으며, 개인의 특성과 환경의 상호작용을 통해 이루어진다. 레이놀드(Reynolds, 1992)는 창업의사 결정에 영향을 미치는 요인으로서 경제적 환경, 개인의 삶과 경력 환경, 개인의 성향을 제시하였다. 또한, 창업에 영향을 미치는 환경요인의 중요성을 설명하고 정부정책, 사회경제적 조건, 창업 및 경영기술, 재무적 지원, 비재무적 지원을 분류하였다.

나프지거(Naffziger, 1994)는 전체 창업 프로세스를 이해하기 위해서는 창업 시작단계의 의사결정뿐만이 아닌, 창업 후 사업의 지속여부를 결정하는 과정도 포함해야 한다고 주장하였다. 또한 전체 창업과정에 영향을 주는 요인으로 창업자 개인의 특성, 가족관계, 성별과 같은 창업자의 개인적 환경, 창업을 통해 추구하고자 하는 개인의 목표, 창업에 대한 사회적 인식과 자금획득의 용이성과 같은 사업적 환경, 구체적 사업 아이디어, 창업행동이 이익과 매출, 시장점유율과 같은 성과를 가져올 것이라는 기대 등 다양한 요인을 제시하였다.

조병주(1999)는 중소기업 창업자들의 창업의지와 기회배경을 조사한 결과, 기회가 만들어질 수 있는 모든 영역에 있어서 일관되게 창업자들은 사전에 창업의지를 가지고 있지 않은 가운데서도 창업의지를 가지고 있었던 창업자들보다 상대적으로 더 자주 창업을 일으키고 있으며, 창업의지를 품었던 창업자들은 시장예견을 통해서 기회를 더 많이 포착하고 있었고, 이와 대조적으로 창업의지를 갖지 않은 창업자들은 단순관찰에 의해서 더 많은 기회와 만나고 있다. 또한, 창업의지가 있는 의도적인 창업자들은 창업의지가 없었던 창업자들에 비해 상대적으로 훨씬 많은 수가 탐색적으로 기회를 발견하였고, 비의도적인 창업자들은 이와는 반대로 우연적인 상황에서 대부분 기회와 만나고 있다. 따라서 창업의지와 기회단서접촉 사이에 서로 의미 있는 관계가 내재되어 있음을 알 수 있다.

2. 창업 아이디어 발견

새로운 가치창출의 기반이 되는 창업 아이디어를 발견하는 것은 창업과정 중에서 가장 중요한 활동이다. 아무리 좋은 아이디어를 갖고 있어도 반드시 좋은 기회가 되는 것은 아니며, 현실세계와 창업활동과의 상호작용을 통해 기회로 구체화되어야 가치를 갖게 된다. 특히 어떤 사업기회를 발견하느냐는 향후 기업의 방향과 성패에 중대한 영향을 미칠 수 있으므로 기회발견은 창업자에게 전략적 의사결정을 요구한다.

기업가정신 분야의 기존연구는 대체적으로 많은 연구자들이 기회와 관련되어 기업가가 가진 선천적인 역량을 바탕으로 한 연구에 초점을 두었기 때문에 정작 중요한 기회 원천 및 기회 특성, 기회 실현에 대한 연구는 체계적으로 진행되지 못하고 있다.[31)]

스티븐슨(Stevenson, 1994)은 기회는 '현재 통제 가능한 자원에 관계없이 조직 내외부의 개인들이 기회를 추구하는 과정이며, 바람직하고 실현 가능한 미래상황'으로 정의내리고, 기회는 특정시간, 상황, 개인에 따라 다르게 인식될 수 있다고 주장하였다. 또한, 기회는 지속적으로 존재하는 것이 아니라 어느 시점에서만 의미가 있기 때문에 기회추구의 타이밍이 벤처기업의 향후 성장에 중요하다고 주장하며 기회발견의 적절한 순간을 강조하였다.

기회의 발견은 시장의 수요와 자원의 결합을 인식하는 절차를 말하며, 장래 유망한 사업기회를 실현하기 위해 자원을 이동하거나 전환하는 것으로 특히 외부환경과 창업자의 역량이 결합하면 기업가적 기민함을 유발할 수 있고 이를 통해 기회를 추구할 수 있게 된다.

창업활동을 추구하는 과정에서 기회를 발견한 이후의 결정, 즉 기회를 긍정적으로 평가하고, 자원을 추구하고, 이용 메커니즘을 설계하는 결정 등은 창업자의 의지에 달려있는데, 인간의 동기는 창업결정에 영향을 미치고, 이러한 동기에 있어서 사람들 간의 차이는 누가 창업기회를 추구하고, 누가 자원을 모으고, 어떤 방식으로 창업의 전 과정에 착수하는지에 영향을 미친다.

기회발견에 영향을 주는 중요한 요소로 많이 거론되고 있는 것 중 하나는 사회적 네트워크이다. 힐스(Hills, 1995)는 기업가가 가진 네트워크가 기회의 인식에 상당히 중요한 영향을 미치며, 사람과의 활발한 상호작용 및 네트워크 구축이 기회발견과 기회를 실현하는데 매우 중요하기 때문에 사회적 네트워크의 구축은 사업기회 발견의 체계적인 탐색을 가능하게 한다고 주장하였다.

창업과정의 연구들에서 창업자의 사회적 네트워크가 신생조직의 형성이나 자원획득, 성과에 중요한 영향을 미치며, 이러한 네트워크의 적극적인 활용은 벤처기업으로 하여금 새로운 기회를 창출해 주기도 한다.

벤카타라만(Venkataraman, 1997)은 벤처기업의 새로운 가치창출과 이익의 기반이 되는 사업기회를 어떻게 발전, 창의적으로 활용해야 하는지와 기회 자체에 대한 연구의 중요성을 제안하고, 벤처기업이 지속적으로 성장하기 위해서는 끊임없는 사업기회 발견이 중요하며 기회추구 과정 그 자체에 대한 집중을 통해 경영성과를 이룰 수 있다고 하였다.

창업과정에서 기회의 발견은 기회와 관련된 창업자의 이전 경험과 밀접한 관계가 있다. 창업자의 선험적 지식이 일종의 지적 교두보 역할을 함으로써 다른 사람이 알지 못하는 특정한 기회를 발견할 수 있어 경험과 기회는 밀접한 관계를 가지고 있다고 하였다.

즉 창업자는 아주 새로운 기회를 발견하기보다는 가능한 이전 조직에서 얻은 경험과 관련된 영역에서 사업기회를 포착할 가능성이 크다고 할 수 있다. 기회발견과 관련하여 인지심리학자들은 창업자들이 그들의 네트워크를 통해 얻은 정보를 바탕으로 객관적인 관점으로 환경을 인지함으로써 혁신과 창업을 하게 된다고 보는 반면, 구조주의자들은 창업자들이 정보를 통해 빈번한 실수와 직관적인 관점으로 환경을 해석함으로써 기회를 가질 수 있다고 보고 있다.

콜러(Koller, 1988)는 창업아이디어의 원천을 연구하면서 어떻게 사업기회를 발견하게 되었는가를 설문조사한 결과 응답자의 50%가 다른 사람들에 의하여 제안되었다고 응답하였다. 이 중 직장동료 19%, 친인척 17%, 만나는 사람 12%, 광고 2% 순이었으며, 나머지 45%의 응답자가 실제로 자기 스스로가 사업기회를 확보했다고 하였다.

미국독립사업전국협회(National Federation of Independent Business)의 회원을 대상으로 "지금 하고 있는 사업의 아이디어를 어디에서 얻었는가?"라는 설문을 하였다. 그 결과 "이전 일의 경험"이라는 비율이 45%이었으며 16%가 취미 또는 관심사였으며 다음으로는 "우연한 기회"로부터가 11%, 어떤 사람의 제안에 의한 아이디어의 획득이 7%이었다.

베스퍼(Vesper, 1990)는 사업기회를 크게 두 가지 부류로 나누었는데, 하나는 이미 사업기회와 관련된 제반 여건이 잘 마련되어 있는 경우이고, 다른 하나는 그렇지 못한 경우이다. 그는 사업기회를 접하게 되는 경우를 7개의 유형으로 나누어 설명하고 있다.

① 기대치 않았던 초대(unanticipated invitation)

신사업 아이디어는 초대성 제안이나 부탁의 형식으로 발생한다.

② 전직(prior employment)

대부분의 창업 아이디어는 창업자가 근무했던 이전 직장의 업무와 관련이 있는 곳에서 얻어진다.

③ 권리의 획득(obtaining rights)

아이디어를 매수하거나 아이디어 창안자와 협력의 관계를 맺는 방법이다.

④ 자기고용(self-employment)

어떤 종류의 사업을 시작하게 됨으로써 자기 스스로를 고용하게 되면 연이어 또 다른 사업의 기회를 만나게 된다.

⑤ 취미(hobbies)

취미로부터 오는 사업아이디어로 자기가 좋아하는 취미생활에서 사업이 될 수 있다.

⑥ 사회적으로 만난 사람들(social encounters)

직장이나 이웃, 종교활동, 학연, 취미생활 등을 통해 알게 된 지인들과의 만남에서 우연히 사업기회가 얻어질 수 있다.

⑦ 단순한 행인의 관찰(pedestrian observation)

길을 걷는 행인이 주변에서 보게 되는 것 같은 단순한 관찰도 창업의 기회로 이어질 수 있다.

국내 창업기업을 대상으로 한 연구에서도 창업의지 면에서 53.5%에 해당하는 기업 창업자들은 창업하려는 적극적 의사를 창업 이전에 갖고 있지 않았다. 과반수 이상이 창업의지가 없었음에도 불구하고 창업을 하게 되었고 성공했음을 보여주고 있다. 기회가 어떠한 경험적 배경 안에서 발생했는지에 대한 조사에서 전 직장을 배경으로 기회가 가장 많이 발생(56.3%)하였으며, 다음으로는 전공분야 또는 교육을 통해 익힌 기능분야를 배경으로 창업기회를 얻은 창업자가 11.3%를 차지하고 있다. 그 외에 취미생활(3%), 기타 배경이 28%를 차지하고 있다.[32]

[그림 6-1] 창업 아이디어의 원천

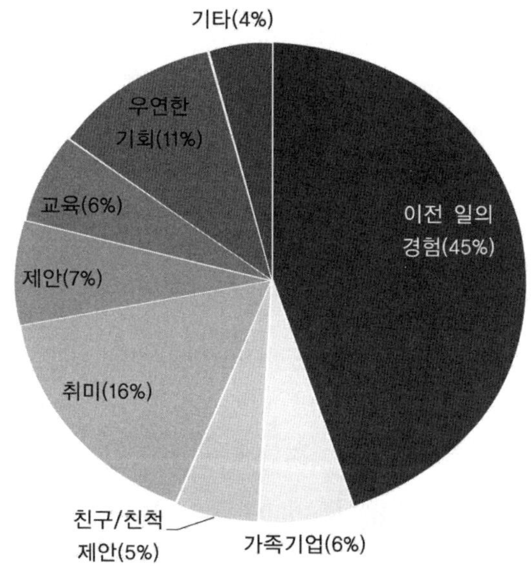

[출처 : Longencker, Moore, and petty(2008), small Business Management South- Western. p.45]

제 7 장
사회적 자본과 창업

1. 사회적 자본의 개념

창업은 존재하지 않는 새로운 조직을 창조하는 것으로 처음 생각한 사업 아이디어로부터 수많은 시행착오와 끊임없는 개선을 통해 사업 기회로 만들어 가는 과정이다. 창업을 계획하고 있는 예비창업자들은 성공적인 창업을 위해 자신이 갖고 있는 모든 개인적인 능력 및 인적, 물적 자원을 총동원하고 외부와의 관계, 외부의 지원 등을 종합적으로 검토한 후 최종 창업의사결정을 내린다.

자신이 세운 창업계획에 대해 시장조사와 사업타당성 분석을 면밀히 수행하였다 하더라도 실제 창업하는 과정에서 미처 생각하지 못한 문제와 어려움이 발생한다. 특히 청년 창업가는 기존 기업에 비해 내부자원이 부족하기 때문에 외부자원을 적극적으로 활용하여 외부와 긴밀한 협력적 관계를 유지하는 것이 중요하다.

최근의 기업가정신 분야에서 사회적 자본 이론이 가장 중요한 이론으로 주목받고 있는데, 그 이유는 사회적 자본이 창업을 위한 중요한 수단으로 인식되었기 때문이다.

사회학의 관점에서 출발하여 최근 들어 다양한 분야에서 사회적 자본에 대한 연구가 이루어지고 있는데, 최초로 사회적 자본이라는 용어를 사용한 사람은 하니판(Hanifan)이지만, 프랑스 경제학자인 부르디(Bourdieu)에 의해 체계적인 연구가 이루어졌다. 부르디는 정책과 사회과학의 영역에서 학술적 관심을 지배하고 있는 경제학자들 때문에 사회생활의 영역이 비교적 등한시되고 있다고 주장하면서 자본도 경제적 자본뿐 아니라 문화적 자본과 사회적 자본이 존재한다고 하였다. 부르디는 사회적 자본을 사회관계의 연결망과 관련된 실제적이고 잠재적인 자원으로 지속적인 연결망 혹은 상호면식이나 구성원이 됨으로써 획득되는 자원의 총합이라고 정의하였으며, 사회적 자본이 불평등한 자원 내부 메커니즘을 통하여 사회계층화에 영향을 미친다고 주장하였다.[33)]

물질적 자본이 재화처럼 생산설비 투자를 가능하게 하는 생산요소이고, 인적 자본이 지식이나 숙련의 형태로 인간의 두뇌와 근육에 내재되어 있는 생산요소라면, 사회적 자본은 사람들 간의 관계에 내재된 제3의 생산요소라고 볼 수 있다. 사회적 자본의 개념은 개인보다는 사회적 관계, 즉 개인과 개인이 결합한 조직이나 집단의 인간관계 속에서 존재한다. 이것은 인적 자본 혹은 물적 자본 등의 전통적 자본과 구분되어질 수 있으며 기업 자본의 효율성을 극대화시킬 수 있는 무형의 자원이라고 할 수 있다. 일반적으로 사회적 자본은 사회적으로 연결된 사람들 사이의 네트워크 내 개인이나 조직들이 보유하고 있는 관계 혹은 연결성으로부터 창출되는 자원의 총합을 의미하며, 상호 호혜성의 규범에 바탕을 두고 교환되는 사회적으로 유용한 자원을 말한다.34)

사회적 자본에 대한 학자들의 개념 정의에서 공통적인 점은 사회적 자본이 개인에게 물질적 이익을 제공하는 수단으로서 작용한다는 도구주의적 시각이다. 사회적 자본은 학자들에 따라서 사회적 연결망 혹은 사회적 자원 등 다양한 개념으로 표현되지만, 사회구성원들이 사회관계를 통하여 사회적 자본을 형성하고 개인이나 집단의 목적을 실현하기 위하여 사회적 자본을 활용한다는 공통적인 주장에 이른다. 이러한 주장은 사회적 자본이 물질적 이익을 낳는 자본으로서 기능하다는 점을 강조함으로써 사회관계의 경제적 파급효과를 이해하는데 새로운 시각을 제공한다. 특히 혈연, 지연, 학연 등 다양한 네트워크로 연결되어 있는 한국사회에서 사회적 자본은 중요한 영향력을 행사해 왔으며, 사회적 자본의 시각은 한국사회의 작동원리나 개인의 경제적 생활상태를 파악하는 데 많은 도움이 된다.35)

2. 강한 유대와 약한 유대

사회적 자본과 관련한 논쟁 중에서 가장 첨예한 대립을 보이고 있는 것은 교환의 강도, 즉 약한 유대(weak tie)와 강한 유대(strong tie) 중 어느 쪽이 사회적 자본의 축적과 확산에 유리한가의 문제이다. 그라노베터(Granovetter, 1973)는 사회연결망을 중심으로 개인의 경제행위를 설명하고 사회적 자본의 노동시장 효과를 분석하였다. 그에 따르면 사회구성원들의 사회관계는 강한 연결망과 약한 연결망으로 구분된다. 그는 상호작용의 시간, 감정적 유대의 정도, 친밀도, 상호협조 등을 기준으로 사회적 연결망의 강약을 구분하였다. 가족, 친지, 친구는 '아는 사람'보다 친밀도와 감정적 유대가 높고 일상생활에서 서로 협력하는 빈도가 높기 때문에, 가족, 친지, 친구의 집단은 강한 연결망을, 반면 '아는 사람'의 집단은 약한 연결망을 형성한다. 약한 연결망은 강한 연결망이 제공할 수 없는 다양한 정보를 제공하기 때문에 더욱 중요한 영향을 미친다. 가족이나 친지 등과의 관계에서 교환되는 정보는 반복적이고 동질적일 가능성이 높지만, '아는 사람'은 다양한 사회적 배경을 갖는 사람들로 구성되기 때문에 강한 연결망보다 더 다양한 정보를 제공한다. 약한 연결망은 이처럼 다른 집단의 구성원들을 연결시키고, 새로운 기회와 정보를 제공하는 가교역할을 수행함으로써 노동시장에서 더 많은 성과를 낳는다.

창업자 개인의 사회적 자본을 연구한 데이비슨과 호니(Davidson & Honig, 2003)는 강한 유대의 연결 사회적 자본(strong tie-bridging)과 약한 유대의 묶는(weak tie-bonding) 사회적 자본 모두 초기창업자에게 확고한 의지를 주며, 창업자의 개인적 창업성취감에 영향을 준다고 하였다. 카롤리스(Carolis, 2006)는 사회적 자본과 기업가정신의 관계에 대해 보다 체계적인 접근을 시도하였는데, 기업가와 연관하여 사회적 자본으로부터 얻을 수 있는 이득은 정보와 영향력이며, 사회적 자본은 기업가적 기회의 중요한 요소인 정보에 접근하게 할 뿐만 아니라 정보의 시기, 타당성, 질을 높여주고 네트워크 내의 다른 사람들에게 도움을 주고 후에 보답을 받는다고 하였다.

국내 연구에서 장수덕(2006)은 외환위기를 전후한 벤처기업의 생존과 실패에 대한 연구에서 기업가의 학력수준이나 경험의 유무와 같은 인적자본의 특성은 벤처기업의 생존에 유의한 영향을 미치지 못한 반면, 기업가의 외부 네트워킹과 내부 결속능력 같은 사회적 자본이 벤처기업의 생존에 매우 중요한 영향을 미친다고 주장하였다. 창업자 및 기업 최고 경영진의 사회적 자본과 그것이 기업의 성과에 미친 영향에 대해서는 상대적으로 체계적인 연구가 덜 이루어졌다. 최고 경영진의 사회적 자본은 기업의 수뇌부가 갖고 있는 내·외부의 잠재적, 실재적 인적 네트워크에서 얻게 되는 자원이라고 정의할 수 있다.[36)]

이상에서 살펴본 사회적 자본의 효과를 정리해 보면,

① 정보 접근성으로 사회적 자본에 관한 연구자들은 일관되게 사회적 자본의 주요한 혜택으로 정보에 대한 접근성을 강조한다.

② 자원에 대한 접근성으로 효과적인 과업수행을 위해서는 물질적, 재정적, 인적, 공간적 지원이 필요하다. 사회적 네트워크는 이러한 자원을 제공받을 수 있는 일련의 개인적 관계의 집합체이다.

③ 경력후원으로 최근 멘토 네트워크에 대한 관심이 증대되면서 멘토 네트워크를 통해 경력후원을 받은 사람들은 더 많은 후원, 노출 및 가시성, 코칭, 보호, 도전적 과제부여 등의 지원을 받음으로써 더 높은 업무성과와 경력 성공에 이른다.

④ 영향력, 통제, 권력으로 네트워크들은 고용이나 승진 등 중요한 의사결정에 핵심적인 역할을 하는 사람들에게 영향력을 행사할 수 있다.

⑤ 사회적 신임으로 네트워크 속에 내재된 자원들과 그들 간의 인정된 관계들은 조직 또는 주요 의사결정권자들에게 개인들을 신임하는 사회적 증명서처럼 인식될 수 있다.[37)]

3. 사회적 자본의 구성요소

사회적 자본의 기능과 역할을 효과적으로 설명하기 위해서 나하피엣과 고샬(Nahapiet & Ghoshal, 1998)은 사회적 자본의 개념적 특성을 종합하여 구조적 차원(structural dimension), 관계적 차원(relational dimension), 그리고 인지적 차원(cognitive dimension)을 사회적 자본의 세 가지 구성차원으로 제시하였다.

1) 구조적 차원의 사회적 자본

구조적 차원은 사회적 네트워크와 연계의 존재 자체를 강조하는 네트워크 타이, 네트워크 운영, 네트워크 상호작용, 그리고 네트워크 지속성 등으로 구성되어 있다.

최근 기업가정신 분야에서 네트워크 이론 관점의 연구가 크게 증가하여 가장 중요한 이론으로 주목받고 있는데, 그 이유는 첫째, 기업가의 네트워크가 창업을 위한 중요한 수단으로 인식되었기 때문이다. 예비창업자는 창업기회를 포착하고, 창업에 필요한 자원, 즉 정보, 지식, 인력, 자금 등을 조직화함으로써 창업을 하게 된다. 이때 창업자는 자신의 네트워크를 통해 창업기회를 포착하거나 창업에 필요한 부족 자원을 획득하려고 한다. 둘째, 창업자 또는 신생기업의 네트워크가 창업 이후의 기업성과에 중요한 요인으로 인식되었기 때문이다.[38)]

창업자들은 기회발견, 환경분석, 자원획득, 기업설립의 창업과정을 통해 창업을 구체화한다. 인지심리학자들의 관점에서 기회발견은 창업자들이 그들의 네트워크를 통해 얻은 정보를 바탕으로 객관적인 관점에서 환경을 인지함으로써 혁신과 창업을 한다고 보는 반면, 구조주의자들은 창업자들이 정보를 통해 빈번한 실수와 직관적인 관점으로 환경을 해석함으로써 기회를 가질 수 있다고 보고 있다.

창업자는 창업 과정에서 네트워크를 통해 창업과 관련된 주요 인력과 시장 정보와 같은 유형의 자원뿐만 아니라, 가족과의 네트워크를 통해 정서적 지원과 같은 무형의 자원을 얻을 수 있어 창업과정에서 높은 위험의 감수를 가능케 할 수 있으며, 또한 벤처캐피탈리스트와 네트워크가 있는 창업자는 새로운 시장에 대한 정보를 얻을 수 있어 창업할 가능성이 높다.[39)]

창업 시 기업의 중요한 구성요소들이 결정되기 때문에 네트워크의 선택은 향후 기업의 성과에 매우 중요한 영향을 미칠 수 있다. 창업과정에서 기회발견, 자원획득, 기업설립과 같은 결과물이 향후 기업성과에 어떠한 영향을 미치는지에 대한 연구는 거의 없다. 일부 창업과정에서 네트워크 선택이 향후 기업 성과에 영향을 미치는 연구가 있으나, 이는 창업자의 네트워크가 아니라 기업수준의 네트워크를 의미하는 것이다.

창업 이후에 관한 연구들에서도 창업자는 사업과 관련된 정보, 조언, 문제해결책과 같은 자원을 얻기 위해 네트워크를 활용하며, 네트워크를 통해 필요한 자원에 접근할 수 있다. 이러한 능력은 초기 신생기업이 규모의 불리함을 극복하고 생존 또는 성장과 같은 기업성과에 긍정적인 영향을 줄 수 있다. [40)]

초기 신생기업은 외부적 정당성이 약하기 때문에 기업의 역사가 오래되고 규모가 큰 기업에 비해 자원에 대한 접근이 제약되어 있다. 따라서 벤처 창업자에 있어서 가장 중요한 자원의 하나가 외부 네트워크를 구축하고 활용할 수 있는 능력이라고 할 수 있다. 광범위한 사회적 네트워크는 창업자로 하여금 부족한 정보, 지식, 재무적 자원들을 활용할 수 있도록 지원하기 때문이다.

네트워크는 초기 신생기업의 재무적 기반을 확장할 수 있는 가능성을 열어준다. 미국 이민사회에서 한인 교포 네트워크를 연구한 윤(Yoon, 1991)은 사회적 네트워크가 같은 민족의 기업가에게 재무적 지원을 하는 역할을 하며, 재무적 자원이 부족한 신생기업들에게 있어 사회적 관계에 의한 재무적 지원이 기업성과에 매우 중요하다고 하였다.

정대용과 김춘광(2011)은 기업가정신 관련 연구에서 새로운 벤처기업의 창업과 지속가능 확률을 높여주는 요인으로 사회적 자본의 중요성을 강조하고, 네트워크를 사회적 자본의 관점에서 접근하여 사회적 자본 확보의 원천으로 보았으며, 이를 통하여 정보와 자원접근을 통해 성과에 긍정적인 영향을 미친다고 하였다. 이는 신생 벤처기업이나 이미 설립된 벤처기업들의 태생적 특징이면서 동시에 약점으로 논의되고 있는 '신생의 불리함'이나 '소규모의 불리함'을 극복하거나 보완할 수 있는 대안적인 도구로서 사회적 네트워크의 유용성이 강조되고 있기 때문이다. 또한, 창업초기의 기업이 갖는 상대적인 약점 혹은 작은 규모의 기업이기 때문에 어쩔 수 없이 갖게 되는 정보, 자원의 부족을 사회적 네트워크를 통해서 어느 정도 극복할 수 있기 때문이다. 따라서 기업가들에게 사회적 네트워크는 성공을 돕는 중요한 요인이다. 그들의 네트워크는 사업의 성공에 중요한 영향을 미치는 대상들로 이루어졌을 확률이 높기 때문이며, 이때 네트워크는 기업가에게 효율성을 제공해주는 좋은 수단이 된다.

2) 관계적 차원의 사회적 자본

나하피엣과 고샬(Nahapiet & Ghoshal)이 제시한 사회적 자본의 관계적 차원은 사람 사이 관계의 질과 관련된 것으로 신뢰, 의무 등을 포함한다. 신뢰란 한 사람의 의도된 행위의 결과가 다른 사람의 관점에서 적절할 것이라는 믿음을 의미하며, 신뢰가 높은 상태의 관계에서는 사람들이 사회적 관계에 보다 적극적이고, 특히 협력적인 상호작용이 용이하다.

관계적 차원은 신뢰 정도나 신뢰할 수 있는지 여부와 같이 관계 속에 내재되어 있는 자산적 요소를 의미하며, 믿음, 평판 등으로 구성되어 있다. 따라서 신뢰는 사회적 자본의 관계적 차원을 가장 명확하게 설명할 수 있는 변수 중 하나이다. 신뢰는 지식 및 정보의 교환과 공유, 의사소통의 원활화, 각종 활동에의 참여를 위한 기본적인 역할을 한다. 신뢰가 없다면 조직구성원 간의 관계에 있어서 정보가 원활하게 전달되지 못하며, 기회주의적인 행동으로 인한 비용이 발생하고, 이러한 문제를 해결하기 위해 협상비용이 발생하고, 도덕적 위험 및 역선택으로 인한 손실이 발생한다.[41)]

신뢰는 기업 간 조정을 신속하고 유연하게 이루어지게 하는 촉매제 역할을 하여 네트워크를 통한 가치가 증대되기도 한다. 기업 간의 신뢰는 거래비용을 감소시키며, 장기적인 거래 구축으로 거래의 안정화를 유도함으로써 생산성 증대와 신규시장으로의 진출을 용의하게 한다.

신뢰는 사회적 판단에서 기인하며 신뢰가 바탕이 되었을 경우 자원몰입이 높아지고, 기회주의적 행동의 가능성이 낮아지는 반면, 신뢰가 부족한 경우 상대에 대한 예측가능성과 의존가능성이 낮아지기 때문

에 의사결정에 소극적이며 방어적이 된다. 따라서 신뢰는 수익과 비용의 양면적인 특성을 가진다.[42)]

신뢰는 공적 신뢰와 사적 신뢰로 구분되는데, 집단 내에는 구성원들이 갖는 조직에 대한 신뢰인 공적 신뢰와 구성원들 상호 간의 신뢰인 사적 신뢰가 공존한다. 공적 신뢰는 조직 내의 제도나 규율에 대한 신뢰이며, 사적 신뢰는 대인 관계의 신뢰를 말한다. 대인 관계의 신뢰에서 높은 신뢰행위는 협동으로, 낮은 신뢰행위는 경쟁으로 나타난다. 즉 구성원들이 서로 신뢰하면 협력관계가 형성되지만 불신할 경우 경쟁행동을 보인다.

신뢰는 잠재적 생산성과 거래비용의 감소 효과를 가져 오기 때문에 경제적인 가치를 지닌다. 그런데 사람들은 모든 사람들과 신뢰관계를 형성하는 것이 아니라, 혈연, 지연, 학연 및 그밖에 자신이 소속된 사회적 공동체 또는 조직 구성원으로서 지속적으로 접촉하는 일부 사람들 간에 신뢰관계를 형성한다. 그러므로 만약 신뢰가 조직 내 특정인들의 사적 이익을 추구하기 위한 파당을 형성하고 있다면 조직수준에서는 오히려 해로운 요소가 된다.[43)]

3) 인지적 차원의 사회적 자본

인지적 차원은 사회적 관계 속에서 적절히 행동하도록 하는 방법이나 관계에 대한 공동의 이해를 가능하게 하는 자원으로 공유된 비전, 공유된 목표, 그리고 공유된 가치 등으로 구성되어 있다. 조직에서 비전공유는 공식적인 비전확산을 위한 노력과 공유된 언어나 집합적 이야기의 공유와 같은 비공식적인 상징과정을 통해서 형성된다.

비전이나 목표, 핵심가치의 공유는 조직의 공동 목표달성을 위한 구심적 역할을 수행하게 한다. 조직의 구성원들이 비전이나 목표를 공유함으로써 기업이 필요로 하는 핵심가치와 역량이 무엇인지를 인지하게 된다. 공유된 비전은 개인의 비전으로부터 발생하며 개인의 가치, 관심사, 역할에 근거한 에너지를 이끌어내고 몰입하게 한다.

공유된 비전은 네트워크 참여 구성원들의 미래 지향점과 포부를 구체화하거나 이미지화한 것이며, 공유된 목표는 해당 조직 구성원들 사이에 공유된 일반적인 이해도와 네트워크 업무나 성과의 달성에 대한 성취 정도로 설명할 수 있다. 공유된 목표는 자원의 결합과 통합을 더욱더 원활하게 해주며, 목표 조정과 통합에서 발생하는 갈등을 감소시키는 역할을 해줄 뿐만 아니라, 아이디어나 자원의 교환과 결합의 기회를 제공하기도 한다. 또한, 인지적 차원은 자원에 대한 표현, 해석, 그리고 각 부분들 간의 의미 시스템들 간의 공유를 의미하는 것으로 구성원의 비전 공유를 조직구성원들의 공동의 목표와 열망에 의하여 상황과 의미를 공유하게 한다는 점에서 인지적 차원의 특성으로 보았다. 즉, 의사소통의 기능으로서 정보교환, 문제 해결책 확인, 행동 규제, 갈등 관리 등을 의미한다고 볼 수 있다. 결과적으로 비전을 공유하는 조직구성원들은 자원을 공유하는 파트너가 될 수 있을 것이다. 44)

한편 인지적 차원의 사회적 자본을 조직 정체성으로도 설명하는데, 구성원이 자신을 한 집단의 일원이라고 인식하는 정도와 이 집단의 일원이라는 것에 대해 개인이 부여하는 가치나 감정적인 중요성의 정도를 나타내는 것이다.

수많은 정보가 개인의 인지능력에 의하여 지식으로 변환되며, 지적 자본은 사회적 상황 속에서 내재된다는 점에서 인지적 측면이 고려되어야 한다. 인지적 차원이 사회적 자본의 한 측면으로 고려될 수 있는 근거는 조직 구성원들이 상황과 의미를 공유함으로써 조직이 필요로 하는 핵심가치와 역량이 무엇인지 인식하고, 공동의 목표를 달성하기 위한 구심적 역할을 하게 되므로 조직 내부의 인지적 특성에 따라 가치 창출 정도의 차이가 나타날 수 있기 때문이다.[45]

국내연구에서 이유나(2007)는 인지적 차원은 일정 집단 내에서 사람들이 커뮤니케이션을 통해 공유하는 의미체계 혹은 해석, 규범을 내포하는 차원이라고 정의하면서 조직 정체성을 사회적 자본의 효과 변인으로 설정하고, 한 조직의 구성원이 그 집단의 일원이라는 것에 대해 부여하는 가치나 감정적 유대로 규정하였다.

[표 7-1] 사회적 자본의 구성요소

위치	차원	요소
외부 연결	구조적 차원	강한유대
		약한유대
내부 결속	관계적 차원	신뢰
	인지적 차원	비전공유

4. 사회적 자본을 활용한 창업활성화

일반적으로 창업을 준비하거나 창업 초기 기업들은 대부분 영업실적과 유형적 담보가 부족하기 때문에 투자재원을 마련하는 데 어려움을 겪는다. 민간 벤처캐피털이나 정부의 기술보증기금 등은 투자대상 기업의 미래성과를 판단할 수 있는 요인들을 근거로 투자 의사결정을 하는데, 그 요인들 중 기업가의 능력과 인적자본뿐만 아니라 사회적 자본도 기업 성과에 긍정적인 영향을 미친다. 외부연결 사회적 자본과 내부결속 사회적 자본 모두 초기창업자 행동에 직접적인 영향을 미치며, 이러한 사회적 자본을 활용한 창업활성화 방안은 다음과 같다.

① 창업을 위해 가장 필요한 것은 창업자의 자신감이다. 예비 또는 잠재적 창업자는 강한 유대의 사회적 네트워크를 통해 창업에 대한 불안감에서 벗어나 정서적으로 안정을 얻을 수 있도록 자주 가족, 친척, 친구, 직장동료들과 네트워킹을 통해 창업에 필요한 정보와 기술적 도움뿐만 아니라 창업에 대한 자신감을 얻을 수 있도록 노력해야 한다.

② 약한 유대의 사회적 네트워크를 통해 사업아이디어에 관한 정보를 수집하고, 중소기업청, 벤처협회 등 관련기관으로부터 창업지원정책에 대한 자문을 받고, 벤처캐피탈, 기술보증기금 등으로부터 창업에 필요한 자금지원을 받을 수 있도록 네트워킹을 강화해야 한다.

③ 예비 또는 잠재적 창업자는 창업을 함께할 유능한 창업팀을 구성하고 그들과 신뢰와 비전공유를 통해 내부결속 사회적 자본을 축적함

으로써 초기 사업아이디어를 구체화하고 조직활동을 촉진시키며 갈등과 거래비용을 감소시켜 창업기업의 생존가능성과 성장잠재력을 신장시킬 수 있도록 해야 한다. 이렇듯 사회적 자본의 적절한 활용을 통해 예비창업자는 창업의도를 확고히 함으로써 창업기업 설립을 완성할 수 있다.

사업에 대한 아이디어나 기회는 포착했지만, 실패에 대한 두려움으로 창업을 주저하게 된다는 비율은 미국이 31%, 중국이 35%인 반면 우리나라는 45%에 달해 창업의 가장 큰 저해요인으로 꼽히고 있다.[46] 이러한 창업에 대한 막연한 불안감을 없애고, 누구든 아이디어를 자신있게 사업화할 수 있는 사회적 환경조성을 위해 다음과 같은 정책적 뒷받침이 따라야 한다.

① 대출관행을 담보와 연대보증에서 신용과 기술평가를 통한 기술보증 비율을 획기적으로 확대하여 창업실패는 곧 패가망신이라는 전통적인 생각을 변화시켜 창업에 대한 도전의식을 확산해야 한다.

② 정부의 창업지원제도를 대출 위주에서 투자위주로 전환하고 정부투자보다는 민간투자의 활성화를 통해 엔젤투자자와 예비창업자를 연결하는 사회적 네트워크를 형성하여 자금지원과 함께 심리적 안정감을 주는 정책을 확대해야 한다.

③ 정부와 지방자치단체는 예비 또는 잠재 창업자의 사회적 네트워크의 질적 확대를 위해 창업에 성공한 기업인과 멘토링 네트워크를 구

축하고 주기적인 만남과 컨설팅을 통해 창업실패율을 감소시켜 성공적인 창업을 유도해야 한다.

미국과 같은 서구사회에서는 신뢰를 강조하는 공식적 네트워크를 중요시하지만, 동양사회에서는 공식적 네트워크보다는 중국의 관시, 우리나라의 연줄과 같은 외부연결 네트워크가 기업의 성과에 중요한 요인으로 작용한다. 우월한 초기 네트워크를 갖고 창업하는 기업일수록 창업 이후 상당기간 기업성과에 영향을 미치고, 특히 창업자와 같은 최고경영층의 외부 사회적 자본이 기업의 전략적 의사결정에 중요한 영향을 미치며 이것이 결과적으로 기업의 경영성과에 영향을 미친다.

Part
03

Entrepreneurship and Start-up

청년창업

제 8 장
창업교육

1. 창업교육의 필요성

창업자가 태어날 때부터 정해지는 것이라면 창업교육은 무의미한 것에 불과할 것이다. 생산중심에서 지식과 기술이 중시되는 사회로 변화하게 되면서 창업가에 대한 개념은 많은 변화를 가져오고 있다. 앨빈 토플러(Alvin Toffler)는 그의 저서 「미래 쇼크(Future Shock)」에서 미래에 닥쳐올 쇼크를 피하려면 '초산업주의적 교육제도'를 구축해야 한다고 했다. 「미래 쇼크」는 1970년에 나온 책으로 1960년대의 미국 사회상이 많이 반영되어 있는데, 현재의 미국은 그가 예측한대로 어느 정도 유사하게 현실화되고 있다. 산업화와 자본주의를 가장 먼저 경험한 미국의 사회경제적 발전단계를 그대로 따라가고 있는 우리에게 10년, 20년 후의 미래는 어떻게 충격적으로 다가올 것인지 변화에 대한 대응능력을 갖추도록 교육해야 한다. 즉 기술적 진보로 인해 점점 가속화되고 있는 사회적 변화와 정보화, 세계화의 흐름에 주도적으로 대응하기 위해 지식을 재구성하고 스스로 새로운 가치를 창출하는 능력을 길러줄 수 있는 교육이 필요하다.

창업교육은 개인에게 창업의 동기를 부여해 주고 사업의 성공여부를 결정해 주는 창업관련 지식이나 기술을 전달해 주는 중요한 역할을 한다. 교육을 통해서 창업 활동과 창업의 성공가능성이 촉진될 수 있다는 결과가 많은 연구들에 의해서 확인되고 있으며, 많은 수의 성공사례 또한 보고되고 있다.

경영학을 공부한 학생마저 대학을 졸업하면 일자리를 만드는 기업인이 되려는 꿈보다는 일자리를 먼저 찾으려 한다. 그 결과 젊은 세대에게 공무원과 공기업은 신이 내린 직장이 되었고, 창업은 오히려 조기정년을 맞아 현업에서 밀려난 세대들이 생존을 목적으로 시도하는 생계형 창업이 주를 이룬다. 젊은이들이 새로운 분야와 영역에 도전할 꿈을 가질 수 있도록 정부는 이들이 꿈을 펼칠 창업지원 인프라를 구축하고 대학은 기업가정신 같은 창업교육을 통해 이를 뒷받침해야 한다.

창업열기는 국가 경제성장에 있어 중요한 요소로 부각되고 있다. 기업가정신에 관한 미국 카우프만재단의 연구에 따르면 창업열기가 높을수록 왕성한 기업활동을 통해 경제성장률이 높아지는 반면 창업열기가 낮을수록 성장률은 저조해진다고 한다. OECD의 연구에서도 장기적으로 중소기업의 창업활동이 고용증대뿐만 아니라 경쟁과 협력관계를 통해 기술진보를 촉진하고 결과적으로 경제성장률을 높이는 중요한 요소라는 동일한 결론을 제시하고 있다. 기존기업과 신규 창업기업은 경쟁과 협력관계를 통해 도태와 생존을 반복하는데 신규창업이 활발해질수록 경쟁과 협력관계가 더욱 치열하게 되어 기술혁신과 확산을 촉진한다는 것이다.

창업 활동과 벤처기업의 활성화, 나아가 중소기업의 발전을 위해서는 사회적 여건 및 인프라 조성도 중요하지만, 창업교육을 통해 청년들의 창업의지 배양은 물론 창업 준비과정 및 기업성장과정을 위한 체계적인 지원이 필수적인 것으로 인식되고 있다. 특히 예비 창업자들에게 있어서 인생의 준비기간인 학창시절은 앞으로 계획할 창업에 대한 준비 기간이므로 창업교육 및 현장과 연계된 창업교육 프로그램들은 더욱 중요하다고 할 수 있다. 나아가 창업교육에 관한 체계적인 연구와 효과적인 교육프로그램의 개발과 함께 보다 전문적이고 효과적인 창업학습은 창업을 희망하는 많은 사람들에게 창업의 기회를 제공해 줄 수 있는 기회로 작용할 것이다.

카우프만재단 조사결과 창업교육을 받은 자가 창업교육 미이수자보다 25% 더 많이 창업한 것으로 나타나 창업교육의 중요성을 뒷받침해주고 있다. 우리나라의 경우 직업능력개발원의 조사결과 창업교육이 필요한 대학생은 86.4%인 반면, 실제 창업교육에 참여한 대학생은 21.9%로 나타났으며, 창업교육의 만족도 조사에는 응답자의 80%가 충분하지 않다고 응답해서 창업교육 기회가 부족할 뿐만 아니라, 교육의 질적인 내용도 개선되어야 실질적인 청년창업 증가에 도움이 될 것이다.

창업에 대하여 관심이 있어도 창업에 대한 지식과 정보가 없는 사람들에게 올바른 창업 교육을 통해 창업에 대한 동기부여와 기업가적 창업정신을 심어주는 과정이 필요하다. 창업을 원하는 사람들에게 창업의 시작과 성장과정, 자원관리와 팀 관리, 사업계획 등 창업경영 방법을 제대로 교육한다면 창업을 성공적으로 수행할 수 있는 자신감과 능력을 동시에 부여할 수 있다.

[그림 8-1] 창업교육 참여학생

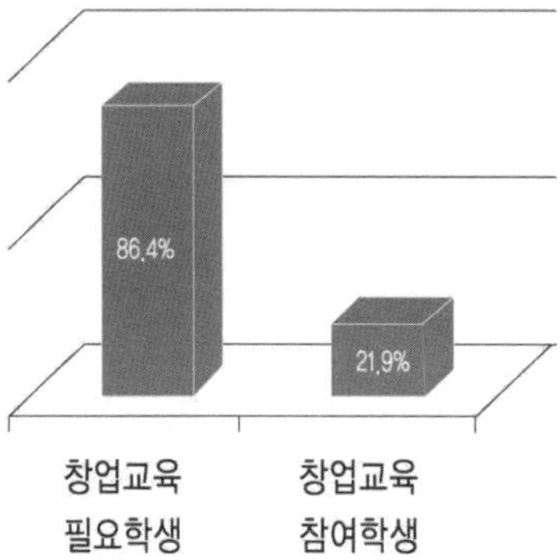

[자료: 한국직업능력개발원(2010)]

[그림 8-2] 창업교육 만족도

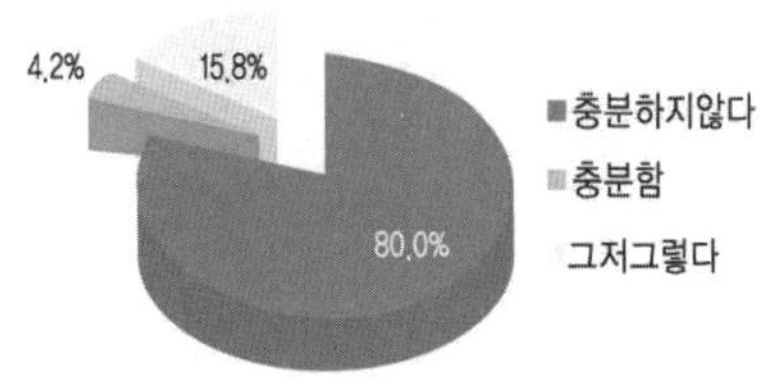

[자료: 산업연구원(2011)]

선진국에서 대학 캠퍼스는 곧 비즈니스의 장이 되고 있다. 미국, 영국, 독일, 핀란드 등 선진국에서 대학은 단순한 교육기관에서 하이테크 산업의 벤처기지로 탈바꿈하고 있다. 스탠퍼드와 버클리가 있는 실리콘밸리는 하이테크 벤처의 산실이며, 하버드와 MIT가 있는 보스턴 근교의 케임브리지시 켄달 스퀘어지역은 세계 최고의 생명공학 벤처기지로 변모하고 있다. 지식산업에 있어 대학의 영향력은 갈수록 커지고 있으며, 대학이 보유하고 있는 원천기술과 창업교육을 통한 기업가정신의 확산이 시너지효과를 보고 있는 것이다.

창업 교육에 있어서 모범적인 사례로 평가받고 있는 미국의 창업교육과 현재 우리의 창업교육을 비교하여 보면서 앞으로 우리 사회가 추구해야 할 방향을 알아보고자 한다.

2. 미국의 창업교육

미국의 기업가정신 육성 정책의 기조는 "미국에는 기업가정신 육성을 위한 정책이 없다"는 주장이 제기되는 것처럼, 연방정부 정책은 포괄적이고 정부 개입을 최소화하며 민간과 지역 중심으로 이루어진다. 대표적인 단체가 '카우프만재단'이다. 카우프만재단은 기업가정신의 육성을 임무로 하는 비영리재단 중 세계에서 가장 큰 조직으로서 가장 혁신적으로 최고의 성과를 창출하는 것을 지향한다.

카우프만재단은 1990년대 초부터 '카우프만 기업가리더센터'를 설치하고 본격적으로 기업가에게 교육·훈련을 제공하고 있다. 동시에 대학 등에 기업가정신 교육과정을 확산시키기 위한 노력을 기울이는 등 모든 연령층에서 기업가정신이 고취될 수 있게 다양한 교육 프로그램을 운영·지원하고 있다. 초·중·고등학생을 위한 교육 프로그램으로 '미니소사이어티'(Mini-Society·8~12살), '메이킹 잡'(Making a Job·중학생), '앙트레프렙'(EntrePrep·고등학생) 등이 있다. 또한, 월트디즈니사와 공동으로 개발해 운영 중인 '핫 샷 비즈니스'(Hot Shot Business)에서는 매년 학생 2천만여 명이 가상공간에서 창업하고 기업을 경영하는 경험을 한다. 전공분야와 상관없이 모든 대학생이 기업가정신 교육을 받을 수 있게 이른바 '카우프만 캠퍼스 이니셔티브'도 벌이고 있다.

일반인을 대상으로 한 '패스트 트랙'(FastTrac)은 미국 전역의 300여 기관에서 교육 프로그램이 제공되고 있으며, 현재까지 30만여 명이 이수했다. 카우프만재단은 여성과 소수민족의 기업가를 지원하기 위한 정책 연구를 수행하고 여성 창업기업에 자금 지원도 하고 있다.[47]

미국의 경우 60년대 말부터 창업교육을 시작한 이후 창업 교과과정을 개설하는 대학의 수가 지속적으로 증가하고 있으며, 창업분야에 대한 여러 프로그램들이 개설되어 있다. 많은 대학에서 '창업론'과 '중소기업경영론' 등의 창업관련 교과목을 중요한 교육과정으로 개설하고 있으며, 창업교육을 전공으로 설치하는 대학과 대학원의 수는 지속적으로 증가하고 있다.

최근 미국에서의 창업 교육 동향에 관한 조지 워싱턴 대학교에서 수행한 조사를 보면, 미국에서 앙트르프르너십 교육은 그 중요성이 인정되어 매우 크게 발전하여 현재는 앙트르프르너십 과목을 개설하는 정도가 아니고 학위 과정 또는 전공 과정으로 교육하고 있는 곳이 많다.

미국의 경영대학원에서도 앙트르프르너십은 가장 인기 있는 전공 중의 하나인 것으로 보고되고 있다. 시카고 대학교 경영학석사(MBA, Master of Business Administration) 졸업생 중 40%가 앙트르프르너십을 전공으로 하여 학위를 받았다. 이와 같이 미국에서 앙트르프르너십이 매우 활발히 교육되고 있는 것은 앙트르프르너십이 창업뿐만 아니라 기업 경영에서 매우 유용한 것이라는 것이 입증되었기 때문이다.[48)]

비교적 긴 역사와 탄탄한 기반을 갖고 있는 미국대학의 창업 교육을 살펴보면 다음과 같은 특징을 발견할 수 있다.

① 창업교육 안에는 경영일반에 대한 내용이 포함되기 때문에 경영대학원 MBA프로그램에 포함시키는 경우가 많다. 하지만 학교에 따라서는 학부, 또는 다른 단과대학에서 개설되는 경우도 있으며 다른 학부생들이나 박사과정의 학생들에게 개방하는 경우도 있다.

② 각 학교마다 독특한 교과과정이나 수업프로그램을 가지고 있다. 뱁슨대학의 경우 학부에 신입생이 들어오면 종잣돈을 받고 비즈니스 플랜을 작성하여 사업을 하도록 하는 신입생 경영체험이란 과목을 필수과목으로 운영하고 있다. MBA 학생들의 경우 모듈로 되어있는 커리큘럼을 따라 수업을 받는다. 이 모듈시스템은 전통적인 경영학의 기능적 접근과 구별되는 것으로 창업 라이프사이클에 따라 기회탐색에서부터 성장관리까지 배우게 되는 것이다.

③ 대부분 경영대학 안에 창업연구센터 (Entrepreneurship Research Center)와 같은 조직이 설립되어 있어 여기서 전공을 불문하고 교수들이 창업교육과 관련하여 융합적인 접근을 하고 있다. 따라서 창업과 관련된 다양한 과목들이 개설 되고 있다. 대학 또는 전공마다 경영기능별로 창업과 관련된 강의를 지원하고 있어 학생들은 단순히 창업론이란 과목만 듣는 것이 아니라 창업경영과 관련된 다양한 지식을 습득할 수 있다.

④ 개설과목과 수업내용이 모두 현장의 경험과 실제를 중시한다. 즉 실제 활동 중심의 학습이 이루어지도록 교과목이 편성되어 있다. 대부분의 대학은 교과목들에서 비즈니스 플랜을 실제 작성하도록 요구한다. 또한, 벤처투자자, 동문, 혹은 다른 창업자들 앞에서 발표하도록 하고 있어 학생들은 구체적인 도움을 받을 수 있다.

창업자나 벤처캐피탈리스트의 강연과 강의가 모든 대학에서 열리고 있다. 따라서 학생들은 자연스럽게 현장에서 원하는 것이 무엇인지를 배울 수 있다. 그리고 현장학습이나 사회적 창업자 같은 과목을 통해 현실을 이해하고 창업자의 사회적 역할과 기업의 사회적 역할에 대해 배울 수 있도록 지도하고 있다.

⑤ 각 학교마다 동문이나 창업자, 혹은 벤처투자자들이 함께하는 강의와 모임, 또는 콘테스트 등 기업가 아카데미의 가입을 통해 동문을 포함한 벤처투자자, 변호사, 창업자들과의 광범위한 네트워킹을 구축할 수 있게 도와준다.

스탠퍼드나 MIT의 경우에도 기업가포럼 같은 것을 통해 동문들과 만날 수 있고 기존 창업자들과의 인맥구축과 아울러 이들로부터 각종 정보를 획득한다. 하버드대학에서도 하계벤처포럼을 통해 이와 같은 협력이 가능하도록 측면에서 지원하고 있다. 실제의 연구에서도 성과가 높은 창업교육은 동문들과의 만남이나 모임, 그들과 저녁 식사 등이 중요한 것으로 나타났다.

⑥ 각 학교마다 각종 경연대회를 개최해서 창업에 대한 관심을 높이고 수업에 열중할 수 있도록 보상하고 지원하고 있다.

뱁슨대학의 경우 학부생들은 창업자의 날이 되면 신입생 때 종잣돈을 받아 수행한 사업의 결과에 대해 포상을 받으며, 하버드대학에서도 3년 전부터 비즈니스 플랜대회를 개최하여 포상하고 있다. 하버드대학에서는 신생 벤처창업에 관한 사업아이디어 외에 기존 기업의 인수 계획도 비즈니스 플랜에 포함시킨다. MIT의 경우에도 비즈니스 게임이나 벤처창업경연대회 등과 만날 수 있고 이들을 통해 자신의 사업기회에 대해 평가할 수 있도록 하고 있다.

[표 8-1] 미국 대학의 기업가정신 제고 프로그램 사례

대학	특징 및 내용
Babson	• 1년 차에 모든 학생들이 창업을 통해 기업경영 경험을 갖게 하는 제도(Foundations of Management and Entrepreneurship; FME) 운영 • 재학생의 90%는 졸업 전에 사업계획서 작성을 경험하며 기업가정신 과정을 수강하고, 63%는 Special class와 Support class 이수
Stanford	• John Hanke(Google Earth 공동창업자) 등 매년 수십 명의 창업자를 배출 • 실리콘밸리 기업가 및 벤처캐피탈 등과 연계하여 창업 지원 • 예산의 80%는 연방 및 주정부에서 제공, 기타 기부금 모집
UC Berkeley	• 스탠퍼드 테크놀로지 벤처스 프로그램(STVP), 아시아태평양 리서치센터 등 매년 30개가 넘는 기업가마인드 프로그램을 운영 • 프로그램 중 1/3 가량은 실리콘밸리 기업이 직접 교육 • 매년 해당 교육을 이수하는 사람은 2천여 명으로 실리콘밸리의 인력 양성소 역할을 함
MIT	• 창업지원부서, 학생자치클럽, 외부 스폰서, 재단 등과 연계하여 세미나 개최, 벤처 투자자 초청 및 교육, 정보 제공 등을 지원

[출처: 교육과학기술부(2011)]

1) 뱁슨대학(Babson College)

뱁슨대학은 창업교육을 제1의 건학이념으로 삼고 있을 정도로 벤처 창업 및 창업교육에 있어 선도적 역할을 수행하고 있는 대학으로 평가 받고 있다. 창업학 분야 학부 및 MBA 부문에서 미국대학평가 1위를 16년째 고수하고 있는 뱁슨대학은 학부과정에서 기초과정, 중급과정, 고급과정을 통해 4년간 경영능력과 사업지식 등을 갖출 수 있도록 커리큘럼이 구성되어 있다. 특히 기업가정신과 창의성, 윤리와 사회적 책임의식, 다문화적인 관점과 통합적 사고방식 등을 중시하는 가운데 기업가정신에 관련된 교과목들이 개발 및 운영된다.

뱁슨대학의 창업교육 교과과정은 창업은 단지 학습에 의해 얻어지는 것이 아니라 경험에 의해 체득된다는 점을 강조하고 있으며, 강의실과 현장에서 창업의 이론과 실제에 적용하여 실제사업을 개시하고, 「Babson Entrepreneurship Review」에 기고활동을 하고 있다. 또한, 동문을 포함한 성공한 기업가의 강연을 스스로 조직하고 경청하며, 탁월한 기업가 아카데미(Academy of Distinguished Entrepreneurs)에 매년 가입하는 기업가를 벤치마킹하는 것 등을 특색으로 하고 있다.

뱁슨대학뿐만 아니라 미국의 많은 대학들이 창업교육 또는 기업가정신 교육을 제공하고 있는데, 주요 교육내용은 크게 기초이론(경영학, 회계학 등 창업관련 기초이론), 창업가 자질교육(리더십, 네트워킹 등), 사업계획 및 창업(환경분석 및 비즈니스 모델개발, 사업타당성 분석, 사업계획서 수립, 창업지원제도 및 자금조달 등), 초기성장(마케팅, 재무관리, 조직 및 인사관리, 벤처성장전략 등), 분야별 워크숍(기술창업, 프랜차이즈, 유통 등 사례분석) 등으로 구성되어 있다.

2) MIT(Massachusetts Institute of Technology)

MIT대학교의 경영대학원 MBA과정은 'Core Curriculum'과 'Management Track'으로 구성되어 있다. 'Core Curriculum'은 오리엔테이션과 기초 6과목(경제분석, 데이터분석, 커뮤니케이션, 조직과정, 재무와 회계 전략경영)이 포함되어 있다. 'Management Track'은 10~12개의 트랙이 있으며 이 트랙은 모두 커리큘럼, 프로세미나, 그리고 협동커리큘럼으로 구성되어 있다. 창업관련 트랙은 신제품과 벤처개발 과정(New Product and Venture Development Track)을 통해 교육받을 수 있게 되어있다. 이 트랙은 기업가와 혁신기업의 신제품 관리자의 리더십을 강조하고 있다. 따라서 이러한 선택코스를 전공한 졸업생들은 먼저 신제품/신사업 개발 사이클의 전 단계, 즉 기회평가, 시장평가, 전략개발과 실행 등에 대한 실용지식을 자연스럽게 갖추게 된다. 다음으로 특정시장에 맞는 신제품 아이디어를 체계적으로 창출하고 고객의 요구를 설계과정에 반영함으로써 아이디어를 발명으로 전환시키고, 시장전략과 사업계획을 개발함으로써 발명을 혁신으로 전환시키는 프로세스를 이해하게 된다. 그리고 신제품, 신사업 개발프로그램을 진척시키는 데 필요한 리더십을 개발 연마하게 하며, 이를 통해 견실하고 설득력 있는 사업계획의 창출능력을 개발할 수 있게 하고 있다.

3) 스탠퍼드대학교(Stanford University)

스탠퍼드대학교에서는 1950년대부터 창업과정을 교과목으로 개설하고 있으며 1996년에는 창업연구센터(Center for Entrepreneurial Studies)를 설립하여 장기적인 견지에서 창업을 활성화하기 위해 연구하고 있다. 스탠퍼드대학교에서는 경영대학원과 공과대학이 주관하는 창업교육과정이 각각 만들어져 있으며, 이는 학생들의 수준에 맞는 교육을 제공할 수 있다는 장점과 필요한 부분을 상호 보완해 줄 수 있다는 장점이 있다.

공과대학의 스탠퍼드기술벤처프로그램(Stanford Technology Venture Program; STVP)은 1997년부터 개설되었으며 벤처창업 교육의 강화를 기본 목표로 하고 있다. STVP에는 교수와 학생, 벤처캐피탈, 기술창업자, 재단 등이 자문단에 포함되어 있다. 또한 STVP는 경영대학에 있는 벤처연구센터와도 상호협력체계를 갖추고 있다. STVP는 1년에 12과목을 개설하며 공과대학 학부생만 수강할 수 있는 과목, 대학원생만을 위한 과목, 그리고 누구나 수강할 수 있는 과목이 있다.

4) 하버드대학교(Harvard University)

하버드대학교의 경영대학원(Harvard Business School : HBS)에서 이루어지는 창업관련 과목은 2차대전 직후인 1946년부터 개설해오고 있다. 창업교육의 주 대상은 MBA학생이며 박사과정 학생들이 들을 수 있는 과목도 있다. MBA학생들은 경영일반에 대한 전공필수과목을 우선해서 들어야 한다. 그리고 선택과목으로 창업경영(Entrepreneurial Management) 강좌가 개설되어 있고 이들 과목은 마케팅, 전략, 재무, 기술과 운영관리, 그리고 현장연구 등을 강의하는 교수들이 나누어 강의하고 있다.

최근에는 창업교육의 초점을 실천과 현장 위주의 학습으로 전환하고 있다. 일명 '필드(FIELD)'라는 프로젝트인데 신입생 900명 전원을 창업현장에 투입해 진정한 창업자를 가려내는 창업 프로그램으로 신입생 전원을 창업에 뛰어들게 만든 것은 전 세계 경영대학원 역사상 최초의 시도다.

기존 하버드 경영대학원의 커리큘럼은 기업들의 사례를 놓고 토론하고 문제를 푸는 케이스 스터디 강의 방법을 채택해 왔다. 그러나 케이스 스터디만으로는 부족하다는 여론이 높아지자 '학생들에게 피부 속까지 제대로 된 경영을 가르쳐 보자'는 비전을 바탕으로 필드 프로젝트를 도입한 것이다.

창업을 막연하게만 생각하던 학생들에게 실제 창업기회를 만들어주고 세상을 바꿔나갈 수 있다는 자신감을 준 것만으로도 필드는 많은 학생의 사고방식에 영향을 끼치고 있다.

[필드 창업]

◆ 신입생 900명 전원 창업 현장에 뛰어들다.

하버드대에서는 케이스 스터디만으로 부족하다고 판단하여 '학생들 피부 속까지 제대로 된 경영을 가르쳐 보자'는 취지로 'FIELD'라는 창업실전 프로그램을 도입하였다. 'FIELD'는 다음과 같은 세 단계 과정으로 이루어진다.

① 'FIELD' 첫 번째 시기
두 달에 걸쳐 워밍업 단계, 리더십·팀워크 개발 강의

② 'FIELD' 두 번째 시기
겨울방학을 이용해 개발도상국 150개 회사와 소규모 사업 프로젝트 진행
③ 'FIELD' 세 번째 시기
아이디어·비즈니스 모델을 구체화한 뒤 창업
학교로부터 사업자금 3,000달러 받아 사업개시

"저희가 개발한 모바일 앱 케어라이트(Carewrite)는 여러분 가족의 진료 기록과 상담 내용 및 매일매일의 의료 기록을 원격으로 관리하고 공유할 수 있는 획기적 병간호 애플리케이션입니다." 하버드대 경영대학원의 버든홀. 1학년 학생 900명이 모두 참석한 가운데 케어라이트 창업자 에바가 전교생을 향한 프레젠테이션을 확신에 가득 찬 목소리로 마쳤다.

하버드대 경영대학원은 설립 90년 역사상 가장 거대한 실험을 최근 성공리에 마쳤다. 이른바 '필드(FIELD)'. 신입생 900명 전원을 창업 현장에 투입해 진정한 창업자를 가려내는 프로젝트를 일컫는 말이다. 신입생 전원이 창업에 뛰어들게 만든 것은 전 세계 경영대학원 역사상 최초의 시도다. 창업 기지로 이름난 서부 스탠퍼드대에 정면으로 도전장을 낸 셈이다.

기존 하버드대 경영대학원의 커리큘럼은 기업들의 케이스 스터디를 놓고 토론하고 문제를 푸는 강의 방법을 채택해 왔다. 그러나 케이스 스터디만으로 부족하다는 여론이 비등했다. 그래서 '학생들에게 피부 속까지 제대로 된 경영을 가르쳐 보자'는 비전을 바탕으로 노리아 니틴 학장의 리더십 아래 필드 프로젝트가 탄생했다.

현장 교육을 강조하는 필드는 신입생이 입학하는 9월부터 약 1년간 진행되는데 총 3단계로 나뉜다. 첫 두 달은 리더십과 팀워크 개발을 배운다. 둘째 시기는 겨울방학을 이용해 학교와 연계한 브라질·중국·인도·가나·칠레 등 전 세계 개발도상국의 150개 회사와 실제 소규모 사업 프로젝트를 진행해 보는 것이다. 셋째가 실제 창업하는 것이다.

넉 달이 주어지는 셋째 시기가 진정한 성패를 가리는 시기다. 실제 사업 아이디어와 비즈니스 모델을 구체화해 사업을 출범시키고 법인을 등록한다. 창업을 하고 나면 각 팀은 초창기 사업 자금 3,000달러를 학교에서 받으며, 기업에서 일하는 졸업생 선배들로 구성된 이사회(alumni board)를 통하여 조언을 받을 수 있다.

1년 동안 예비 창업자들에게 가장 중요한 행사는 고(Go) 데이와 기업공개의 날(IPO Day). 고 데이는 창업 팀 조직 후 한 달 정도 뒤에 열리는데, 학생 투자자들을 상대로 한 사업 설명회를 여는 날이다. 가상 주식시장을 만들어 학생들이 가상으로 주식거래를 하도록 한다. 마지막은 창업 프로젝트의 최종 평가 날인 기업공개의 날이다.

최종 10개 팀의 프레젠테이션이 끝나고 모바일 폰을 통한 투표가 시작됐다. 900명이 휴대전화 키패드를 누르는 소리와 동시에 투표 결과가 스크린에 나타났다. "이번 학기의 우승자는 케어라이트입니다."

2위를 차지한 '아월리 너드(Hourly nerd)' 팀은 경영대학원 학생들을 중소기업을 위한 '파트타임 컨설턴트'로 고용한 컨설팅 회사이다. 대형 컨설팅 회사에 용역을 발주하기에는 자금력이 떨어지지만, 외부 컨설팅이 절실한 중소기업을 위해 저렴하지만, 고품질의 컨설팅을 해주겠다는 것이다.

중국 현지에서 생산된 중국풍 드레스를 수입한 후 미국 온라인 쇼핑몰에서 판매하는 팀도 있었다. 초기 트렁크쇼(Trunk show·제품을 직접 만져보거나 아이쇼핑할 수 있는 고객 초청 행사)를 통해 소비자들의 선호를 파악해 제품을 효과적으로 선별하는 한편, 학교 친구들을 모델로 드레스를 입은 다양한 사진을 찍어 페이스북을 통해 알렸다. 초기 구매자에게 할인 혜택을 주는 쿠폰을 발행하여 보스턴 번화가 곳곳에 뿌렸다. 팀은 2개월이 채 안 돼 2,000달러 정도를 벌었다. 보스턴뿐만 아니라 버지니아에서도 주문이 들어왔다.

파티와 칵테일을 좋아하는 앤드루는 전문 라운지바와 협업을 통해 칵테일 케이터링 박스인 스털링 박스(Stirling Box)를 개발했다. 한 달에 한 번 진기한 칵테일을 만들 수 있는 조리법과 함께 재료가 배달된다. 대학 시절에 풋볼 선수였던 어느 학생은 고등학교 운동선수들을 위한 운동 프로그램 관리 앱을 개발했고, 소비자 회사에서 일하던 학생은 마케팅 경험을 살려 '그보다 더욱 부드러운(Smoother than he was)'이란 자극적이면서 재미있는 메시지를 담은 목욕용품 선물 세트를 개발했다. 이 밖에 인구가 폭증하는 인도 시장을 대상으로 한 결혼 서비스, 미국 내 임상실험을 위한 환자 모집 애플리케이션, 발달 장애 어린이를 위한 동화책 사업도 이목을 끌었다.

필드의 파장은 방학 기간에도 이어졌다. 방학이 되면 컨설팅 펌, 금융회사 또는 대기업 인턴으로 일하던 학생들이 방학을 사업에 헌납하는 경우가 많았다.

기업공개 날 최종 10개 팀 중 하나에 뽑힌 '스플릿앤고(Split'N Go)' 팀은 레스토랑에서 식사한 뒤 계산하기 위해 웨이터를 부르고, 영수증을 확인하고, 다시 카드나 현금을 내고 결제를 기다려야 하는 시간을 줄이기 위해 테이블에서 스마트폰을 이용해 한 번에 결제할 수 있는 시스템 개발에 착수했다. 팀원인 스티브, 세르게이, 그리고 안드레스는 이번 여름 세부 비즈니스 모델을 짜고, 우크라이나 출신 프로그램 개발자와 함께 시범 모델(MVP·Minimum Viable Product)을 개발했다. 케임브리지와 알스톤에 있는 두 레스토랑에서 시범 운영을 시작했고, 추가 고객 확보와 펀딩에 나서고 있다.

벤처캐피털에서 일하던 앨런은 남성을 위한 온라인 옷장 서비스를 시작했고, 아시아의 사모펀드에서 일하던 루양도 중국 가구를 미국에서 온·오프라인으로 판매하는 사업 모델을 수립해 뉴욕에서 영업 중이다. '필드3' 프로그램을 경험했던 많은 친구가 실제로 창업 전선에 뛰어들고 있다.

창업을 막연하게만 생각하던 친구들에게 실제 창업 기회를 만들어주고, 세상을 바꿔나갈 수 있다는 자신감을 준 것만으로도 필드는 많은 학생의 사고방식에 영향을 끼치고 있음이 분명하다. 필드는 실제 이론과 현장 경험의 간극을 채워주기 위해 만들어졌으며, 아는 것을 실제 현실에서 실천하는 것이야말로 리더가 되는 데 가장 중요하다.[49]

3. 우리나라의 창업교육

미국의 창업교육은 우리나라에 비하여 상당히 오래되었고 거의 모든 대학에서 장기적이면서 체계적으로 실시되고 있는 반면, 우리나라는 그 역사가 짧고 제도권 교육에서 소외되어 왔기에 가장 중요한 성공요인인 건전한 기업가정신과 창업문화를 국민적 기반 위에 형성하지 못하고 있다.

김대중 정부 이후 벤처창업에 대한 지원정책을 통해 벤처열기를 확산하는 계기가 되었지만, 장기적인 창업교육보다는 눈앞에 보이는 성장률과 취업률 등 단기적인 성과에만 치중해 체계적인 창업교육이 이루어지지 못했다. 박근혜 정부가 출범하면서 창조경제를 최우선 국정과제로 내세우면서 '대학창업교육 5개년 계획'을 발표하고 창의적인 인재육성과 창업활성화를 통한 신성장동력 확보에 강한 의지를 보이면서 창업교육에 대한 중요성을 인식하기 시작하였다.

1) 창업선도대학

중소기업청 주관 하에 전국을 권역별로 나눠 창업인프라가 우수한 대학을 지정하여, 창업교육, 유망사업자 발굴, 멘토링 및 사업화 지원 등 창업지원 예산을 집중 투입하는 프로그램으로서 전국 18개 창업선도대학이 지역거점, 기술창업의 요람으로 발전할 수 있도록 정부가 지원하고 있다.

[표 8-2] 지역별 창업선도대학

서울권	경기· 인천권	강원권	대전· 충남권	대구경북· 동남권	호남· 제주권
동국대	인천대	강원대	충북대	경남과학 기술대	목포대
연세대	한국산업 기술대		호서대	경일대	전주대
인덕대	단국대		한남대	계명대	조선대
건국대				동아대	제주대
				영남이공대	원광대

2) 숙명여대 앙트러프러너십 전공

숙명여대는 국내 여자대학으로는 처음으로 2010년 글로벌서비스학부에 앙트러프러너십 전공을 신설하였다. 끊임없는 혁신적 사고를 바탕으로 실제 창업을 하거나 혹은 다국적 기업의 신사업 기획을 지원하는 글로벌 경영 리더를 육성하기 위해 주요 전공과목의 수업을 모두 영어로 진행하고, 특히 여성 특유의 감성과 휴머니즘에 기반해 창의적인 아이템을 개발하는 것은 물론, 변화하는 환경에 따라 적합한 전략을 수립할 수 있도록 이론과 실무를 병행한 교육과정을 운영하고 있다. 주요 전공과목으로는 앙트러프러너십개론, 글로벌기업환경, 신제품개발전략, 신서비스창출전략, 앙트러프러너세미나, 사업계획서작성및발표, 창업마케팅, 창업자금관리, 프랜차이징, 사회적기업창업, 벤처성장전략, 성장전략관리, 글로벌화와앙트러프러너십, 지적재산과국제관계, 창업과정부정책, 사내벤처 등이 있으며, 또한 국내기업 인턴십(진로탐색 단계, 경력개발 단계)과 해외기업 인턴십(역량 향상 단계, 역량 고도화 단계) 같은 과정을 거치게 된다.

3) 연세대학교 창업강좌

창업선도대학으로 지정된 연세대에서는 엔지니어링, 과학과 비즈니스, 경영 간에 존재하는 지식과 관습의 격차를 줄이고 기술과 경영의 연결고리 역할을 통한 전략제시 및 특허, 기술사업화, 사업계획서 등 기업의 R&D 인력에게 필수적인 지식을 습득하게 하여 실무능력을 겸비한 인재양성을 목적으로 창업강좌를 개설하고 있다.

개설과목으로는 21세기 기술경영, 벤처기업세미나, 벤처현장실습,

리더십 엔지니어링 등이 있으며, 기술창업 준비부터 실무, 경영까지 전 과정을 체계화된 교육과 전문가로 구성된 강사진이 사례위주의 교육을 하며 학생들이 직접 기획 및 가상창업을 할 수 있는 창업실습 프로그램으로 구성되어 있다.

INSIDers는 연세대/고려대 연합 실전 창업학회로 대학생들의 창업 활성화에 앞장서고 있다. 스탠퍼드대학교에서 진행한 5달러 프로젝트를 차용하여 '5인의 사업가'라는 프로그램을 진행하고 있으며, 각 팀마다 5명의 팀원이 모여 1학기 동안 실전으로 창업한다. 각 팀마다 최대 500만 원의 투자금을 받고 어플/서비스/교육 등 다양한 사업아이템을 수행한다. 매 학기말 사업보고회를 통해 선정된 팀에게는 고벤처포럼 등 선배동문들이 직접 투자를 알선해 준다.

4) 고등학교의 기업가정신 교육

그동안 재계와 학계는 국내 기업 발전과 창업·채용 촉진을 위해 '기업가정신'을 중·고교 교과 과목으로 채택할 필요가 있다고 주장해왔는데, 미래창조과학부가 성공한 기업인의 창업 과정 및 창업 방법 등을 가르치는 '기업가정신' 과목을 일선 고등학교의 정규 교과목으로 신설하는 방안을 추진 중에 있다. 2013년 2학기부터 전국 27개 마이스터고와 부산의 한국과학영재학교에서 '기업가정신' 과목을 시범 실시할 계획이며, 교육부와 협의를 거쳐 '기업가정신' 수업 적용 대상을 다른 영재 학교와 과학고, 일반 학교로 점차 확대할 예정이다.

'기업가정신' 과목을 통해 정규 수업 시간에 학생들에게 모범이 될 만한 기업가의 창업 과정과 우리나라의 산업 발전에 기여한 국내외 다양한 분야의 창업자들을 소개하고, 방과 후나 주말, 방학 기간에 '기업가정신' 교육의 일환으로 진로 체험이나 모의 창업 기회 등을 제공하는 '기술·창업 캠프'를 운영할 계획으로 이는 창업과 고용을 촉진하기 위한 장기 계획의 일부로 추진하고 있다.

4. 창업교육과 창업문화

미국의 장기적이면서도 적극적으로 실시한 창업 교육으로 인하여 2007년도 입학 미국 대학 신입생의 46%가 졸업 후 창업을 원한 것으로 조사되었다. 또한, 대학은 물론 고등학교까지 창업 열기가 확산되고 있으며 Ewing Kauffmann's 창업 연구센터에서는 유치원부터 고등학교까지의 창업교육 프로그램을 실시하고 있다. 2010년도 자료에 의하면 하버드 대학교 경영대학의 경우 석사과정 졸업생(MBA)의 90%가 자영업을 창업하고 싶다고 하였고, 졸업한 지 10년 된 졸업생들의 많은 수가 1,000명 이하의 중소기업에 근무하고 있으며 1/3 정도가 스스로 창업하여 자영업을 하고 있는 것으로 나타났다.

각국의 창업률은 그 나라의 문화에 의해 많은 영향을 받는다. 예를 들어 기업가 활동에 관한 위험 인식에 있어서 본질적으로 위험에 대해 회피적인 문화 하에서는 자영업 창업의 비율이 상대적으로 낮다. 린과 호프스테드(Lynn & Hofsted)의 연구에 의하면 기업가의 결정에 영향을 주는 요인을 문화적, 행동주의 관점에서 불확실성의 태도와 개인주의 등으로 나누어 분석하였는데, 불확실성에 대한 태도로서 덴마크(32), 스웨덴(29), 영국(35)이 비교적 관대한 반면에 일본(92), 프랑스

(86)가 불확실성에 대한 회피가 강하다. 개인주의 지수도 미국(91), 영국(89)이 강하고 일본은 약하게 나타나고 있다.50)

[표 8-3] 기업가의 결정에 영향을 주는 요인

	불확실성 회피지수	개인주의 지 수	달성동기 척 도	경쟁력 척 도	중소기업 오너의 지위	자영업 성장률 1975-95년
덴마크	23	74	n/a	n/a	n/a	n/a
프랑스	86	71	32.1	10.2	2.7	-29
독일	65	67	28.8	9.1	2.7	-2
스웨덴	29	71	32.0	9.1	3.5	+45
영 국	35	89	31.9	10.6	3.9	+60
미 국	46	91	35.2	12.8	4.3	+10
일 본	92	46	29.7	12.2	3.3	n/a

[출처 : European network for SME Research(1996)]

미국의 경우 보다 더 능력 있는 젊은 기술 인력은 대기업보다 소규모기업을 선택하고 있으며, 소규모기업이 대기업보다 기술 인력의 동기부여에 더욱더 노력한다는 분석결과가 보고되었다. 이 연구는 소규모기업의 기술 인력에 대한 연구에서 소규모기업의 기술 인력이 그들이 대기업에 있었을 때보다 소규모기업으로 직장을 옮긴 후에 더욱 창의적인 동기부여가 되어 대기업의 기술 인력보다 더 많은 시간을 일과 연구에 투입하고 있다고 말하고 있다. 소규모기업이 대기업보다 급여면에서는 취약하지만, 미국 젊은 기술 인력들은 조직이 방대한 대기업에 속해있는 것보다 작은 기업에서 보다 더 독립적인 위치에서 그들의 창조적, 혁신적 기술 능력을 최대한도로 발휘할 수 있는 기회를 활용하기를 원하고 있다.

'기존의 조직에서 새로운 비전과 경영 방법, 기술 등을 창조해 내는 것도 창업에 포함된다'는 창업정신의 정의에 따르면 미국의 젊은 기술 인력은 창업정신이 충만하다고 볼 수 있다. 미국의 성공적인 창업 교육은 창업 문화의 형성으로 연결되어 미국은 지난 20여 년간 약 3,600만 개의 새로운 일자리가 생겼고, 이러한 상황은 현재도 진행 중이다. 이는 일류대학교 졸업생들의 대부분이 대기업에 근무하길 원하고 중소기업 근무를 회피하고 있으며, 그들에 의한 창업이 왕성하지 않은 우리나라의 상황과는 대조적이라 할 수 있겠다.

제 9 장
청년창업

1. 청년창업의 의의

청년이란 사전적으로 신체적·정신적으로 한창 성장하거나 무르익은 시기에 있는 사람을 말하며, 나이가 20대 정도인 남자를 이르나 때로 그 시기에 있는 여자를 포함해서 이르기도 한다. 또한, 창업이란 사업 따위를 처음으로 이루어 시작한다는 뜻을 가지고 있다. 따라서 청년창업이란 일반적으로 대학을 졸업 후 구직활동에 나서지 않고 스스로 기업을 창출해내는 행위를 말한다.

청년창업은 취직을 하지 못한 젊은이들이 차선책으로 선택하는 대안으로서의 생계형 창업이 아니라, 자신의 꿈을 이루기 위해 적극적으로 도전할 수 있는 기회의 장인 기회형 창업이 되어야 한다. 국민경제 측면에서도 기회형 청년창업이 활성화되어야 일자리 창출과 신성장 동력확보를 통한 지속성장이라는 두 마리 토끼를 동시에 잡을 수 있다.

2008년 미국발 금융위기의 여파로 신설법인 수가 2008년 5만 855개사를 기록하며 감소한 이후, 2010년부터 경기가 회복되면서 신설법인 수가 증가하는 추세를 보이고 있다. 특히 경기회복에 대한 기대감과 어플리케이션 시장 확대 등이 맞물려 2010년도 신설법인 중에서 30세 미만 청년층의 창업이 2009년 대비 가장 높은 증가율(29.0%)을 기록하였다. 한편, 최근 청년창업이 증가하고 있음에도 불구하고 벤처기업 CEO 중 20~30대 청년층의 비중은 감소하는 추세를 보이고 있는데 이는 2001년 벤처기업 CEO 중 20~30대의 비중이 전체의 56.2%를 차지하며 초반 벤처 붐 당시 벤처기업 활성화에 주도적 역할을 수행했던 것과 대조적인 모습이다.

또한, 글로벌 금융위기 이후 우리 경제의 빠른 회복세에도 불구하고 고용여건은 여전히 어려운 실정이다. 2012년 3월을 기준으로 현재 실업자 수가 94만 5,000명에 이르고, 특히 15~29세의 청년실업자가 35만 명 수준(실업률 8.0%)으로 전체 실업률의 두 배 이상을 차지하고 있으며 구조화되는 경향을 보이고 있다. 따라서 정부에서도 청년창업을 지원하고 육성하는 다양한 정책을 마련함으로써 고용과 경제성장을 동반하는 시너지효과를 불러일으킬 수 있다.

빌 게이츠(Bill Gates) 마이크로소프트(MS) 창업자가 서울대에서 300여 명의 학생들을 대상으로 '도전정신과 혁신'에 대해 강연했다. 빌 게이츠는 우리 세대에서 가장 영향력 있는 인물 중 한 명으로 마이크로소프트를 창업한 혁신가일 뿐만 아니라 빈곤층을 돕는 '휴머니스트'이기도 하다. 그는 강의와 학생들과의 대화를 통해 청년창업의 가치에 대해 다음과 같이 역설한다.

-빌 게이츠: 제가 마지막으로 한국에 왔을 때에는 마이크로소프트 최고경영자(CEO)로 풀-타임으로 일하고 있었어요. 그때에는 LG전자, 삼성전자처럼 PC(퍼스널컴퓨팅)를 만들고 있는 파트너 업체들을 만났었죠. 한국 기업들은 인터넷을 저렴하게 보급하고 모두에게 확산하는 역할을 참 잘하고 있는 것 같아요.
이번에는 빌앤드멀린다게이츠재단(Bill & Melinda Gates Foundation)의 업무상 방한하게 됐습니다. '테라파워'라는 새로 만든 원자력에너지 벤처기업과 한국의 협력을 논의할 예정이에요. 빌앤드멀린다게이츠재단은 질병퇴치와 농업발전에 주력하고 있습니다. 일반적으로 혁신에 따른 혜택은 부유층이 먼저 누리게 되기 마련입니다. 그렇기 때문에 우리는 가장 가난한 사람들에게도 혁신의 수혜가 돌아가도록 하기 위해서 어떤 혁신을 이뤄낼 수 있을지 더욱 고민하고 노력을 해야 하죠.

-사회자: 지금은 서울대뿐만 아니라 한국 사회 전반적으로 정말 중요한 상황입니다. 40년 전에 한국은 빈곤국이었는데 90년에 들어오면서 가난을 벗어났고 '제조 파워하우스'로 거듭났죠. 하지만 21세기가 되면서 과거의 성공을 위한 방식들이 더 이상 지속가능하지 않다는 걸 깨달았어요. 우리는 뭔가를 만드는 것, 생산하는 것을 잘하는데, 미래에는 단순히 생산이 아닌 새로운 것을 창조하고, 혁신하는 방식이 중요해질 겁니다. 어떻게 보면 '제조국'에서 '혁신국'으로 넘어가는 시기인 거죠. 많은 사람들은 단지 시험 성적으로 성공을 측정하는 게 아니라 더 다양하고 광범위한 기준으로 성공을 측정하는 문화를 만들어야 한다고

주장합니다. 또 더 자유롭게 생각하고 더 창의적으로 생각하는 대학원생들을 길러내야 한다고 말하죠.
이런 맥락에서 봤을 때 당신이 하버드대와 같은 일류 학교에서 중퇴하는 것은 납득이 가지 않거든요. 특히나 한국 부모님들한테는 정말 말도 안 되는 얘기잖아요. 그래서 말인데 왜 하버드대에서 중퇴했는지 말씀해주실래요? 그리고 창의성은 학교에서 배우거나 학습할 수 있는 건가요?

-빌 게이츠: 사실 우리 부모님도 제가 하버드대를 중퇴한다고 말했을 때 별로 기뻐하지 않았죠. 부모님은 저를 값비싼 사립고등학교를 보내주셨고 하버드대 등록금도 내주셨어요. 그런데 몇 년 후 마이크로소프트라는 회사를 만들 정말 특별한 기회가 오게 된 거예요. 당시 컴퓨터에 마이크로프로세서 칩을 넣기 시작했는데 그건 컴퓨터 시장의 판도를 바꾸게 된 역사적인 일이었어요. 하지만 그때 당시에만 해도 컴퓨터 시장에 이미 몸을 담고 있었다는 사람들도 그게 어떤 의미를 가지는지를 잘 몰랐을 겁니다. 사람들을 당시 컴퓨터를 '매우 비싼 물건'으로만 생각하는데 익숙해져 있었거든요. 그런데 퍼스널컴퓨터(PC)라는 개념이 나오고 컴퓨터가 보급할 수 있게 저렴해지기 시작했어요. 단지 가격만 낮아지는 게 아니라 컴퓨터가 개인적인 도구가 된다는 점에서 완전히 다른 성격의 제품이 되고 있던 거죠.
IBM과 같은 회사들도 그때에는 퍼스널 컴퓨팅이 어느 방향으로 흘러가게 될지를 잘 모르고 있었어요. 마침 폴 알렌과 저는 퍼스널 컴퓨팅의 중요성을 알고 있었고 그 흐름을 잡아야 한다고 생각했습니다. 그러다 보니 저는 학위를 딸 시간이 없었고 중퇴하기로 선택했습니다.

그런데 사실 대학중퇴를 추천하지는 않아요. 대학 중퇴가 어떤 사람의 경우에는 옳은 선택이 될 가능성도 있겠지만, 학업을 중단하는 게 성공을 위한 하나의 당연한 룰처럼 여겨지는 것은 원하지 않습니다. 대학 중퇴는 정말 예외적인 사례로 봐주세요, 그리고 대부분의 상황은 학업을 중단할 정도로 시급하지는 않거든요.

기술을 가져다가 생산을 하고 가치를 부과하는 것도 중요하지만 제조 능력도 잊지 않아야 해요. 미국이 다시 제조업을 활성화하려고 하는 것도 제조업 현장에서 직접 느끼지 못하면 어떻게 혁신하는지를 잊게 된다는 것을 알기 때문이에요. 위험을 감수하면서도 혁신을 하려는 능력이 필요합니다. 이런 혁신은 인터넷에서 많이 볼 수 있어요. 특히 한국의 많은 인터넷 기업들도 혁신적인 활동을 하고 있습니다.

저는 창의성은 폭넓은 지식을 기반으로 한다고 생각합니다. 저 같은 경우는 단순히 한 분야만 공부하는 게 아니라 수학, 물리, 생물, 수학 등을 다 조금씩 알려고 했어요. 예를 들어 컴퓨터공학을 전공하기 위해서 수학을 공부할 필요는 없지만, 수학을 알면 어느 정도는 도움이 되거든요. 문제 해결능력을 키우는 것도 중요해요. 저는 빈곤한 국가에서 발생하는 문제를 어떻게 해결할지 고민하기 위해서 1년에 서너 번 이상 방문하면서 직접 둘러봅니다. 어떤 해결책이 있어야 난제를 해결할 수 있을지, 어떤 해결책이 정말 영향력 있는 변화를 가져올지에 대해 끊임없이 생각합니다. 어떤 해결책이 먹힐지 처음부터 다 알 수는 없으니까요.
저는 젊다는 것만으로도 창의성을 불러일으킨다고 생각합니다. 젊은 사람들은 세상을 볼 때에 날 것 그대로를 보기 때문인데요. 요즘 세대의 과학은 어떤 모델을 형성하거나 어떤 많은 데이터를 보고 특정 패턴이나 통찰력을 얻는 것을 중심으로 돌아가거든요. 그런데 이제 막 성년이 된 젊은 사람들은 이런 데이터를 분석하는 것을 너무나 당연하게 여겨요. 그렇기 때문에 더 많은 것을 생각하고 인지할 수 있죠. 반면 10년 전에 학교를 다닌 사람들도 이런 점을 잘 모를 수가 있어요. 오늘날은 컴퓨터공학, 데이터 중심의 기술 개발이 핵심적인 요소가 되고 있다고 봅니다. 그래서 공학도의 경우 공부할 게 너무 많아질 수밖에 없겠죠. 저는 학교를 떠나고 나서도 계속해서 공부를 하면서 광범위한 지식을 습득했습니다. 요즘 같은 시대에는 인터넷이 발달해서 인터넷 동영상을 통해서도 정말 폭넓게 공부할 수 있잖아요. 여러분의 왕성한 호기심을 채워줄 수 있는 인터넷을 활용하세요.

-학생1: 저는 창업을 준비하고 있어요. 저는 동물의 권리에도 관심이 많고 궁극적으로 사회에 기여하고 싶습니다. 어떻게 해야 할지 충고의 말씀을 듣고 싶습니다.

-빌 게이츠: 창업을 해서 직원을 고용하고 새로운 것을 만들어 낸다는 그 자체만으로도 사회에 상당히 중요한 역할을 하는 겁니다. 그리고 창업한 회사가 사회에 직접적으로 기여하는 업무

를 하는 것인지, 아니면 그 회사가 창출하는 서비스나 자원을 이용해 다른 분야를 통해 기여하게 될지를 생각해봐야겠지요. 일단 많은 선택권이 있을 텐데 그걸 다 하려고 하지 말고 선택을 하고 딱 잘라버리세요. 일단 선택을 해버리면 어떤 국가가 이걸 잘하는지, 어떤 재단이 있는지 다른 사람들의 관심을 어떻게 끌지, 재정적인 것은 어떻게 끌어올지 이런 구체적인 것을 파악할 수 있죠. 많은 사람들은 선택의 기로에 왔을 때 망설이는 경향이 있어요. 하지만 단 한 사람이 세상의 모든 난제를 한꺼번에 해결할 수는 없잖아요. 당신이 백신 개발을 선택하든지, 농업 생산성 연구를 선택하든지, 그 어느 것 하나도 완벽하게 문제를 해결하지는 않아요. 그리고 사실 동물의 권리 보호와 관련해서는 어떤 것이 있는지 잘 모르겠습니다.

-학생2: 저는 컴퓨터 공학을 전공한 학생인데, 저는 익명 강의평가시스템을 만들었습니다. 우리 학생 99%가 이 시스템을 사용하는데 우리 교수님들은 저를 싫어하세요. 전 또 'Snu Life'라는 서비스도 만들었습니다. 저는 창업을 하고 싶은데 전공 수업을 계속 들어야 할까요?

-빌 게이츠: 학생이 창업 성공에 자신 있다면 수업은 중요하지 않겠죠. 일반적으로 전공 학위를 따게 되면 창업에 실패해도 언제든지 취직이 가능하다는 인식이 있습니다. 만일 학위를 따지 않았는데 창업까지 실패해버리면 취직이 어려워질 수도 있다는 게 일반적인 걱정인 것 같아요. 저도 하버드대 시절에 휴학을 했

었는데, 언제든지 원한다면 다시 되돌아갈 수 있도록 조치해 놓았죠. 학생도 그런 식으로 잠깐 동안 휴학을 할 수 있는지 모르겠네요. 일단 창업을 해보고 회사가 성공하면 그때 결정을 해도 늦지 않다고 생각해요. 사실 대학이란 정말 소중하고 다시 오지 않을 시기인 것 같아요. 일단 학교라는 울타리를 벗어나서 사회로 진출해버리면 다시 학교에 돌아오기가 쉽지 않거든요. 젊음을 즐기고 무궁무진한 다양성이 있는 공간이란 흔치 않죠. 그리고 학생이 지금 그런 대단한 서비스들을 만들고 있다는 얘길 들으니, 학생은 정말 '시장성 있는 재능(marketable talent)'이 있는 것 같네요.[51)]

"진정한 기쁨을 누릴 수 있는 유일한 방법은, 스스로 생각건대 위대한 일을 하는 것입니다. 그리고 위대한 일을 하는 유일한 방법은 사랑하는 사람을 찾듯이 자신이 사랑할 일을 찾는 것입니다. 아직 찾지 못했다면 계속 찾으십시오. 주저하지 마십시오. 진심을 다하면 반드시 찾게 될 것입니다." 애플의 스티브 잡스가 2005년 스탠퍼드대학교 졸업식에서 연설한 내용이다. 그의 말처럼 안정된 삶을 위해 현실에 안주하는 것보다는 자신이 진정으로 원하고 사랑하는 무언가를 위해 열정적인 모습을 보이는 것이 진정한 청년의 모습일 것이다.

2. 창업 아이디어 개발

1) 창업 아이디어의 원천

창업을 시작함에 있어서 창업 아이디어는 매우 중요한 요소이다. 창의적이고 좋은 아이디어는 사업을 추진하는 창업자의 기본도구이며, 그것을 통해 사업기회를 포착하는 발판을 마련하게 된다. 새로운 아이디어를 얻기 위해서는 남들보다 앞서 상황적 변화의 패턴을 인식하는 것이 중요하다.

롱게네커(Longenecker) 등은 창업을 위한 기회의 유형을 새로운 제품과 서비스로 새로운 시장을 형성하는 방법, 새로운 기술에 의해서 새로운 제품과 서비스를 제공하는 방법, 개선된 방식으로 기존 제품과 서비스의 기능을 제공함으로써 고객에게 새로운 혜택을 제공하는 방법으로 구분하여 설명하고 있다.[52]

[그림 9-1] 창업 아이디어의 유형

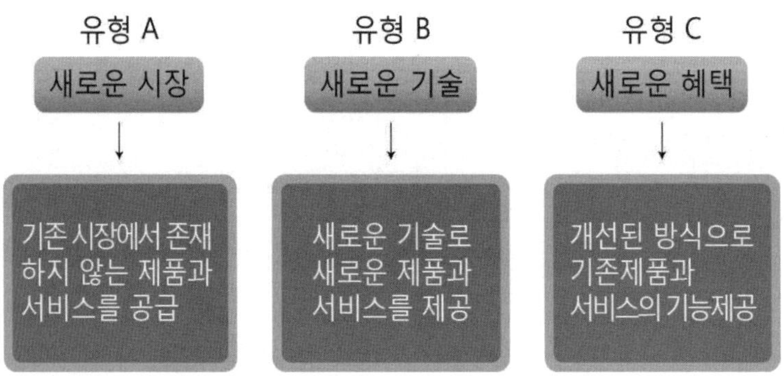

창업 아이디어의 바탕에서 사업구상을 체계화할 수 있고, 또 효과적

인 사업계획서를 만들어 낼 수 있다. 창업 아이디어를 개발하는 방법에는 크게 기존제품을 탐색하는 방법, 변경제품을 탐색하는 방법, 신제품을 탐색하는 방법의 세 가지가 있다.

① 기존제품 탐색

이미 존재하는 제품을 가지고 기존시장에서 새로운 수요를 창출하거나 새로운 시장에 접근하는 방법.

② 변경제품 탐색

기존의 시장을 목표로 이미 존재하고 있던 제품을 변형하여 만든 제품을 가지고 기존 시장에서 새로운 수요를 창출하거나 새로운 시장에 접근하는 방법.

③ 신제품 탐색

기존의 제품과 다른 새로운 제품을 개발하여 기존에 형성되어 있는 시장이나 새로운 시장을 공략하는 방법.

2) 창업 아이디어의 구체화

다음에 소개하는 양식들은 머릿속에 맴도는 아이디어를 구체화시켜 가기 위한 과정에 필요한 것들이다.

■ 창업 아이디어(아이템) 개발 요약서

① 우선 아이디어나 아이템을 한 장에 요약해 본다.

② 아이디어(아이템)의 개요

구상하고 있는 아이디어나 아이템을 사업화에 적용하고자 하는 개념을 기술한다.

③ 사업전망

목표시장, 사업전망, 아이템의 강점, 시장기회 등을 기술한다.

④ 개발목표

시장진입을 위한 아이템의 개발일정, 최종 개발목표 등을 기술한다.

■ 창업 아이템 개발 세부 내역서

위에서 요약한 창업 아이디어를 아이템화, 즉 상품화시켜가기 위해 보다 구체적으로 사업계획을 작성해 보는 과정이다.

① 아이템 설명

아이템 및 사업의 개요, 사업목적, 사업배경 등을 기술한다.

② 아이템 개발목표

아이템의 최종 개발목표를 명확하고 구체적으로 기술한다.

③ 핵심기술

주요 아이디어 및 보유하고 있는 핵심기술 등을 기술한다.

④ 특허 및 경쟁기술 비교

특허보유 여부 및 유사특허 존재여부, 경쟁기술 또는 연관기술 등을 기술한다. 특허검색은 특허청 특허정보넷(www.kipris.or.kr)에서 손쉽게 관련 특허의 상세한 내용을 검색할 수 있다.

⑤ 개발계획

아이템을 실제 구현하기 위한 개발방법 및 계획 등을 구체적으로 기술한다.

⑥ 현재 개발 진척도

설계, 시작품 제작, 시험테스트 등 현재 개발이 진척되고 있는 상황을 기술한다.

⑦ 시장전망

아이템이 목표로 하는 시장의 규모, 경쟁정도, 성장가능성 등을 기술한다.

⑧ 마케팅 방향

최종 제품 개발완료 후 제품의 판매전략 및 방법을 기술한다. 이때 실제 시장을 조사한 후 동종, 유사 제품과의 차별성 부여, 신제품의 경우 특성, 적용방안 등을 비교하여 기술한다.

⑨ 창업 사업화 전략

창업을 예상하여 필요한 제반사항을 기술한다.

- 창업멤버 확보
- 창업초기 자금조달
- 사업장 마련
- 제품시험 및 시장 테스트

⑩ 창업 관련 세무, 법무 자문 해결 방안

자문이 가능한 인맥과 사업을 도울 외부전문가를 네트워크로 연결해 본다. 자신과 네트워킹할 수 인맥을 사회적 자본으로 만든다. (제7장 사회적 자본과 창업 참조)

⑪ 사업성 자체 평가

창업 후 예상되는 사업성을 항목별로 수치로 나타내서 스스로 평가해 본다.

- 매출 전망 (최소 향후 3개년 예상 및 1년 차는 구체적인 월별 매출계획 수립)
- 원가구조 (재료비, 인건비, 임대료, 기타 일반관리비 등)

⑫ 손익분기점 분석

창업 후 조달된 창업자금, 소요될 운전자금, 판매기간, 판매대금 회수, 고정비, 변동비 등의 수치를 적용하여 계산한다. 과연 얼마 후에 손익분기점에 도달할지 예상시기를 계산해 보고 그 기간까지 필요한 자금계획을 마련한다.

■ 후보 아이템 사업성 검토

창업 아이디어나 아이템이 여러 개인 경우 후보 아이템 사업성 검토 체크리스트를 활용하여 가장 최적의 아이템을 선정한다. 후보 아이템에 대한 상품성, 시장성, 수익성, 안정성의 4가지를 주요 검토 항목으로 구분한다. 상품성 항목에서 상품의 적합성, 상품의 독점성을 평가요소로 체크해 본다. 시장성 항목으로는 시장의 규모, 시장에서의 경쟁, 미래에 대한 장래성 등을 평가하며, 비용의 효율과 적정이윤이 보장되는지 수익성을 검토한다. 마지막으로 안정성에 대한 평가로 자금투입의 적정성, 외부환경변화의 위험수준, 적정 재고 보유수준 등을 검토해서 여러 개의 대안 중 최적의 사업 아이템을 선정한다.

[창업 아이디어(아이템) 개발 요약서]

<table>
<tr><td>아이디어(아이템)명</td><td></td><td>작성일자</td><td></td></tr>
<tr><td>아이디어(아이템) 개요</td><td colspan="3"></td></tr>
<tr><td colspan="4">(아이디어, 아이템, 사업개념에 대해 기술한다)</td></tr>
<tr><td>사업 전망</td><td colspan="3"></td></tr>
<tr><td colspan="4">(목표시장, 사업전망, 아이템의 강점, 시장기회 등을 기술한다)</td></tr>
<tr><td>개발 목표</td><td colspan="3"></td></tr>
<tr><td colspan="4">(아이템의 개발계획 및 최종개발목표를 기술)</td></tr>
</table>

[창업 아이템 개발 세부 내역서]

1) 아이템의 내용

1.1 아이템 설명
(아이템 및 사업의 개요, 사업목적, 사업배경 등을 기술한다.)
1.2 아이템 개발목표
(아이템의 최종개발목표를 명확하고 구체적으로 기술한다.)

2) 핵심기술

2.1 보유핵심기술
(주요 아이디어 및 핵심기술 등을 기술한다.)
2.2 특허 및 경쟁기술 비교
(특허보유 여부 및 유사특허 존재여부, 경쟁기술 또는 연관기술 등을 기술한다.)

3) 아이템 개발 계획

3.1 개발 계획
(아이템을 실제 구현하기 위한 개발방법 및 계획 등 구체적으로 기술한다.)
3.2 현재 개발진척 정도
(설계, 시작품 제작, 시험테스트 등 현재 개발 진척되어 있는 상황을 기술한다.)

4) 목표시장 분석

4.1 시장전망
(제안 아이템이 목표로 하는 시장의 규모, 경쟁정도, 성장가능성 등을 기술한다.)
4.2 마케팅 방향
최종개발품의 판매전략 및 방법을 기술 (실제 시장을 조사한 후 동종, 유사 제품과의 차별성 부여, 신제품의 경우 특성, 적용방안 등을 기술한다.)

5) 아이템 사업화 전략

5.1 사업화 방안	
(창업관련 제반 사항을 기술)	
창업멤버 확보	
창업초기자금 조달	
사업장 마련	
제품시험 및 시장테스트	
창업관련 세무·법무 자문 해결방안	(자문이 가능한 인맥 등을 기술)
사업을 도울 외부전문가pool	(전문가 pool을 다양하게 기술)

5.2 사업기본평가	
(창업사업시 사업성의 자체 평가사항을 수치로 기술)	
손익 구조	(원가구조, 경상이익 추이 등)
매출 전망	(매출 추이 등)
창업 후 손익분기점에 도달 예상시기	(창업 후 조달된 창업자금, 소요될 운전자금, 판매기간, 판매대금회수, 고정비, 변동비 등의 수치를 삽입하여 계산)

[후보 아이템 사업성 검토 체크리스트]

주요항목	평가요소	세 부 검 토 사 항	확인
상 품 성	상품의 적합성	·창업자가 잘 아는 상품이나 공정인가?	
		·상품이 비필수품이거나 사치품은 아닌가?	
	상품의 독점성	·창업자의 참여를 배제하는 사실상의 독점은 없는가?	
		·정부의 인·허가제도에 의하여 실제 창업이 제한되어 있지 않은가?	
시 장 성	시장의 규모	·예상되는 고객의 수는 어느 정도인가?	
		·후보입지의 잠재시장 규모는 어느 정도인가?	
	경쟁성	·경쟁업체의 세력 및 지역별 분포는 어떤가?	
		·경쟁제품과 비교 시 품질과 가격관계는 유리한가?	
		·판매유통이 용이하며, 물류비용은 저렴한가?	
	시장의 장래성	·잠재고객 수의 증가는 있는가?	
		·새로운 창업경쟁자의 침투가능성은 어느 정도인가?	
		·소비자 성향이 안정적이고 필요성은 계속 증가하는가?	
수 익 성	비용의 효익성	·적정비용으로 계획상품을 매입(생산)할 수 없는 요인이 있는가?	
		·매입(생산)공정이 복잡하지 않고 효율성은 있는가?	
	적정이윤 보장성	·원자재 조달이 용이하고 값은 안정적인가?	
		·필요한 인력 공급이 용이하며 저렴한가?	
		·매입(제조)원가, 관리비, 인건비 등 공제 후 적정 이윤은 보장되는가?	
안정성	위험수준	·외부환경변화에 대한 제품 수명주기가 안정적인가?	
		·경제순환과정에서 불황 적응력은 어느 정도인가?	
	자금투입 적정성	·초기투자액은 어느 정도이며, 자금조달이 가능한 범위인가?	
		·이익이 실현되는 데 소요되는 기간은 어느 정도이며, 그동안의 자금력은?	
	재고수준	·평균재고 수준은 어느 정도이며, 재고상품의 회전기간은 어느 정도인가?	
		·수요의 계절성은 없는가?	

3) 창업 아이디어의 탐색

정보수집 과정을 통하여 여러 개의 아이디어를 찾게 되는데, 아이디어 탐색 단계에서는 가급적 많은 수의 아이디어를 확보하는 것이 좋다. 하지만 확보한 아이디어 중 대부분이 자신의 창업에 적절하지 않거나 실현 가능성이 희박한 경우가 많다. 구체적인 사업타당성 분석에 들어가기 전에 창업 아이디어를 사전에 선별하여야 하며, 다음과 같은 점수법을 통해 아이디어를 선별한다.

점수법은 어떤 내용을 가지고 아이디어를 선별할 것인지를 미리 정하여 이들 내용들을 설문문항으로 7점 또는 5점으로 점수화하고, 선택한 점수의 합계를 계산하여 아이디어를 선별하는 방법을 말한다.

일반적으로 아이디어를 선별하는 데 많이 이용되는 내용은 다음과 같다.

① 제품관련내용
용도, 품질, 가격, 대체재, 진입장벽 등

② 시장관련내용
잠재수요, 경쟁자의 수, 유통경로의 이용가능성 등

③ 자원관련내용
자본조달능력, 인적자원의 활용가능성 등

④ 생산(원가)관련내용
기술수준, 설비수준, 특허유무, 원자재가격 등

⑤ 위험관련내용
경기나 계절에 따른 매출액 변동성, 법률의 개폐에 따른 위험, 기술·설비의 진부화 위험, 신제품 출현가능성 등[53]

다음은 5점 점수법의 예이다. 여기서 평가하고자 하는 사업이 질문 내용과 매우 가까운 경우는 5점, 비교적 가까운 경우는 4점, 보통인 경우는 3점, 그렇지 않을 경우는 2점, 전혀 그렇지 않은 경우는 1점에 체크한다.

[점수법 체크 리스트]

번호	질문내용	응답				
		1점	2점	3점	4점	5점
1	제품의 용도는 다양하며 광범위한가?					
2	제품의 품질은 우수한가?					
3	제품의 가격수준은 품질에 비해 낮은 편인가?					
4	제품의 대체(보완)재의 개발가능성은 낮은가?					
5	진입장벽이 높은가?					
6	제품에 대한 잠재수요가 큰가?					
7	경쟁자의 수가 적은가?					
8	기존의 유통경로를 쉽게 이용할 수 있는가?					
9	판매촉진활동의 필요성이 낮은 사업인가?					
10	자본을 조달하는데 큰 문제가 없는가?					
11	필요한 인적자원을 활용하는 데 문제가 없는가?					
12	생산 기술상 큰 문제가 없는가?					
13	생산 공정과 설비를 갖추는 데 어려움이 없는가?					
14	특허권의 보호나 이용에 큰 문제가 없는가?					
15	원자재 가격은 비교적 안정적인가?					
16	인건비는 비교적 안정적인가?					
17	경기나 계절변화시 매출액 변동이 크지 않은가?					
18	법률의 개폐에 따른 위험이 크지 않은가?					
19	기술과 설비의 진부화에 따른 위험이 낮은가?					
20	신제품의 출현가능성이 낮은가?					
합계		점				

[출처: 방용성, 주윤황(2004), CEO로 가는 길, 에이드북, p71.]

20개 전체 문항에 대한 응답을 체크한 후 합계를 계산하고 각각의 점수에 따라 사업아이디어의 적합성을 다음과 같이 평가할 수 있다.

점 수	평 가
80점 이상	매우 매력적인 사업
70점~79점	약간 매력적인 사업
50점~69점	확신할 수 없는 사업
50점 미만	위험한 사업

3. 창업 타당성 분석

창업 아이템이 확정되면 우선 자신과 창업 아이템을 둘러싼 환경을 분석하고, 창업 타당성을 분석한 후 최종적인 창업 의사결정을 내린다. 창업자가 창업 타당성을 조사하는 것은 쉽지 않을 뿐만 아니라 주관적인 요소가 많이 반영되기 때문에 결과에 대한 평가에 있어서 100% 신뢰하기는 어렵다. 그러나 이러한 조사와 분석과정을 소홀히 한다면 창업자는 실패할 확률이 높다. 객관적인 조사를 실시하고 분석하되, 다시 한 번 재검토의 과정을 거치면서 실패율을 줄이는 노력을 해야 한다.

창업 타당성 분석을 하기 전 가장 기본적인 경영분석 기법인 SWOT 분석을 실시하고 창업 타당성을 분석한다.

1) SWOT 분석

창업자와 사업 아이템에 대한 내부 환경을 분석하여 강점과 약점을 발견하고, 외부환경을 분석하여 기회와 위협을 찾아내어 이를 토대로 강점은 최대한 살리고 약점은 줄이되, 기회는 활용하고 위협은 억제하는 마케팅 전략을 수립하는 것을 말한다.

강점(Strength), 약점(Weakness), 기회(Opportunity), 위협(Threat)의 앞글자를 따서 SWOT 분석이라고 한다.

가. SWOT 분석방법

■ 외부환경 분석(Opportunities, Threats)

① 창업자 자신을 제외한 모든 외부환경을 무작위로 나열해 본다.

② 좋은 쪽으로 작용하는 것은 기회, 나쁜 쪽으로 작용하는 것은 위협으로 분류한다.

③ 자신에게 미치는 영향을 순서대로 점차 구체화한다.

④ 인과관계가 있는 경우 화살표로 연결한다.

■ 내부환경 분석(Strength, Weakness)

① 자신의 강약점을 나열한다.

② 자신이 현재 보유하거나, 동원 가능하거나, 활용 가능한 자원을 나열한다.

③ 개인적인 특성과 외부자원을 경쟁자와 비교하여 강약점으로 분류한다.

나. SWOT 분석에 의한 전략 도출

■ SO 전략(강점-기회전략)

시장의 기회를 활용하기 위해 강점을 사용하는 전략을 선택한다.

(우선추진과제)

■ ST 전략(강점-위협전략)

시장의 위협을 회피하기 위해 강점을 사용하는 전략을 선택한다.
(우선적응과제)

■ WO 전략(약점-기회전략)

약점을 극복함으로써 시장의 기회를 활용하는 전략을 선택한다.
(단기보완과제)

■ WT 전략(약점-위협전략)

시장의 위협을 회피하고 약점을 최소화하는 전략을 선택한다.
(장기보완과제)

[그림 9-2] 내부/외부 환경분석

내부 역량 / 외부 환경	강점(S)	약점(W)
기회 (O)	* 탁월한 능력 * 적절한 재무적 지원 * 높은 경쟁적 기술수준 * 규모의 경제 활용 * 특허기술 * 원가상의 유리한 점	* 불분명한 전략적 방향 * 낙후된 시설 * 평균 이하의 수익성 * 빈약한 전략수행 * R&D 투자부족 및 비효율성 * 열등한 제품품질
위협 (T)	* 신시장과 세분시장에의 진입 * 제품계열의 추가 * 관련제품으로의 다각화 * 보완제품의 추가 * 수직적 통합 * 경쟁사 간의 조화	* 새로운 경쟁자의 진입가능성 * 대체재의 판매량 증가 * 느린 시장성장 * 역행하는 정부의 방침 * 증대되는 경쟁적 압력 * 경기후퇴와 경기변동의 가변성

[그림 9-3] SWOT 매트릭스

내부 역량 / 외부 환경	강점(S)	약점(W)
기회 (O)	SO	WO
위협 (T)	ST	WT

앞에서 도출된 전략 중 목적달성의 중요성, 실행가능성, 남들과 다른 차별성 등을 중심으로 가급적 적은 수의 것을 중점전략으로 선정한다.

2) 사업타당성 분석

사업타당성 분석은 창업자가 창업을 계획하고 있는 사업활동의 타당성 여부를 사전에 조사, 분석, 검토하여 창업의사 결정에 필요한 기초자료를 제시하는 활동을 말한다. 사업타당성 분석을 위해서는 시장성, 기술성, 경제성을 조사한 후 손익분기점 분석을 시행하여 목표기간 내에 사업이 정상궤도에 오를 수 있는지를 평가한다.

■ 시장성 분석

시장성 분석이란 판매(서비스)하고자 하는 아이템을 어느 정도 팔 수 있겠는가를 조사 분석하는 것을 말한다. 이는 아이템 선정 및 평가시 이용될 수 있다. 시장성 분석은 판매량을 추정하기 위한 활동이다.

① 시장의 특성

② 수요 및 공급분석

③ 미래 수요분석

④ 매출액 추정

■ **기술성 분석**

기술성 분석은 아이템이 기술적으로 실현가능한지를 분석하여 실현 가능한 대안의 생산 또는 서비스 시스템을 선정하고 그 대안들에 대한 원가를 추정하는 활동이다.

① 기술의 사업화 가능성

② 기술의 우위성

③ 생산일정 및 규모

④ 소요 노동력

⑤ 제품(서비스)용도 특성

■ **경제성 분석**

사업의 목표는 이윤의 추구에 있으므로 시장성 분석과 기술성 분석을 통해 획득한 정보·자료를 종합하여 필요한 자본의 규모를 결정하고 투자안의 현금흐름을 추정하여 종합적인 경제성을 평가하는 활동이다.

① 총비용 및 소요자금 추정

② 추정손익계산서, 대차대조표 작성

③ 현금흐름표 분석

[표 9-1] 사업 타당성 분석의 조사범위

시장성	기술성	경제성
* 시장조사 * 소비자 조사 * 시장 세분화 * 제품 포지셔닝 * 제품수급조사 * 동종업계 조사 * 총수요 및 점유율 예측 * 가격결정 및 매출액 추정	* 제품의 기술적 특징 * 공장입지의 적합성 * 생산설비와 장비 * 생산공법과 공장의 적합성 * 생산지원에 대한 검토 * 공장규모와 건설계획 * 시설소요자금의 검토등	* 생산, 구매, 판매, 일반관리 계획 * 제 원가 비용추정 * 추정재무제표의 작성 * 재무상태 및 경영성과 분석 * 자금수지분석 * 현금흐름의 추정 * 할인율의 추정 * NPV에 의한 회수기간 측정 * 위험분석

[출처: 김이태(2012), 창업경영전략, OK Press, p.261]

■ 손익분기점 분석

손익분기점(BEP: Break Even Point)이란 일정 기간의 매출액과 그 매출액을 실현하기 위해서 지출된 총비용이 일치하는 시점의 매출액을 말한다. 손익분기점 분석을 위해서는 총비용을 매출액의 변동에 관계없이 일정하게 발생하는 고정비와 매출액의 변동에 비례하여 발생하는 변동비로 구분하여야 한다. 그러나 현실적으로는 모든 비용항목들이 반드시 매출액에 비례하여 발생하거나 또는 일정하게 발생하는 것이 아니므로 월별 손익계산서를 토대로 고정비와 변동비를 적정하게 분류해야 한다.

손익분기점 분석을 위해서는 우선 예상되는 매출액과 그 매출에 소요되는 직접재료비, 직접인건비, 판매 및 일반관리비 등을 추정해서 적어도 향후 3개년 간 추정 손익계산서를 작성해 보며, 사업 첫 해가 되는 일 년 동안은 매월 월별 추정 손익계산서를 작성해야 사업 개시 후 현금흐름과 수익구조를 파악할 수 있다.

손익분기점 분석은 수입내용을 분석하고 또 손실을 발생시키지 않기 위한 최저 한계 매출액을 알 수 있어 상당히 편리한 분석방법이다. 경상이익, 변동비율 등을 활용하여 목표이익을 확보하기 위한 매출액 산정에도 쓰이며, 설립계획이나 신규지점 계획의 타당성 판정 등에도 유용하게 쓰인다. 비용을 고정비와 변동비로 나누어 매출과 이익이 어떻게 변하는가의 감도분석을 손쉽게 하는 방법으로도 흔히 손익분기점 분석기법을 사용한다.

앞에서 설명한 것과 같이 손익분기점은 매출액과 비용이 일치하는 지점이기 때문에 제품을 판매하는 회사의 손익분기점을 위한 판매수량을 (x)로 놓는다면, 손익분기점 계산은 다음과 같은 등식이 성립된다.

매출액 = 변동비 + 고정비

제품가격 × 판매수량(x) = 변동비 + 고정비

$$BEP = \frac{FC}{1 - \frac{VC}{S}} = \frac{\text{고정비}}{1 - \frac{\text{고정비}}{\text{판매액}}}$$

S = 동기간의 매출액　VC = 변동비율

FC = 일정기간의 고정비

창업 후 성공적인 안착을 위해 꼭 필요한 것은 자금조달 계획과 더불어 손익분기점 계산이며, 이 두 가지는 창업 전 반드시 선행되어야 한다. 손익분기점 분석을 통해 제품가격의 산정과 목표 판매수량의 설정을 어떻게 해야 최소한 손해를 보지 않는 지점에 도달할 수 있을지를 미리 추정해 볼 수 있다.

[표 9-2] 3개년 추정 손익계산서

(단위 : 천원)

계 정 과 목	1차년도	2차년도	3차년도
Ⅰ.매출액	○○○	○○○	○○○
Ⅱ.매출원가	○○○	○○○	○○○
1.제조원가	××	××	××
2.상품매입원가	××	××	××
Ⅲ.매출총이익	△△△	△△△	△△△
Ⅳ.판매비와관리비	○○○	○○○	○○○
1.급여	××	××	××
2.퇴직급여	××	××	××
3.복리후생비	××	××	××
4.광고선전비	××	××	××
5.통신비	××	××	××
6.접대비	××	××	××
7.수도광열비	××	××	××
8.세금과공과	××	××	××
9.대손상각비	××	××	××
10.교육훈련비	××	××	××
11.차량유지비	××	××	××
12.경상개발비	××	××	××
Ⅴ.영업이익(손실)	△△△	△△△	△△△
Ⅵ.영업외수익	○○○	○○○	○○○
Ⅶ.영업외비용	○○○	○○○	○○○
Ⅹ.당기순이익(손실)	△△△	△△△	△△△

4. 비즈니스 모델 개발

창업 아이템이 선정되면 아이템을 사업화하기 위한 사업계획서 또는 비즈니스 모델을 수립하여야 한다. 창업기업이 어떻게 수익을 창출할 수 있는지 알렉산더 오스터왈더(Alexander Osterwalder)와 예스 피그누어(Yves Pigneur)가 제시한 '아홉 가지 비즈니스 모델 빌딩블록(Business Model 9 Building Blocks)' 을 중심으로 비즈니스 모델 개발 연습을 해보자.[54)]

1) 비즈니스 모델의 구성 요소

비즈니스 모델이란 비즈니스의 4대 핵심영역인 고객, 주문, 인프라, 사업타당성 분석을 포함하며, 조직의 구조, 프로세스, 시스템을 통해 실현시킬 수 있는 전략적 청사진이다. 비즈니스 모델을 설계하기 위한 9개의 구성 요소로 고객 세그먼트, 가치제안, 경로, 고객관계, 수익원, 핵심자원, 핵심파트너십, 비용구조가 있다.

① 고객 세그먼트(Customer Segment)

마케팅에서 '시장'이란 마켓(market)과 세그먼트(segment)로 구분할 수 있는데, 마켓은 불특정 다수의 소비자가 한데 뒤섞여 있는 전체 시장이나 산업군을 의미하며, 세그먼트는 마켓에 존재하는 소비자들을 유사한 필요와 욕구를 지닌 집단들로 나눈 것이다.

고객이 없다면 비즈니스 자체가 성립될 수 없다. 고객을 통해 수익을 창출하기 때문이다. 따라서 기업은 고객을 만족시키기 위해 그들을 특성에 따라 분류하고 적절히 대응하고 접근해야 한다. 비슷한 니즈를 갖고 있는 고객을 대상으로 하는 매스 마켓(Mass Market)인지, 특정한 성격을 가진 소규모의 고객을 대상으로 판매목표를 설정하는 틈새시장(Niche Market)을 찾아 그 곳을 공략할 것인지를 선택하여 만약 틈새시장을 노린다면 특화되고 전문화된 고객 세그먼트로 분류하여 특화된 전략이 필요하다.

② 가치 제안(Value Proposition)

고객을 위한 가치창출 활동으로 창업기업이 제공하는 제품이나 서비스가 고객의 니즈 또는 문제점을 해결해 줄 수 있는 가치를 제공할 수 있는가를 전략의 포인트로 삼는다. 고객들이 발길을 돌리느냐 찾아와 주느냐는 바로 그 기업이 어떤 가치를 창출해 주느냐에 달려있다. 가치란 고객이 처한 갈증을 해결해 주거나 니즈를 충족시켜 주는 요소이며, 결국 기업이 고객에게 무엇을 줄 수 있는지를 총괄하는 개념으로 양적 가치(가격, 분량, 속도)와 질적 가치(디자인, 고객경험)로 구분한다.

③ 경로(Channel)

기업이 고객에게 상품이나 서비스를 전달하는 방법으로 커뮤니케이션, 물류, 판매채널 등 기업과 고객의 인터페이스 전반이 바로 경로인데, 단순한 유통경로가 아니라 가치를 함께 전달해 줄 수 있는 경로를 구축해야 한다. 시장에 제대로 가치 제안을 하기 위해서는 고객이 만족할 만한 유통경로를 선택하는 것이 중요하다.

- 기업이 제공하는 상품이나 서비스에 대한 고객의 이해를 높여준다.
- 기업이 전달하는 가치 제안을 고객들이 평가할 수 있도록 해준다.

■ 고객이 특정한 상품이나 서비스를 구매하게 도와준다.
■ 구매 고객에 대한 사후관리를 제공한다.

④ 고객관계(Customer Relationship)

고객관계(CR)란 특정한 고객 세그먼트와 어떤 형태의 관계를 맺을 것인가를 의미한다. 각각의 고객 세그먼트들은 어떤 방식의 고객관계가 만들어지고 유지되기를 원하는지, 기업은 어떤 고객관계를 확립했는지, 또 고객관계를 유지하는 비용은 얼마나 드는지, 다른 비즈니스 모델 상의 요소들과는 어떻게 통합되는지를 분석해야 한다. CR을 제대로 해야 하는 이유는 다음 세 가지 때문이다.

■ 고객확보
■ 고객유지
■ 판매촉진

⑤ 수익원(Revenue Streams)

수익원은 기업이 각 고객 세그먼트로부터 창출하는 현금(수입-비용)을 의미한다. 창업기업이 추구하는 비즈니스 모델의 심장이 고객이라면, 수익원은 그 동맥과도 같다. 고객들은 어떤 가치를 위해 기꺼이 돈을 지불할 것인지, 현재 무엇을 위해 돈을 지불하고 있으며, 어떻게 지불하고 싶은지를 고객의 입장에서 살펴보고 전략을 세운다. 또한, 각각의 수익원은 전체 기업의 수익에 얼마나 기여할 것인가를 예상하여 손익분석을 통해 자금운영계획 수립에 반영한다.

수익창출의 형태는 고객의 1회 지출로부터 발생되는 수익과 연속적인 지출로부터 발생하는 반복적인 수익으로 나눌 수 있으며 수익창출원은 다음과 같다.

■ 물품판매

■ 이용료

■ 가입비

■ 대여료 / 임대료

■ 라이센스 / 중개수수료 / 광고수수료

⑥ 핵심자원(Key Resources)

어떠한 사업이건 핵심자원을 필요로 하며, 비즈니스 모델의 유형에 따라 각각 다른 핵심자원이 필요하다. 핵심자원은 물리적인 것일 수도 있고 재무적인 것일 수도 있으며 지적인 영역이나 인적자원의 영역에 속할 수도 있다. 또한, 기업은 이 핵심자원을 직접 소유할 수도 있지만 리스를 하거나 핵심 파트너들로부터 획득할 수도 있다.

■ Physical Resources (물적자원)

생산시설, 건물, 자동차, 기계, 시스템, 물류 네트워크 등

■ Intellectual Resources (지적자원)

브랜드, 지식재산권, 파트너십, 고객 데이터베이스 등

■ Human Resources (인적자원)

창업파트너 또는 창업팀의 능력과 그들과의 비전공유

■ Financial Resources (재무자원)

현금, 신용한도, 담보, 투자유치 등

⑦ 핵심 활동(Key Activities)

창업기업을 성공적으로 운영하기 위해서 가장 중요한 것이 핵심활

동이다. 핵심활동은 제품이나 서비스 등 고객에게 제공할 가치제안을 창조하고, 시장에 접근하고 고객 세그먼트와의 관계를 유지하며 수익원을 만드는데 필요하다. 핵심활동은 핵심자원과 마찬가지로 비즈니스 모델의 유형에 따라 달라진다.

■ Production (생산)

생산활동은 제조회사의 가장 큰 비중을 차지한다.

■ Problem solving (문제해결)

고객이 처한 각각의 문제에 대한 새로운 해결책을 찾아낸다.

■ Platform (플랫폼)

플랫폼이란 '핵심적인 가치를 담을 수 있는 틀'로 공급자와 소비자의 중간에 위치하여 상호 연결을 통하여 가치를 창출한다.

⑧ 핵심 파트너십(Key Partnerships)

비즈니스 모델을 원활히 작동시켜줄 수 있는 공급사-협력사 간의 네트워크를 말한다. 기업들은 비즈니스 모델을 최적화하거나 리스크를 줄이거나 자원을 얻기 위해 서로 연합하고 협력한다. 핵심 사업파트너, 핵심 공급자로부터 어떤 핵심자원을 획득할 수 있는가를 분석해서 전략화해야 한다.

■ 비경쟁자와의 전략적 제휴 (Strategic Alliance)

■ 합작투자 (Joint Venture)

■ 경쟁자 간의 코피티션 (Coopetition)[55]

⑨ 비용구조(Cost Structure)

비즈니스 모델을 운영하는 동안 발생하는 핵심적인 비용들을 의미한다. 가치를 만들어내고 전달하고, 고객관계를 유지하고 수익원을 만들어내는 것은 모두 비용이 발생한다. 창업 비즈니스 모델을 운영하는 데 가장 중요한 비용은 무엇이며, 어떤 핵심자원에 가장 많은 비용이 발생하고, 어떤 핵심활동을 수행하는 데 가장 많은 비용이 발생하는가에 대한 비용 분석이 필요하다.

■ Fixed costs (고정비)

생산되는 제품, 서비스 규모와 관계없이 소요되는 비용.

(임대료, 보험료, 생산시설 운영비, 간접 인건비 등)

■ Variable costs (변동비)

생산되는 제품, 서비스 규모에 비례하여 변동되는 비용.

(직접 노무비, 재료비 등)

■ Economies of scale (규모의 경제)

생산규모의 확대에 따라 생산비 절약 효과가 발생하며 제품당 평균 비용이 줄어든다.

■ Economies of scope (범위의 경제)

사업의 운영 범위를 넓히면 비용 대비 효과가 커진다.

2) 비즈니스 모델 캔버스

창업 아이디어와 아이템으로부터 출발해서 비즈니스에 필요한 여러 가지 조건들을 채워나가면서 해당 아이디어나 아이템의 사업성을 검증하고, 이런 사업 아이디어를 구체화하기 위한 도구로 위에서 분석한 비즈니스 모델의 9가지 구성요소를 토대로 비즈니스 모델 캔버스를 아래와 같은 순서대로 만들어 본다.

① 대형 도화지 또는 화이트보드에 아홉 개의 구획을 그어 나눈다.

② 각 구획에 위의 9가지 구성요소의 명칭을 써넣는다.

③ 아이디어가 생각날 때마다 포스트잇이나 보드마커를 사용하여 해당 칸에 붙인다.

④ 위의 과정을 수차례 반복한 후 최종 결과를 정리하여 사업계획서로 작성한다.

> "카카오가 앞으로 집중할 3가지 키워드로 모바일과 소셜, 플랫폼을 제시했다. 이 3가지 키워드는 앞으로 카카오가 수익을 낼 바탕이 된다. 모바일 이용자와 모바일 사용 환경에 최적화한 서비스를 들고 카카오톡의 네트워크를 활용한 플랫폼을 만들어, 그 플랫폼으로 수익모델을 만들겠단 얘기다."
>
> -김범수 카카오 의장-56)

카카오톡은 전 세계 어디서나 휴대폰 사용자 간 무료로 메시지를 주고받을 수 있는 MIM(Mobile Instant Messenger) 서비스이다. 2010년 3월 서비스를 개시한 이후 가입자 수는 2013년 7월 말 기준 1억 명을 돌파하였다. 초기 마땅한 수익원이 없어 고민하던 카카오톡은 광고 및 콘텐츠 판매사업을 강화하는 비즈니스 모델을 짜고 플러스친구, 이모티콘, 게임 등 유료콘텐츠와 모바일 상품권과 같은 기프티콘 사업을 확대함으로써 흑자전환하는데 성공했다.

카카오톡의 사례를 비즈니스 모델 캔버스로 만들어 보면, 그림 9-4와 같이 포스트잇을 사용하여 프로토타입을 만든 후, 그림 9-5와 같이 비즈니스 모델 캔버스로 완성하여 사업계획서에 반영한다.

[그림 9-4] 카카오톡 비즈니스 모델 프로토타입

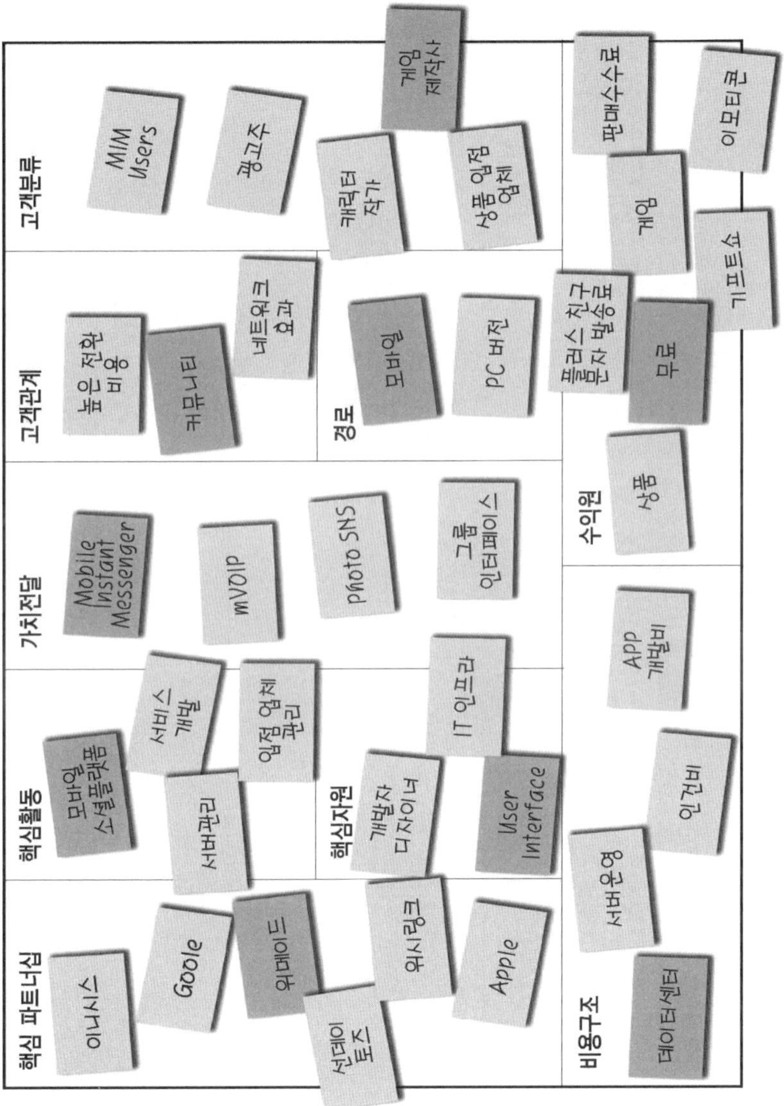

[그림 9-5] 카카오톡 비즈니스 모델 캔버스

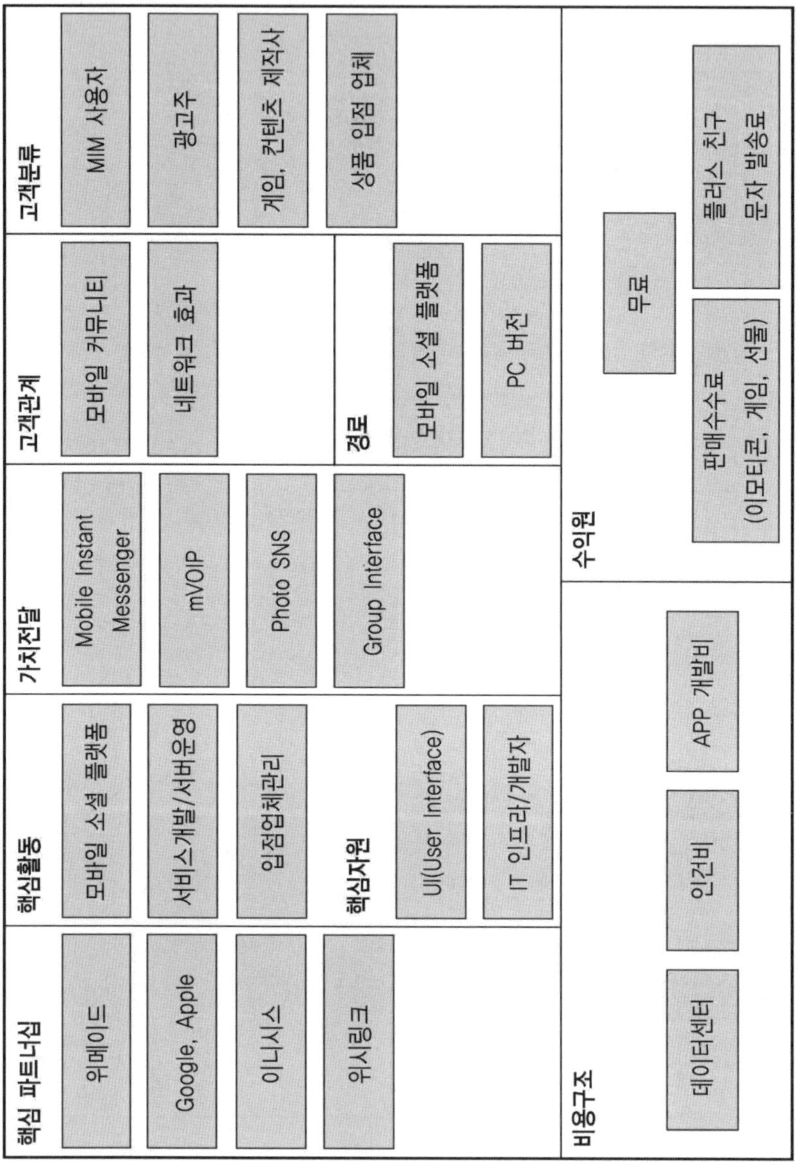

5. 소규모 창업

1) SOHO 창업

SOHO란 Small Office Home Office의 약자로 공간적으로는 집 또는 소규모 사무실, 소규모 점포형을 말한다. 직업적으로는 자신의 핵심 역량 즉 경험, 자격증, 지식, 정보, 인맥 등을 활용하고 창의적 아이디어를 사업화하여 틈새시장에서 새로운 수요를 찾아 수익을 창출하는 자유 직업가를 의미한다.

소호를 흔히 재택근무로 칭하기도 하지만, 재택근무가 회사에 소속을 두고 집에서 업무를 처리하는 형태인 반면, 소호는 자신만의 아이디어로 컴퓨터 네트워크를 이용하여 최소한의 인원과 비용으로 창업하는 것을 의미한다.

소호는 1980년대 중반부터 미국에서 시작된 정보통신 인프라의 발달과 개인용 컴퓨터의 고성능화로 기업과 개인의 지식과 정보에 기반한 정보산업자본주의 시대가 도래함에 따라 자신의 핵심역량을 기반으로 소규모, 소자본으로 창업하여 틈새시장을 집중적으로 공략하는 유연성을 가진 사업자가 경쟁력 있게 활동하고 있다.

실리콘밸리 한 귀퉁이에서 아이디어만으로 세계 최고의 기업을 일군 빌게이츠나 자신의 집 차고에서 출발하여 현재의 애플로 성장시킨 스티브잡스가 1세대 소호들이다.

2010년 말 미국의 3인 이하 소호사업자수는 4천백만 명으로 미국 전체 인구의 18%를 차지하고 있으며, 우리나라에서는 1990년대 후반 IMF 이후 경기침체가 계속되고 대량의 실업자와 기업의 구조조정 등으로 소호창업이 증가하고 있다. 소호창업도 엄연한 독립기업을 만드는 것이며 특히 다른 기업들과의 경쟁에서 차별화하기 위해서는 창의와 아이디어가 더욱 중요하다. 따라서 소호도 기업경영의 책임과 의무를 따라야 한다는 신념을 갖고 더욱 신중히 고려할 필요가 있다.

성공하는 소호족이 되기 위해서는 아래와 같은 자질을 갖추는 것이 요구되며, 이러한 자질 중 많은 부분이 선천적 요인보다는 후천적으로 자신의 노력과 준비에 의해서 능력이 배양된다.

가. 자신의 능력

- 창업분야에 대한 자신의 일할 능력
- 창업분야에 대한 자신의 지식 및 정보
- 신체적 조건, 경험, 노하우
- 관련분야 자격증, 협회가입

나. 창업 준비성

- 마케팅 계획과 사업계획의 충분성
- 목표시장에 대한 분석, 그에 대한 경쟁전략
- 운영인원과 일의 진행계획
- 사업기획, 재무관리, 기술·서비스 개발

다. 자금력 및 시기

- 창업 시 6개월 운영자금 포함, 예상수익은 1/2로 보수적으로, 예상비용은 2배로 산정
- 창업은 언제 어디서 할 것인가?

라. 창업 아이템 선정 시 고려할 사항

- 지난 과거의 가장 경쟁력 있었던 것을 생각해 본다.
- 향후 5년간 가장 열정적으로 하고 싶은 일은 무엇인가?
- 자신이 가장 핵심역량이 있다고 생각하는 일은 무엇인가?
- 비즈니스 수요가 명확히 있는가?
- 자신의 주변에서 가장 쉽게 적용가능한 단순한 것부터 시작하라

마. SOHO 창업 성공 전략

- 자신의 성격상 강점과 약점을 파악한다.
- 관심이나 취미를 살려 창업 가능한 아이템을 확보한다.
- 각 창업아이템에 대한 시장수요조사를 철저히 한다.
- 가까운 친구나 가족의 동의를 구한다.
- 창업전문가나 소상공인지원센터를 찾아서 창업상담을 한다.
- 소요자금 내역을 산출하고 자금조달 계획을 수립한다.
- 사업계획을 구체적으로 수립한다.
- 창업은 빠르면 빠를수록 좋다
- 탐욕을 버려라(처음부터 떼돈을 버는 사업은 없다).
- 타인의 성공사례를 맹신하지 마라.

2) 일인창조기업

주로 지식서비스 분야에서 독특한 아이디어를 갖고 있는 개인이 혼자 창업해 매출·이익을 창출하는 기업을 말한다. 2011년 4월 4일 '1인 창조기업 육성에 관한 법률'이 제정되어 10월 5일부터 시행되었다. 법

률에서 말하는 '1인 창조기업'은 지식서비스업 및 제조업 분야에서 창의적인 아이디어, 전문 기술지식, 지식재산권을 사업화하는 개인과 개인사업자 또는 법인으로서 대표자를 포함한 종사자가 1명인 기업을 일컫는다.

공동창업자, 공동대표, 공동사업자 등의 형태로 공동으로 사업을 영위하는 자가 5인 미만일 경우에도 1인 창조기업으로 인정하고 있으며, 1인 창조기업이 규모 확대의 이유로 1인 창조기업에 해당되지 아니하게 된 경우에도 3년간은 1인 창조기업으로 인정한다.

1인 창조기업의 개인은 자신이 가진 지식 및 경험, 기술들을 바탕으로 창조적인 서비스를 제공하고 이로 인해 이윤을 창출해낸다. 꼭 1명으로 운영되는 기업뿐 아니라 2~3인 규모의 가족기업이나 스승·제자 관계로 운영되는 도제(徒弟)기업도 여기에 포함된다.

여기서 '창의적 아이디어'란 국민으로부터 공모한 창의성 있는 기초지식부터 전문지식까지 포함하는 아이디어를 말하며, 전문기술, 지식은 국가가 관련 산업의 보존 전수 등을 위해 지정한 인증자 및 국가자격자가 보유한 기술을 말한다. 지식재산권은 산업 분야의 창작물과 관련된 산업재산권과 문화예술 분야의 창작물과 관련된 저작권으로 발명, 실용신안, 상표, 저작 등이 이에 해당된다.

1인 창조기업 여부 확인방법은 창업넷(www.changupnet.go.kr)에 접속 → 원클릭 1인 창조기업 확인하기를 클릭하여 확인할 수 있다. 1인 창조기업의 우수제품 판로확보 및 사업화지원 등을 위해 정부에서 여러 정책적 지원을 하고 있으며, 이 중 마케팅능력이 부족한 1인 창조기업에 대한 맞춤형 마케팅 지원을 통해 보유 지식의 사업화 역량을 강화하는 사업으로 '1인 창조기업 온라인쇼핑몰 입점 지원사업'을 시행하고 있다.

□ 사업목적 :

온라인쇼핑몰 내 「1인 창조기업 전용공간」 개설·지원을 통해 1인 창조기업 제품의 판로확보 및 사업화 지원

* 온라인쇼핑몰 : 11번가, 홈&쇼핑, 우체국쇼핑

□ 지원대상 : 「1인 창조기업 육성에 관한 법률」에 의한 1인 창조기업

□ 지원규모 : 1.8억 원(200여 개 내외)

□ 지원내용

○ 11번가, 홈&쇼핑, 우체국쇼핑 내 1인 창조기업 전문 판매관 개설 및 운영

○ 전문 MD의 상품판매·가격책정 등 판매전략 컨설팅(업체당 1회 10만 원상당)

○ 검증된 수행기업을 통한 제품홍보 상세페이지 제작지원(1사 1제품, 20만 원상당)

○ 제품 판촉을 위한 각종 온라인 기획전 개최

[표 9-3] 1인 창조기업의 범위

구분	해당업종	한국표준산업 분류번호
제조업	식료품 제조업	10
	음료 제조업	11
	목재 및 나무제품 제조업; 가구제외	16
	화학물질 및 화학제품 제조업; 의약품 제외	20
	전자부품, 컴퓨터, 영상, 음향 및 통신장비 제조업	26
	의료, 정밀, 광학기기 및 시계 제조업	27
	전기장비 제조업	28
	기타 기계 및 장비 제조업	29
	자동차 및 트레일러 제조업	30
	가구 제조업	32
	기타 제품 제조업	33
출판, 영상, 방송통신 및 정보서비스업	출판업	58
	영상·오디오 기록물 제작 및 배급업	59
	통신업	61
	컴퓨터 프로그래밍, 시스템 통합 및 관리업	62
	정보서비스업	63
전문, 과학 및 기술 서비스업	연구개발업	70
	전문서비스업	71
	건축기술, 엔지니어링 및 기타 과학기술 서비스업	72
	기타 전문, 과학 및 기술 서비스업	73
사업시설관리 사업지원서비스업	사업 지원 서비스업	75
예술, 스포츠 및 여가 관련 서비스업	창작, 예술 및 여가 관련 서비스업	90
그 밖에 중소기업청장이 고시로 정하는 업종		

[출처 : 1인창조기업 육성에 관한 법률 시행령]

6. 청년창업 지원정책

정부는 청년창업 활성화를 위하여 융자상환금 조정형 청년창업자금, 엔젤투자매칭펀드 조성 등 청년창업가에 대한 획기적인 금융지원 방안을 마련하고 있다. 융자상환금 조정형 청년창업자금은 젊은이들이 정직하게 사업하다가 실패한 경우에는 채무액 일부를 탕감해주어 다시 재도전이 가능하도록 정부가 위험을 일부 떠안는 제도로, 기존의 융자방식에서는 볼 수 없었던 최초의 방식을 도입한 것이다.

청년창업자금은 단순히 자금만 대출해주는 것이 아니라, 전국 13개 청년창업센터에 상주하는 전문 컨설턴트를 통해 지속적인 컨설팅과 사후관리를 제공함으로써 청년창업자의 애로를 함께 해결해 줄 수 있도록 노력한다.

2013년 처음으로 700억 원 규모로 조성된 엔젤투자매칭펀드는 청년창업가에게 투자하고자 하는 개인 투자가들에게 50%를 함께 투자함으로써 엔젤투자가 활성화되는 계기가 될 것으로 기대하고 있다. 한편, '미래의 벤처후보군'으로 육성하고 있는 1인 창조기업을 위해 1,000억 원 규모의 전용 금융지원 프로그램도 시행되고 있다.

1) 청년창업 활성화 지원체제구축

정부와 함께 대학·연구기관, 대기업, 언론사 등 공동체의 주요 구성원 대부분이 청년창업 활성화에 동참하는 총력 지원체제가 필요하다. 그동안 수백 명의 청년CEO를 배출하여 이미 성과가 입증된 청년창업사관학교(경기도 안산 소재)를 호남과 영남권으로 확대하여 청년창업 열기를 지방으로 전파해야 한다. 청년창업사관학교는 기술창업을 준비 중인 청년창업자를 선발하여 창업 준비공간, 전문인력의 1대1 코칭, 창업교육, 개발보조금, 마케팅 지원 등 창업계획 수립부터 사업화까지 창업단계 전 분야를 일괄 지원하여 젊고 혁신적인 청년창업 CEO를 양성하는 기관이다. 신청대상은 만 39세 이하로 고용 및 부가가치 창출이 높은 기술 집약업종(제조업 및 지식서비스업) 창업을 준비 중인 예비창업자 또는 창업 3년 미만 기업의 대표자이며, 지원 내용은 1년간 최대 1억 원 이내, 총 사업비의 70% 이내의 자금지원과 창업공간, 창업코칭, 창업교육, 기술지원, 창업활동비, 시제품제작비 지원, 연계자금지원 등이 이루어진다.

지역거점별 청년창업 클러스터 형성을 목표로 추진 중인 창업선도대학 육성사업도 대전, 광주, 제주 3개 지역 대학을 새롭게 지정하여, 광역권 단위의 빈틈없는 지원 인프라가 완비될 것이다. 한편, 선도기업 연계 청년창업지원사업을 신설, 선배 벤처, 성공기업들의 구매 수요와 연계하는 프로젝트 창업을 지원하여, 판로가 보장되는 새로운 창업모델을 활성화할 예정이다. 그동안 청년 창업을 지원해 온 경험을 가지고 있는 전국 435개 전문기관이 지방 중소기업청과 함께 청년창업협의회를 구성하여 각 기관이 육성한 청년 창업가들을 상호 연계하고 후속 지원해 나감으로써 정책의 시너지 효과도 극대화하도록 해 나간다는 것이 정부의 목표다.

창업진흥원은 잠재성장률 저하와 청년실업률 급증이라는 국가적 문제를 해결하기 위해 기업가정신을 제고하고 지식·기술기반 창업을 활성화하기 위하여 예비창업자의 손쉬운 창업, 역량 있는 창업기업의 지속성장 기반 구축 등 성장단계별 지원체계를 구축하고, 비즈쿨, 창업경진대회, 온라인창업강좌, 창업선도대학, 국내외시장개척, 청년창업·창직인턴제, 창업보육센터, 재택창업, 조사 연구 등을 수행하고 있다.

2) 글로벌 청년창업 활성화

글로벌 경쟁력을 갖추고 해외진출 의지가 높은 예비창업자 또는 창업기업을 대상으로 국내외 창업교육 및 코칭, 현지 보육 등을 지원하여 성공적인 글로벌 청년창업육성을 목표로 하는 글로벌 청년창업 활성화 정책을 펼친다. 이를 이용하여 FTA체결 및 모바일 IT혁명의 급속한 진전 등으로 더 넓어진 글로벌 경제영토를 우리 청년들이 효과적으로 공략할 수 있는 길을 열 예정이다. 미국 실리콘밸리 이외에 중국 등 전 세계에 한국 청년창업의 전초기지를 마련한다는 것이 정부의 계획이다.

창업진흥원에서는 글로벌 청년 창업을 활성화하기 위해 해외창업연수를 운영 중인데, 검증된 사업계획과 열정 있는 청년 창업자들에게 해외 창업연수를 통해 견문을 넓히고 외국 투자자들과의 만남으로 해외창업에 대한 관심을 제고시키기 위한 사업으로 연수 국가는 미국과 유럽이다. 또한, 글로벌 시장 진출을 희망하는 국내 유망 (예비)창업자를 대상으로 국내외 교육, 코칭 및 현지 창업보육 등을 지원하는 글로벌 청년창업 활성화 지원사업을 시행하고 있는데 지원 분야는 IT, 첨단제조, 문화콘텐츠 분야다.

청년창업 활성화를 위한 정부의 정책을 요약하면 표 9-4와 같으며 주요 정책에 대해서 구체적으로 소개하고자 한다.

[표 9-4] 2013년도 청년창업 지원사업 현황

중소기업청 청년창업 지원사업

NO	사 업 명	모집구분		2013년 예산(억원)
		지원대상	주관(수행)기관	
1	창업아카데미	예비창업자 및 1년 미만 창업기업,대학생	대학,연구기관 등	69.5
2	청년창업사관학교 운영	예비창업자 및 3년 미만 창업기업	중소기업진흥공단	254
3	창업 맞춤형 사업화지원	예비창업자 및 1년 미만 창업기업	민간 및 대학기관	500
4	글로벌 청년창업 활성화	예비창업자 및 5년 미만 창업기업	창업진흥원	20
5	실전창업리그	예비창업자 및 1년 미만 창업기업	민간 및 대학기관	17
6	1인창조기업 비즈니스센터	예비창업자 등	지자체,공공기관	60
7	1인창조기업 사업화 지원	예비창업자 및 1년 미만 창업기업	민간기업	50
8	앱 창작터	예비창업자 및 1년 미만 창업기업	대학 등 전문기관	18
9	청년전용창업자금	39세 이하의 예비 또는 3년 미만 창업기업	중진공 및 민간금융기관	1,300
계				2,288.5

지방자치단제 청년창업 지원사업

NO	사 업 명	모집구분		2013년 예산(억원)
		지원대상	주관(수행)기관	
1	(서울) 청년창업 프로젝트	20~30대 청년층 중 창업의지가 있는 자	지자체, 공공기관	192
2	(부산) 청년산업 지원사업	만 18세~39세 이하 부산광역시 주민등록자	지자체, 공공기관	21
3	(부산) 여성창업 지원	예비 여성창업자 및 초기 여성기업 CEO	한국여성경제인 협회 부산지회	1
4	(부산) 모바일 앱 개발센터 운영	예비창업자 및 2년 미만 창업기업	지자체, 공공기관	9
5	(전남) 대학벤처동아리 육성 지원	9개대학 62개 동아리	지자체, 공공기관	1
6	(경북) 2030 성공창업 프로젝트	사업화 아이디어를 보유한 예비청년창업가	지자체, 공공기관	21
계				245

[출처 : 중소기업청]

▣ 창업아카데미

▶ 사업개요

○ 일반인 창업교육 : 예비 창업자(창업 1년 미만의 창업자 포함)를 대상으로 실전 창업교육을 통해 준비된 창업자 육성

○ 대학생 창업교육 : 대학 창업강좌 및 창업동아리를 지원하여 청년 창업가 육성

▶ 사업예산 및 신청자격

○ 예산 : 254억 원

○ 신청자격 : 기술창업을 준비 중인 예비창업자(팀) 및 창업 후 3년 이내 기업의 대표자(연령 등 기타 자세한 자격요건은 별도공고)

▶ 지원내용: 1년간 최대 1억 원 이내, 총 사업비 70% 이내

(창업공간, 창업코칭, 창업교육, 기술지원, 사업비지원 연계지원 등)

연락처	중소기업진흥공단 청년창업사관학교(031-490-1372,3)

▣ 청년창업사관학교 운영

▶ 사업개요 : 청년창업자를 선발하여 창업계획 수립부터 사업화까지 창업 전 과정을 일괄 지원하여 젊고 혁신적인 청년창업 CEO 양성

▶ 사업예산 및 신청자격

○ 예산 : 69.5억 원

○ 신청자격

- 일반인 창업교육 : 예비 창업자 및 창업 1년 미만의 창업자
- 학생 창업교육 : 창업강좌 수강생 및 창업동아리

▸ 지원내용: 교육생 창업준비 지원금, 멘토링비, 창업강좌·창업동아리 운영비 지원

연락처	창업진흥원 창업교육팀(042-480-4461~2)

▣ 창업 맞춤형 사업화 지원

▸ 사업개요 : 창업아이템의 사업화 지원, 대학 등 전문기관을 통한 창업지원프로그램을 제공하여 창업 성공률 제고

▸ 사업예산 및 신청자격

○ 예산 : 500억 원

○ 신청자격 :

- 주관기관 : 예비 창업자 육성지원이 가능한 민간 또는 대학 기관
- 사업참여자 : 예비창업자 및 창업 1년 미만의 기업

▸ 지원내용: 1년간 최대 5천만 원 이내, 총 사업비의 70% 이내
(제품 제작비, 마케팅비 등 창업에 필요한 초기자금)

연락처	창업진흥원 창업사업화팀 (042-480-4332)

▣ 글로벌 청년창업 활성화

▸ 사업개요 : 창업기업의 해외창업·진출에 적합한 "해외 창업 환경 및 과정" 등을 집중 코칭하여 성공적인 해외진출 지원

▸ 사업예산 및 신청자격

○ 예산 : 20억 원

○ 신청자격 : 예비 창업자 및 창업 후 5년 이내 기업

▶ 지원내용: 해외 연수·보육프로그램 참여 비용 지원

○ 국내연수 : 사업모델 현지화를 위한 이론 및 실습 프로그램
현지보육 : 현지BI 입주공간 제공, 멘토쉽 프로그램 등

연락처	창업진흥원 창업사업화팀 (042-480-4331, 4333)

▣ 실전창업리그

▶ 사업개요 : 창업경진대회를 개최 "우수 창업아이템 발굴 및 창업 분위기"를 제고하여 대국민 창업 마인드 제고

▶ 사업예산 및 신청자격

○ 예산 : 17억 원

○ 신청자격 :

- 운영기관 : 창업경진대회 운영 및 창업사업화 지원 경험이 있는 민간 또는 대학 기관
- 대회 참여자 : 예비창업자 및 창업 1년 미만의 기업

▶ 지원내용: 창업경진대회를 통한 우수 창업아이템 발굴, 창업아이템 사업화 지원(시제품 제작, 특허출원 등), 홍보를 통한 창업분위기 조성 등

연락처	창업진흥원 창업확산팀 (042-480-4357)

▣ 1인창조기업 비즈니스센터

▶ 사업개요 : 1인 창조기업에 대한 사무공간, 세무·법률에 대한 전문가 상담 및 교육, 경영지원 등 사업화 지원

▶ 사업예산 및 신청자격

○ 예산 : 60억 원

○ 신청자격 :

- 운영기관 : 1인 창조기업 대상 경영지원 등 센터의 설치목적 구현을 위한 서비스 제공이 가능한 법인 또는 단체
- 지원대상(이용자) : 1인 창조기업 및 1인 창조기업 예정자

▶ 지원내용 :

○ 사무공간 및 회의실, 상담실, 창조카페 등 비즈니스 공간 지원 및 세무·법률·특허 등 전문가 상담, 교육 등의 경영지원

○ 1인 창조기업과 외부기관(기업) 간 프로젝트 연계 및 수행기회제공, 지식서비스 거래 및 사업화 지원(특화센터)

▶ 신청기간 : 연중 수시

▶ 신청방법 :

○ 운영기관 : 창업넷(www.changupnet.go.kr)에서 사업계획서 양식 다운로드 → 관리기관(지방청)에 신청접수

○ 지원대상(이용자) : '1인 창조기업 패밀리카드'를 발급 후 전국센터 이용

※ '1인 창조기업 패밀리카드' 발급 방법

① 창업넷(www.changupnet.go.kr)에 1인 창조기업으로 회원가입)

② 이용 희망 「1인 창조기업 비즈니스센터」에서 확인 후 즉시 발급

▣ 1인 창조기업 사업화 지원

▶ 사업개요 : 1인 창조기업의 사업화 역량 제고를 위한 맞춤형 마케팅 지원

▶ 사업예산 및 신청자격

○ 예산 : 50억 원

○ 신청자격 : 1인 창조기업 또는 예비창업자(1인 창조기업분야)

▶ 지원내용 : 1인 창조기업의 지식 또는 지식산출물의 마케팅에 필요한 비용 중 일부

* 기업에 필요한 마케팅 세부 분야 총 소요비용(계약금액)의 80%, 2,000만 원 한도

▶ 신청방법 :

○ 운영기관 : 창업넷(www.changupnet.go.kr)에서 사업계획서 양식 다운로드 → 온라인 신청 접수

연락처	창업진흥원 지식창업팀 (042-480-4383)

▣ 앱 창작터

▶ 사업개요 : 스마트 앱 개발자 양성 및 창업지원을 위한 전문기관 지정·운영

▶ 사업예산 및 신청자격

○ 예산 : 67억 원

○ 신청자격 :

- 운영기관 : 스마트 앱 개발 및 창업 지원 지역 거점 역할을 수행할 대학 등 전문기관

- 지원대상 : 스마트앱 예비창업자 및 창업초기(1년 미만) 기업

▸ 지원내용 : 창업경진대회를 통한 우수 창업아이템 발굴, 창업 아이템 사업화 지원(시제품 제작, 특허출원 등), 홍보를 통한 창업분위기 조성 등

연락처	창업진흥원 창업확산팀 (042-480-4357)

▣ 참살이 실습터 운영

▸ 사업개요 : 기술·전문지식으로 부가가치를 창출하는 Well-Being 분야 교육 및 창업지원 전문기관 지정 운영

▸ 사업예산 및 신청자격

○ 예산 : 18억 원

○ 신청자격 : Well-Being 분야 기초지식을 갖춘 예비창업자 및 취업희망자에 대해 실전 창업교육이 가능한 전문기관

▸ 지원내용 : Well-Being 분야 창·취업에 필요한 실무교육 지원

연락처	창업진흥원 지식창업팀 (042-480-4389)

▣ 청년전용창업자금

▸ 사업개요 : 우수 아이디어를 보유한 청년층의 창업초기 자금공급으로 창업 촉진 및 일자리 창출

▸ 사업예산 및 신청자격

○ 예산 : 1,300억 원

○ 신청자격 : 만 39세 이하 예비창업자 및 창업 3년 미만 기업

▸ 지원내용 : 자금융자 및 교육·컨설팅

○ (융자) 금리 및 기간 : 연 2.7% 고정, 3년 이내(거치기간 1년 포함)

○ (교육·컨설팅(융자상환금 조정형)) : 연수원(안산, 호남, 대구경북) 집합교육 (4박5일)을 통해 체계화, 집중화된 교육· 컨설팅 제공

연락처	중소기업진흥공단 각 지역 본(지)부 및 은행 본(지)부

▣ (서울) 청년창업 프로젝트

▸ 사업개요 : 우수한 창업아이템을 보유한 청년층을 선발·지원하여 성공창업을 유도하고 청년실업난 극복에 기여

▸ 사업예산 및 신청자격

○ 예산 : 192억 원

○ 신청자격 : 20~30대 청년층 중 참신한 아이템과 창업 의지가 있는 자

▸ 지원내용 : Well-Being 분야 창·취업에 필요한 실무교육 지원

○ 창업공간 제공 : 1인당 10㎡

○ 창업활동비 지급 : A~C등급(100만원~50만원), D등급 미지급

○ 창업교육, 코칭, 컨설팅, 홍보, 마케팅, 판로개척 등 지원

연락처	강북청년창업센터 070-8667-2030

▣ (부산) 청년창업지원사업

▸ 사업개요 : 예비청년창업자를 모집하여 창업공간, 교육, 창업활동비 지급, 컨설팅, 마케팅, 자금지원 등 원스톱 창업지원

▸ 사업예산 및 신청자격

○ 예산 : 21억 원

○ 신청자격 : 만 18세~39세 이하 부산광역시 주민등록자

▸ 지원내용 : 창업공간, 창업활동비, 교육, 컨설팅, 자금 등

연락처	부산광역시 기업지원과 051-888-5632

▣ (부산) 여성창업지원

▸ 사업개요 : 창업 희망 여성에게 유용한 지식과 정보 제공을 통한 여성 창업 활성화 및 여성 경제활동 참여 기회 확대

▸ 사업예산 및 신청자격

○ 예산 : 1.7억 원

○ 신청자격 : 예비 여성 창업자 및 초기 여성기업 CEO

▸ 지원내용 :

○ 정보제공 : 적성검사, 창업상담, 경영상담

○ 창업강좌 : 창업사전준비절차, 업종별 창업실무

○ 창업보육실 운영 : 예비창업자 창업경험 축적 등

연락처	부산광역시 여성정책담당관실 051-888-2981

▣ (부산) 모바일 앱 개발센터 운영

▸ 사업개요 : 청년실업 해소, S/W 산업육성, 신성장동력 발굴 등을 위하여 민/관/산/학이 공동 참여하는 부산 모바일 앱 개발센터 운영으로 모바일 앱 개발 전문인력 양성 및 1인 창조기업 창업활동 지원

▶ 사업예산 및 신청자격

○ 예산 : 9억 원

○ 신청자격 : 예비창업자(팀) 또는 창업 후 2년 이내인 자

▶ 지원내용 : 창업지원실, 창업자금, 전문인력 양성 등

연락처	부산광역시 유시티정보담당관실 051-888-4562

■ (전남) 대학벤처동아리 육성 지원

▶ 사업개요 : 예비창업활동 장려 및 청년창업 활성화를 위하여 우수한 창업아이템을 보유한 대학 벤처동아리에 시제품제작 등 사업화 지원

▶ 사업예산 및 신청자격

○ 예산 : 1.6억 원

○ 신청자격 : 9개 대학 62개 동아리

▶ 지원내용 : 창업아이템 연구개발, 창업컨설팅, 시제품 제작·판매 등

연락처	전라남도 일자리창출과 061-286-3742

■ (경북) 2030 성공창업 프로젝트

▶ 사업개요 : 대학·연구기관을 운영기관으로 선정, 해당기관이 보유한 창업 인프라를 활용하여 예비창업가의 창업 활동 지원

▶ 사업예산 및 신청자격

○ 예산 : 21억 원

○ 신청자격 : 사업화 아이디어를 보유한 예비청년사업가(만18~39세)

▸ 지원내용 :

○ 창업공간 제공 : 대학 창업보육센터 등 활용

○ 창업강좌 : 공모를 거쳐 1인당 500~1,000만 원 창업자금 지원

○ 기타지원 내용 : 교육, 컨설팅, 우수사례 발굴 홍보 등

연락처	경상북도 일자리창출단 053-950-3947

▣ 청년창업 특례보증

기술보증기금에서 지원하는 청년 창업 특례보증은 청년사업가의 아이디어가 상품화될 수 있도록 청년창업에 특화된 제도를 마련하여 청년의 창업기회를 확대하기 위해 도입되었다. 대상기업은 창업 후 3년 이내로, 대표가 만 20~39세 이하인 기술 창업기업이며, 대상 자금은 창업 및 운영을 위한 운전자금, 사업장 임차자금 및 시설자금이다. 각 기업 당 지원 한도는 보증금액 3억 원 이내로 하고 있으며, 보증료는 연 0.3% 고정요율을 적용하며 부분보증비율은 95%를 적용하는 것을 원칙으로 하되, 창업 후 1년 이내 기업 또는 보증금액 1억 원 이하는 전액보증 적용이 가능하다.

또한, 기술보증기금은 일자리 창출과 창업 분위기를 확산시키기 위해 기술창업기업의 특성을 고려하여 맞춤형 창업보증지원을 하고 있다. 대상기업은 창업 후 5년 이내의 특성별로 구분된 6대 창업육성분야(1인 창조기업은 업력 제한 없음)에 해당되는 기업이다.

김우중 사관학교 YBM 베트남 연수생들의 생활

새벽 5시30분 기상... 점호·음주규제 등 규율 엄격
베트남語·금융·무역 등 하루 9시간씩 10개월 공부

새벽 5시 30분 베트남 하노이 국립사범대학의 외국인 기숙사동 4·5층에 불이 켜졌다. 4인 1실의 방마다 체육복으로 갈아입은 20대 남녀 청년들이 눈을 비비며 나와 기숙사 앞 공터에 모였다. 체조를 끝낸 후 '하나' '둘' 구령 소리를 내며 구보를 시작했다. 대학 주변을 두 바퀴 도는 2.5㎞ 코스다.

이 대학에서 YBM 연수생들은 '김우중 사관생도'로 불린다. 섭씨 30도를 넘는 날씨에도 아침마다 구보하고 눈에 불을 켜고 공부하는 모습을 보고 현지인들이 붙여준 이름이다. 10개월의 교육과정은 절반 이상이 베트남어 공부이고, 이외 비즈니스 영어와 회계·금융·무역 등의 실무를 배운다. 수업·자습 등 공부하는 시간을 합치면 하루 평균 9시간에 달한다.

하루 세끼는 현지식이다. 아침에 쌀국수, 점심·저녁은 '껌(COM)'이라고 부르는 현지식 백반이다. 군대에서나 볼 법한 점호(點呼)도 있다. 밤 10시 기숙사 방에서 하루 일과를 정리하는 점호를 끝내고 11시 반까지 베트남어로 일기를 쓴다. 김호범 글로벌 YBM교육팀장은 "인내하고 절도 있는 생활을 습관화하자는 것이 김우중 회장의 뜻"이라고 말했다. 생활 규율도 엄격해서 술은 1주일에 맥주 2캔으로 정해져 있다. 한 캔을 더 마실 때마다 5점의 벌점이 매겨진다. 아침 구보에 이유 없이 빠지면 5점, 지각은 3점이다. 이런 식으로 벌점 100점을 넘기면 퇴소당하고 귀국해야 한다.

학생들은 모두 한국에서 대학을 졸업한 뒤 3대 1의 경쟁률을 뚫고 선발돼 새로운 기회를 찾아온 젊은이들이다. 연수생들은 이구동성으로 "해외에서 꿈을 찾기 위해 왔지만 그렇다고 나를 친구들과 다른 특별한 사람이라고 생각하지 않는다"고 했다. "한국의 젊은이들은 꿈을 잃어버

린 게 아니다. 꿈은 있는데 그 꿈을 펼칠 공간이 없었다"는 말도 나왔다. 한서대 장애인보조기기 학과를 나온 강승운 씨는 "젊은이들이 대기업 취업을 1순위로 잡고 이를 위해 토익을 공부하고 스펙을 쌓는 현실이 답답했다"고 말했다. 연수생 중에는 박은솔·진감 남매도 끼어 있다. 동생 진감 씨는 아주대 건축공학과 재학 시절 모바일 관련 창업을 했던 사업가였다. 이 남매는 앞으로 베트남에서 IT 관련 사업을 벌인다는 계획이다. 경북외대를 나온 김대희 씨의 꿈은 개도국에서 정화조·변기 관련 사업을 벌이는 것이다. 중고차 매매 사업에 관심이 있는 김준현 씨는 이미 남태평양 바누아투에서 중고차 무역을 해본 경험이 있다.

작년 말 졸업한 1기생 33명은 100% 현지 기업에 취직했다. 장갑 제조업체 ㈜하이비나에 취직한 김보원 씨는 "단체 생활을 하며 앞으로 사업가로서의 삶을 준비했다"고 말했다. 인테리어업체인 '은민'에 취직한 고민정씨는 김우중 회장에게서 '도전'을, 고진선 씨는 '열정'을 배웠다고 했다.

[출처: 조선일보, 2013.4.30]

7. 청년창업 성공사례

엔씨소프트 사장 김택진, NHN 이사회 의장 이해진, 해외로 눈을 돌리면 애플의 스티브잡스, 페이스북의 마크 주커버거. 이 인물들의 공통점은 누구도 생각하지 못했던 실현 불가능하다고 여겨지던 영역에 창의성과 열정으로 무장하여 실패를 두려워하지 않고 도전하여 오늘날 기업의 막대한 성공은 물론 사고의 패러다임을 바꾸어 놓았다는 점일 것이다. 위에서 언급한 성공사례들은 창업보다는 취업을 상대적으로 선호하며, 직업의 안정성을 가장 중요하게 생각하는 경향이 있는 우리 청년들에게 시사하는 바가 크다. 20·30대의 젊은이들이 취업을 위한 '스펙 쌓기'에 열중하기보다는 자신의 인생 목표를 설정하고 이를 주도적으로 실현할 수 있는 청년창업에 도전하는 것이 단기적으로는 일자리 창출의 역할뿐만 아니라, 장기적으로 국가의 미래 경쟁력을 확보할 수 있는 기반을 마련해 줄 수 있기 때문에 매우 중요하다.

◆ 이것이 청년 기업가정신

케냐에 놀러 간 이영주 소울오브아프리카(SoA) 대표(29·여)는 현지 예술가들의 그림을 팔면 돈이 될 거라고 생각했다. 케냐 화가들의 작품은 유럽 회화처럼 고급스러웠지만 훨씬 쌌기 때문이다. 그는 한국에 돌아와 친구 2명과 사업을 위한 팀을 꾸렸다. 그러나 사업 계획을 구체화하려고 7월 말 케냐에 이어 탄자니아에 있는 '팅가팅가' 예술인 협동조합을 방문하면서 생각이 180도 바뀌었다.

"그곳 화가들에겐 저작권에 대한 개념이 없어요. 유럽 바이어들이 책상에 500달러를 올려놓고 그 작가의 모든 작품에 대한 평생 저작권을 달라고 한답니다. 당장 생계가 막막한 화가들은 계약서도 보지 않고 서명을 합니다. 영국 BBC가 판권을 갖고 있는 '팅가팅가 이야기'도 화가들의 그림을 갖다 쓰고는 값을 지불하지 않았다고 하더군요." 이 대표는 탄자니아 화가들에게 '정당한 수입원'을 만들어 주기로 결심했다. 화가들에게 지식재산권에 대해 교육하고 그들의 작품을 제값에 사온 뒤 국내 애니메이션이나 캐릭터 등 콘텐츠산업과 접목해 부가가치를 높이겠다는 계획을 세웠다. 그는 "이달 말 케냐와 탄자니아에서 사온 작품 30점을 전시해 국내 소비자들의 선호도를 조사할 계획"이라며 "다음 답사 땐 저작권 및 상품화 전문가와 함께 갈 것"이라고 말했다.

이 대표가 탄자니아의 지식재산권 보호사업을 본격 진행하게 된 것은 '파이어니어 빌리지 더 나눔' 프로젝트에 참여하면서다. KDB산업은행이 주최하고 한국청년기업가정신 재단이 주관하는 이 프로젝트는 국내 청년들이 해외 빈민촌을 찾아가 현지인들에게 도움을 주는 창업 아이템을 만들도록 지원한다. 최근 국내 창업이 미국 실리콘밸리식 정보통신기술(ICT) 분야에 치우쳐 있다는 점을 감안해 후진국에서 창업을 통해 사회적 가치를 창출해 보자는 시도다.

◆ 공정무역을 통한 사회적 가치 창출

'1밀리미터 액트'라는 팀을 꾸린 서유나 씨(26·여)와 이명상 씨(26)는 아프리카 최빈국 말라위에서 곡물 유통사업을 준비하고 있다. 둘은 최근 1년간 비정부기구(NGO)를 통해 말라위에서 봉사 활동을 했다. 특히 이 씨가 열매나눔재단 농업분과에서 시세 차익을 이용해 곡물을 사고판 뒤 남은 돈을 자선 활동에 재투자하는 일을 맡으면서 사업성을 발견했다. 둘은 7월 말 다시 말라위를 찾았다.

"형편이 어려운 농부들은 1년에 옥수수를 2t가량 생산하는데 당장 돈이 없다 보니 수확기인 6월에 재배한 옥수수를 모두 내다 팝니다. 이듬해 2월 춘궁기가 되면 값이 4, 5배는 오른 옥수수를 사 먹어야 해요. 저희가 만났던 콴지 마을의 추장도 옥수수 시세를 몰라 반값에 팔 정도로 농부들이 손해를 보고 있습니다."

이들은 말라위에서 옥수수 제값 받아주기 운동을 통한 곡물 유통사업을 준비하고 있다. 농부들이 수확기에 옥수수, 땅콩, 콩 등 농산물을 가져오면 그에 상응하는 현금을 줄 계획이다. 이때 '서로 동의한 가격이 됐을 때만 옥수수를 내다 판다'는 계약서를 쓰기로 했다. 농부들의 이익을 침해하지 않고 투명하게 사업을 하겠다는 일종의 약속이다. 이후 곡물을 안전하게 보관하다 적정 가격에 곡물을 팔고 사업을 유지하는 데 필요한 이익을 제외한 나머지를 농부들에게 나눠줄 계획이다.

디자인 전공자 3명으로 구성된 '에이(A) 디자인' 팀은 영화 '슬럼독 밀리어네어'의 배경인 인도 최대 빈민가 다라비에서 수질 개선 사업을 꿈꾸고 있다. 평소 대학과 대학원에서 배운 디자인을 어떻게 의미 있게 쓸 수 있을지 고민하던 차에 이 프로젝트를 접하고 인도로 떠났다. '에이(A) 디자인'팀원들이 다라비에 가보니 아이들이 썩어 고여 있는 물에서 맨발로 물장구를 치며 놀고 있었다. 이 때문에 각종 질병으로 고통받는 아이가 많았다. 재활용 사업, 가죽공예 등 다양한 아이디어를 내봤지만 당장 돈을 벌어다주는 것보다는 생명을 위협하는 환경을 개선하는 것이 중요하다는 생각에 하수정화장치 아이디어를 낸 것이다. 이들은 인도 건설현장에서 철근 대신에 튼튼한 대나무를 많이 사용한다는 것을 발견하고 대나무를 파이프처럼 이용하기로 했다. 지름이 5~15cm로 다양한 크기의 대나무를 연결해줄 수 있는 모듈을 개발해 여기에 펌프와 정수기를 연결하는 사업으로, 이 프로젝트가 성공한다면 인도뿐 아니라 다른 국가의 빈민촌에도 적용 가능할 계획을 갖고 있다. 이러한 사업모델은 미국에서 기업가정신 교육 분야에서 최고로 꼽히는 뱁슨칼리지의 창업 수업에서 차용한 모델이다.[57)]

[청년 벤처의 도전]

◆ 수제작 원목가구 업체 '카레클린트'

카레클린트는 치열하다는 국내가구 시장에서 북유럽스타일 원목가구 시장을 만들었으며 월 매출 4억 원이 넘는 예비 신혼부부들이 가장 갖고 싶어하는 원목가구 브랜드로 자리 잡았다.

"대한민국 보통 신혼부부가 최상등급의 오크 나무를 소재로 한 수제작 원목 가구를 부담 없이 신혼 가구로 선택할 수 있도록 하는 게 목표입니다." 국내 수제작 원목가구 업체 카레클린트의 안오준 대표는 최근 10개월여간의 준비기간을 거쳐 선보인 오크 나무를 주소재로 사용한 신제품을 통해 고가의 가구로 인식됐던 오크 가구와 일반 소비자들 간의 괴리를 줄여보겠다는 야심을 밝혔다.

카레클린트 퍼니처는 20대 후반의 정재엽, 탁의성, 안오준 대표가 설립한 100% 수제 원목가구 브랜드다. 홍익대 목조형가구학과 입학 동기인 이들은 자신들이 배운 가구 디자인을 자신들의 의지대로 마음껏 펼쳐 보이겠다는 마음이 통해 지난 2010년 9월에 맥주 한 잔 나누는 자리에서 취업 대신 창업을 결심했다. 그 자리에서 국내 가구산업의 현실, 고급 디자인을 갖춘 원목가구 시장의 성장 가능성에 대해 열띤 토론을 했다.

탁 대표는 "서로가 원하는 바가 놀랍도록 같았다. 이후로 사업준비가 일사천리로 진행됐으며, 셋 다 우리만의 가구 브랜드로 국내 대중 소비자들에게 고품질의 원목가구를 선보이자는 데 이견이 없었다"고 말했다. 각자 아르바이트와 지인들로부터 십시일반 모은 3,000만 원으로 홍대 앞 반지하 사무실을 얻어 사업을 시작했다. 그렇게 의기투합한

지 2년, 치열하다는 가구 시장에서 북유럽 스타일 원목가구 시장을 형성시켰고, 현재 월 매출 4억 원이 넘는 원목가구 브랜드로 자리 잡았다. 비결은 기존에 찾아보기 어려웠던 고품질의 합리적인 가격대 원목가구를 선보인 것. 그리고 대중이 그런 가구를 찾고 있다는 것을 앞서 읽은 것이다.

정 대표는 "기존 가구 시장에는 저렴한 원목을 사용해 주문자상표부착생산(OEM) 방식으로 제작하거나 중밀도섬유판(MDF)에 무늬목을 붙여 만든 저가의 품질 낮은 가구와 100% 원목으로 디자이너가 직접 수제작한 고가의 가구 등 크게 두 가지가 있었다"며 "단단하고 질 좋은 원목만을 사용한 수제작 원목가구의 멋을 살리면서도 유통마진을 최대한 줄인 합리적인 가격의 고품질 원목가구를 선보인다면 충분히 승산이 있다고 생각했다"고 말했다.

그렇게 카레클린트는 자신들이 직접 디자인하고 AA급 에스토니아산 자작나무를 주소재로 한 원목가구를 선보였다. 첫 소파 시제품을 만들 때 전국의 가구 장인들을 찾아다니는 발품 끝에 이들의 열정에 반한 30년 경력의 가구 장인과 인연이 닿았다. 당시 일감이 없어 쉬고 있던 가구 장인들이 카레클린트의 성공으로 일감이 늘어 지금은 연중 쉴 새 없이 가구 제작하는 소리와 배송차량의 잦은 왕래로 2년 전만 해도 문을 닫았던 가구 공장에 활력이 넘친다.

주말마다 많은 커플들이 가구 구입 겸 데이트 장소로 방문하는 서울 청담동 카레클린트 본점 쇼룸은 가구 쇼룸에 카페 콘셉트를 적용시켜 커피를 즐기며 가구를 자유롭게 체험할 수 있는 이색공간이 됐다.

매장은 카페 스타일로 연출했는데 혼수를 보러온 예비 신혼부부가 커피 한 잔 마시러 왔다가 가구를 구경하도록 의도한 것이다. 부담스러운 것을 싫어하는 젊은 사람들을 겨냥한 마케팅 전략이었다. 현재 카레클린트는 카페 기능을 더욱 강화하고 카레클린트 가구들로 인테리어를 꾸민 '카레클린트 더카페'라는 퍼니처 카페 사업도 하고 있다. 현재 홍대점을 비롯해 김해점, 수원점을 잇따라 오픈했고 전국에서 개점 문의가 쇄도하고 있다. 특히 수원점은 국내에서 최초로 24시간 가구를 쇼핑할 수 있는 곳으로 차별화해 업계의 주목을 받았다.

국내 수제 원목가구의 대중화를 이끌면서 퍼니처 카페라는 신개념 쇼룸을 선보이고, 가구업계 불문율이라는 제작 전 과정을 투명하게 블로그를 통해 공개하는 등 이들의 새로운 시도는 최근 사회 트렌드인 창조경제의 대표 사례로 각종 미디어를 통해 앞다퉈 소개되기도 했다. 안 대표는 "최근 카레클린트의 제품은 물론 홈페이지 및 블로그까지 교묘히 모방하는 업체들이 생겨나고 있어 난감하기도 하다"며 "하지만 우리가 지속적인 혁신을 통해 차별화시켜 나가야 하는 것이 선도업체로 사명이라고 생각한다"고 말한다.[58)]

[소호 창업]

◆ 나는 최고의 일본 무역상이다 '보따리상에서 일본 무역의 베테랑이 되기까지...'

대학 시절 일본 오사카로 떠나는 배 안에서 우연히 만나게 된 어느 보따리상 할머니를 통해서 나는 처음 일본 보따리상을 접하게 되었고 일본 소호 무역이라는 것을 알게 되었다. 일본의 선진화된 상품을 내 손으로 직접 수입해서 국내에 창업을 할 수 있다는 소호 무역에 강한 매력을 느낀 나는 결국 등록금 마련을 위해서 아르바이트를 통해 모아 놓은 300만 원이라는 자본금과 간단한 인사말조차 모르는 일본어 실력, 그리고 제대로 된 무역 관련 지식 하나 없이 무작정 그 세계에 뛰어들었고 그렇게 벌써 5년이라는 시간이 흘렀다.

대학 시절 중 가장 중요한 시기에 학교를 그만두고 아무런 능력과 경험도 없이 창업을 결심했을 때에는 가족은 물론 주위의 모든 사람들이 반대했다. 하지만 언제나 나를 힘들게 했던 가족들의 경제적인 어려움과 대학 졸업 후 취업과 미래에 대한 두려움을 해결해 줄 수 있는 유일한 방법은 창업을 통한 성공이라고 나는 믿었으며 그 성공을 위해서 지금까지 앞만 보고 달려온 것이다.

그렇게 남들보다 턱없이 부족한 능력과 경험을 이겨내기 위해서 갖은 노력을 했으며 지금은 사업적인 성공은 물론 일본이라는 나라의 선진화된 아이템과 마케팅을 연구하여 국내에서 창업을 준비하는 많은 창업 희망자들을 위한 강의와 컨설팅까지도 하고 있다.

만약 지금 이 순간 자신의 단점이나 부족한 능력에 실망을 느끼고 어떤 일을 시작도 하기 전에 포기하려 한다면 평생 그저 그런 평범하고 별 볼 일 없는 삶을 살게 될 것이라고 나는 감히 말할 수 있다.

나는 여러분에게 무엇인가 새로운 준비를 하고 새로운 시작을 통해 성공을 희망한다면 지금 당장 무엇이라도 시작하고 끊임없이 도전해 보기를 권한다.

창업을 준비하기 위해서 컴퓨터에서 관련 지식을 뒤적거리고 주위 사람들에게 조언을 구해봤자 아무것도 남는 것은 없다. 맞아봐야 얼마나 아픈지를 깨달을 수 있고, 맛을 봐야 맛이 있는지 없는지 알 수 있듯이 모든 것은 직접 경험하고 느껴봐야 본인의 것이 되는 것이다.

◆ 나도 이제 쇼핑몰 사장님, '온라인 쇼핑몰'

자신만의 아이템이 정해지고 수입까지 모두 완료되었다면 이젠 한국 시장에서 상품을 알리고 판매하는 절차가 남았다. 소자본 창업의 가장 대표적인 방법이 '온라인 쇼핑몰' 창업이다. 필자도 처음 일본에서 가져온 상품을 온라인에서 판매를 시작했으며 아직까지도 온라인 쇼핑몰에서 상품을 판매하고 있다. 이렇듯 많은 사람들이 온라인 쇼핑몰을 통해 창업을 희망하는 이유는 소자본으로도 얼마든지 자기만의 가게를 온라인상에 만들어서 대한민국 모든 사람을 상대로 상품을 알리고 판매할 수 있다는 매력 때문이다.

하지만 온라인 쇼핑몰이라고 결코 만만하게 생각해서는 큰코다친다. 이미 수만 개의 쇼핑몰이 온라인 시장에서 경쟁 중이며 지금 이 순간에도 새로운 쇼핑몰이 생겨나고 있다. 철저한 준비를 통해 고객들의 마음을 한 번에 사로잡을 수 있는 마케팅과 상품으로 승부를 해야만 살아남을 수 있다.

시작이 절반이라는 말이 있다. 두려움 때문에 원하고 생각하는 일을 시작도 하지 않는다면 평생 자신은 그 자리에 머물러 있기만 할 것이다.[59]

[청년 사회적 기업 창업 사례]

◈ 강연 비즈니스 전문기업 '마이크임팩트'

청년 사회적 기업가들이 두각을 드러내면서 사회적 기업의 정체성 또한 변화하고 있다. 과거 사회적 기업이 동정에 호소하며 정부 지원금으로 명맥을 유지했다면, 청년들이 이끌어가는 사회적 기업은 수익모델을 만들고 자생력을 갖춘 독립적인 기업으로 출발한다.

국내 최초 강연 비즈니스 전문기업 마이크임팩트는 서울시에서 진행하는 청년 창업 1000 프로젝트에 선정돼 서울시의 여러 지원을 받아 창업에 성공했다. 청년창업 1000 프로젝트는 서울시가 우수한 창업 아이템을 보유하고도 창업 공간 및 자금 등이 부족해 창업에 어려움을 겪는 20~30대 예비 창업인을 지원하는 사업이다.

서울시 자료에 따르면 지난 1년간 지원한 청년창업 1000 프로젝트 1기 참가자 중 60%가 창업에 성공했다. 지원기간 동안 총 1,735명의 일자리 창출 효과와 매출을 냈다고 한다. 마이크임팩트는 서울시 강남청년지원센터로부터 청년 창업 우수 성공 사례로 인정받았다.

한동헌 대표(29)가 2012년 7월 창업한 마이크임팩트는 강연으로 청중에게 긍정적인 동기, 감동적인 스토리, 가치 있는 지혜를 제공해 사회에 긍정적인 임팩트를 만들어내는 사회혁신기업이다. 강연의 콘셉트 및 전하고자 하는 메시지를 정하고, 적합한 연사를 선정한 뒤 무대 분위기까지 연출한다. 주로 강연을 기획하지만 직접 강연을 주최하기도 한다. 서울 여의도 한강공원 플로팅 스테이지에 열린 '청춘 페스티벌'이 좋은 예다. 이곳에선 그동안 이런 강연을 300회 기획하고 총괄했다. 미래의 기업들은 물건이나 서비스가 아닌 꿈과 스토리를 팔게 될 것이라는 생각 속에서 마이크임팩트는 이 시대의 롤 모델과의 만남을 통해, 꿈과 열정을 심어준다는 점을 경쟁력으로 삼는다. 이를 위해 현재 롤 모델 강사를 3,000명 확보하고 있으며, 여기에는 유명인사뿐만 아니라 강연을 통해 사람의 인생을 바꾸고 세상을 바꿀 수 있는 임팩트 있는 스토리를 가진 사람들도 포함되어 있다.

경영컨설팅 회사에서 컨설턴트로 일하던 그는 친구들끼리 한 번 재미있고 의미 있는 일을 해보자는 생각을 했고, 이에 자본도 인맥도 없었지만 친구들과 강연콘서트를 기획했다. 그는 2009년 3월 14일 힘들어하는 청춘들에 꿈과 열정을 심어주기 위해 고려대학교 체육관에서 공병호, 유수연, 김태원, 션, 신해철, 노홍철 등 유명 강사를 초빙한 강연콘서트를 열었는데 생각보다 반응이 뜨거웠고, 강연 후 '미래를 다시 생각해 볼 기회가 됐다', '가슴 뛰는 일을 고찰할 수 있는 좋은 계기가 됐다'는 등의 평을 듣고 이런 일에 대해서 진지하게 생각하게 되었다.

그 이후 창업을 결심한 그는 다니던 회사를 그만두고 서울시에서 진행한 청년 창업 프로젝트를 통해 창업했다. 서울시로부터 1년 동안 가든파이브 공구상가 5층 사무공간(3~5㎡)과 책상, 의자, 파티션 등 사무용 집기 등을 무상으로 지원받았으며, 창업아이템 개발 및 활동비로 매달 월 100만 원가량을 지원받고 있다. 그는 창업을 준비하며 자금 조달과 판로 개척이 가장 힘들었지만, 서울시 지원이 큰 도움이 됐다고 설명했다.

"저는 창업을 통해 진정한 자기 자신의 모습으로 살 수 있다고 생각합니다." 진정으로 자기가 원하는 분야의 일을 통해 꿈을 이루는 청년들이 많아진다면 지금처럼 스펙을 쌓아올리기만 하는 대학생들의 모습이 변화할 수 있을 것이다. 60)

[대학생의 새로운 창업 문화]

◆ 말실력 향상 프로젝트 '말빨연구소 U&U'

U&U 이지연 대표가 졸업을 앞두면서 취업을 선택하지 않고 창업을 선택한 이유는 대학생활에서의 천편일률적인 스펙 열풍 가운데 진정한 의미의 성공과 스펙을 지향하여 차별화된 나의 삶을 위한 대학생 문화를 고민했기 때문이다.

이 대표는 대한민국의 평범한 대학생처럼 스펙을 잘 쌓아 취직을 하기 위해 노력하던 중 '나는 무엇을 위해 끊임없이 나를 남과 비교하며 자신을 그들과 똑같이 만들어가고 있는 걸까?' 깊은 고민 끝에 명쾌한 답을 내렸다. 다람쥐 쳇바퀴처럼 남들과 똑같은 삶이 아닌 나만의 길을 개척하겠다는 것이다.

취업 성공으로 가기 위한 중요한 과정인 면접, 사회생활에서의 프레젠테이션 능력, 여러 상황들 속에서 자신의 이야기를 백 퍼센트 전하고자 하는 건 결코 쉬운 일이 아니다. 전 세계 젊은이들이 스티브잡스에 열광하는 이유 중 하나는 그의 남다른 프레젠테이션 능력일 것이다.

말빨연구소는 기존의 화술을 강의하는 곳과는 달리 자율 기부식 수강료를 통해 접근성을 최대한 높였다. 면접, 프레젠테이션 등 각계의 전문가들이 멘토로 나서서 한 달에 한 번씩 재능기부로 강연을 한다. 또한 온라인 커뮤니티를 통해 멘토들의 노하우가 담긴 정보를 공유하기도 한다.

이 대표는 '말빨연구소'를 2년간 차근차근 준비했다. 대학생의 새로운 문화를 만들어 보자는 계획 아래 온라인과 지인들을 통해 30여 명의 대학생 운영단을 모집하고 새로운 문화를 이끌어가기 위한 차별화된 아이템을 구상하기 시작했다. 서울시와 서울통상산업진흥원에서 실시하는 청년창업 1000 프로젝트에 선발되면서 더욱 탄력을 받았다. 창업 초기에는 카페 회의 공간에서 눈치를 보며 일했지만 버젓한 사무실이 생겼기 때문에 대학생 운영진들이 활동할 수 있는 구심점이 생긴 것이다. 다양한 창업 교육과 멘토링, 코칭시스템을 통해서 많은 도움을 받았고, 같은 업종에서 창업을 준비한 선배들을 만나 서로 간의 정보를 공유하는 그룹미팅이 정보를 얻는 데 큰 도움이 되었다. 강북청년창업센터에서 창업에서 놓칠 수 있는 세부적인 사항까지 지원을 받아 시행착오를 줄여주는 효과가 있었다.

창업에 따른 어려움 중에 '사람'을 꼽았다. 함께 일하는 사람들이 대학생들의 자원을 통해서 운영진이 구성되기 때문에 때때로 소통의 문제가 발생된다고 한다. 이 대표는 내가 하는 말을 남이 잘 듣게 하는 것이 말빨이 아니라, 듣는 이가 원하는 말을 해줄 수 있는 능력, 즉 소통을 잘 이끌어 내는 힘이 바로 말빨이라고 정의를 내린다. 이러한 소통을 중요시하는 태도는 U&U 활동의 근본적인 방향이자 이 대표 삶의 모토이기도 하다.

"소위 말하는 스펙들, 저 역시도 취업을 준비했기 때문에 갖고 있고 그렇기에 더 확실하게 말할 수 있어요. 저는 남들보다 뒤처질까 노심초사하며 스펙을 준비하던 때보다 하루하루가 예측불가능인 지금이 더 행복합니다. 제가 관심 있어 하고 좋아하는 분야의 일을 찾아서 한다는 만족감이 너무 좋아요. 이제는 스펙터클한 내일이 즐겁거든요."[61]

[고등학생 창업 성공 사례]

◈ '낮에는 학생, 밤에는 사장님'

한승지 사장(17)은 낮에는 고등학교 2학년 학생으로 학업에 열중하며, 저녁에는 오픈마켓에서 스타킹을 판매하는 당차고 어엿한 고등학생 사장님이다. 한 사장은 대중교통 운전기사와 대형마트의 판매원 등 힘든 생업에 종사하시는 부모님을 보고 자라 비교적 일찍 현실에 눈을 떠 초등학교 시절 주말이면 나눔 장터에서 물건 판매, 온라인 중고카페를 통한 상거래 등 어린 나이에 경제활동을 시작했다. 또래의 학생이라면 현실을 비판하거나 좌절할 수 있겠지만 한 사장은 자신의 그런 상황을 힘들다고 생각하기보다는 재미와 보람되고 무엇보다 자신의 적성에 잘 맞아 행복감을 느끼는 체구는 작지만 당찬 학생 CEO이다.

한 사장은 인문계 고등학교에 다녔지만 뜻한 바 있어 통학 거리 등 불리한 여건을 무릅쓰고 '선일이비즈니스고등학교'로 전학했다. 그리고 학교에서 전자상거래를 접한 이후 한승지 사장의 미래는 한층 뚜렷해졌다. 학교수업을 통해 각종 상업지식을 익히는 한편 자격증 취득, 벤처창업반 동아리 활동 등으로 바쁜 학교생활을 보내고 있다. 또한 창업 세미나 참관, 관련서적 읽기 등 꾸준한 준비와 아르바이트로 사업자금을 마련하여 2011년 09월 '윙스백'이라는 상호로 사업자 등록을 내고 가방잡화 쇼핑몰을 창업했다.

하지만 쇼핑몰 주문 상황, 고객문의를 확인하고 배송해야 할 상품과 신상품을 사입하기 위해 매일 동대문 도매시장을 방문해야만 했기에 학교생활과 쇼핑몰운영이라는 두 마리 토끼를 모두 잡기에는 역부족이었다. 또한, 개인 쇼핑몰 특성상 수시로 신상품 업그레이드, 고객 상담 및 상품 관리 등 이 모든 것을 학생 신분으로 운영하기에는 현실적으로 많은 어려움이 따랐다. 특히 적은 자본금으로 시작했기에 부족한 자금에 맞게 상품 구색을 갖추려다 보니 중구난방식 상품 구성으로 윙스백 쇼핑몰만의 컨셉을 만들어가지 못했다. 위기의식을 느낀 한 사장은 고민 끝에 윙스백을 인터넷쇼핑몰에서 비교적 관리가 수월하고 시간 활용이 용이한 G마켓, 옥션 등 오픈마켓으로 전환하였다. 또한, 가방잡화쇼핑몰 운영 당시 동대문 도매시장을 이용해 사입해야 하는 어려움을 겪었기 때문에 오프라인이 아닌 온라인을 이용해 보기로 하고 '도매꾹'이라는 온라인 도매사이트를 통해 상품을 매입하였다.

한 사장이 판매 아이템을 결정할 때 가장 중요하게 생각하는 것은 '벤치마킹'이다. 특정 카테고리에서 가장 잘 판매하는 판매자가 있다면 그 판매자의 상품 상세페이지 구성과 사은품 등을 꼼꼼히 분석한다. 판매자의 상품 가격대만 보아도 도매업체 사람인지, 직수입업체 사람인지 등도 알 수 있을 정도가 되어야 한다고 한다. 처음 시작하는 단계에서는 분야별 선두업체의 판매 스킬을 통해서 장점을 습득하면 그만큼 실패 확률은 줄어들고 성공 가능성을 높일 수 있으며, 선두업체의 꼼꼼한 분석을 통해 나에게 부족한 점을 보완할 수 있으며, 특히 사업의 꾸준한 성장을 위해서는 벤치마킹을 통한 나만의 독창성을 개발해야 한다고 지적한다.

판매채널과 아이템 전환으로 나름 큰 수익을 창출해 낼 수 있었으며, 또한 교내 쇼핑몰 우수학생으로 선정되어 장학금도 받고 오픈마켓에서 중소판매자로 여러 차례 선정되어 지원을 받는 등 재능을 인정받을 수 있었다. 누구든 탁월한 감각과 능력을 바탕으로 누구의 도움도 받지 않고 스스로 사업체를 운영 해 나가는 1인 기업인으로 거듭날 수 있다. 62)

8. 창업실패 사례

1) 창업실패 요인분석

일반적으로 창업실패에 대한 사례를 분석하는 것은 성공사례의 경우보다 더 어렵다. 실패를 용인하지 않는 문화로 인해 실패 사례분석 또는 창업 실패자에 대한 정확한 통계자료가 없는 것이 현실이다.

가. 기업가정신 측면

① 창업을 너무 쉽고 환상적으로 생각한다.

서점에 가면 '부자 아빠 가난한 아빠', '백만원으로 백억 벌기', 장사를 해서 떼돈을 번 사례, 직장생활을 해서는 부자가 될 수 없다는 성공서적들이 너무 많고 그것이 옳은 길이라고 믿고 따라 하는 사례가 많다. 하지만 그러한 성공 뒤에는 남다른 노력, 사업안목과 함께 투철한 기업가정신이 있었으며, 한 명의 성공 뒤에는 수백 명의 실패자들이 있다는 것을 알아야 한다.

② 나 자신을 아직도 내려놓지 못하고 있다.

좋은 대학을 나오고 부모님이 주신 돈으로 세계 여러 나라에서 배낭여행을 통해 많은 경험을 했고, 대기업에서 갑의 입장에 있었던 내가 어떻게 밑바닥 일부터 할 수 있을까? 창업을 하는 순간 모든 게 자신의 주머니에서 돈이 나간다. 넓고 깨끗한 사무실 또는 점포에서 일하는 모습이 행복해 보일지 모르지만, 매출과 원가부터 분석해 보아야 한다.

나. 자원 및 역량 측면

① 창업자금의 부족

가족, 친척, 주위 사람들로부터 자금을 구하고 모자라는 돈은 은행 대출을 받아 창업했지만, 항상 자금은 부족하기 마련이다. 따라서 이자 부담 및 영업의 불확실성을 예측하여 충분한 자금계획을 세워야 한다. 창업자금의 부족은 운영자금의 부족, 고급인력 확보의 어려움, 외부용역의 증가, 본 사업의 지연, 핵심인력의 이탈로 이어져 사업을 진행해 나가지 못하거나 최악의 경우 부도의 사태를 맞을 수도 있다.

② 준비되지 않은 사업

준비되지 않은 사업은 열정과 의지가 아무리 강하다 하더라도 막연한 기대심리를 통해 저돌적으로 창업을 하는 경우이며 실패로 이어질 확률이 높다.

③ 인적자원 관리와 리더십

창업자 개인의 능력과 함께 창업을 함께하는 창업팀의 구성도 중요하다. 유능한 창업팀을 구성하고 그들과 신뢰와 비전을 공유하는 기업문화를 조기에 정착해야 한다. 월급만 많이 준다고 회사에 충성하는 것이 아니다. 경영자인 창업자의 상황 판단과 전략 부재에 따른 혼선이 발생한다면 직원들에게 불안감을 가져다주고 창업기업에 대한 믿음이 사라지게 된다.

다. 산업환경 측면

① 시장, 트렌드 변화

시장변화는 창업 전략에 재수정을 요구한다. 소비자의 트렌드가 변하고 기술이 발전하는데 창업자 자신만 모르고 있거나 변화된 시장에 적응하지 못하고 적절한 대응을 하지 않는다면 실패로 이어질 수밖에 없다.

② 진입장벽

창업기업은 도전과 모험을 해야한다지만 신생기업에 있어서 가장 큰 어려움은 일할 기회를 잡기 쉽지 않다는 것이다. 산업환경의 구조가 아이디어나 기술력보다는 경험과 실적을 중시하는 경우가 많다. 기술력으로 독자적인 수행이 가능한 일도 대기업에 소속된 자회사나 협력업체가 아니면 진입하기 힘들다는 진입장벽에 부딪힌다.

라. 전략적 측면

① 효과적인 전략 부재

창업기업은 창업자 혼자이거나 소수의 직원들로 구성되어 있어 계획적 경영전략이 미흡하거나 너무 많은 목표추구로 집중력이 결여되거나 욕망에 현혹되어 과도한 전략을 세우게 되는 경우가 많다. 전략수립 활동은 기업의 성패를 좌우하기 때문에 시장진입 가능성, 제품의 기대효과, 회사의 비전과 전략이 일치하게 세우는 것이 중요하다.

② 핵심역량의 분산

창업 초기에 기술개발이 어느 정도 진척되고 정부자금과 투자유치를 통해 안정적 자금을 확보하게 되면 본래의 창업 아이템에서 새로운 아이템을 추가하게 되고 핵심역량이 분산되는 경우가 있다.[63]

2) 창업실패 유형

창업 후 안정적인 수익모델을 기반으로 급속하게 성장하고 있는 기업이 있는 반면 이미 도산했거나 쓰러져가고 있는 창업기업들이 매우 많다. 창업 생존율에 대한 정확한 통계는 없으나 분명한 것은 이들 창업기업 중 극히 일부만이 살아남게 된다는 사실이다. 창업에 실패한 사례들을 분석하여 정리한 10가지 유형을 통해 실패를 반면교사로 삼아야 한다.

▲ 유형1: 판로개척 실패형

나름대로 좋은 기술로 우수한 제품을 개발했지만, 판로개척에 실패했다. 사실 최근 벤처기업들의 가장 큰 문제는 기술이나 자금부족이기보다 생산된 제품을 판매할 유통경로를 제대로 확보하지 못하고 있다는 것이다.

대형백화점이나 할인점에서 주로 대기업 혹은 일부 중소기업이 생산한 제품만을 취급하고 있으며, 신생벤처기업들이 생산한 제품의 입점을 외면하는 데에도 그 원인이 있다 할 것이다. 이와 더불어 많은 창업자들은 좋은 제품만 생산하면 저절로 잘 팔릴 것이라고 생각한다. 그러나 유통이 확보되지 않는 상태에서 제품을 생산하는 것은 모래 위에 집을 짓는 것과 같다.

▲ 유형2: 수익모델 부재형

창업은 했지만 뚜렷한 수익모델이 없다. 벤처기업들의 약 50%가 컴퓨터와 인터넷 분야에서 창업을 하는데, 매월 고정적인 수익을 확보할 수 있는 아이템을 찾기는 쉽지 않다. 예를 들어 초창기 웹호스팅 서비스만으로도 상당한 수익이 보장됐지만 웹호스팅 비용이 점점 낮아지면서 서버 임대료도 제대로 지급 못 하는 창업자가 많다.

▲ 유형 3: 과도한 개발비 투자형

한 바구니에 달걀을 한꺼번에 담지 말라는 말도 있다. 특정 사업분야에 지나치게 많은 돈을 투자한 경우를 말한다. 물론 개발 및 마케팅에 성공한 경우는 많은 수익을 기대할 수 있지만, 개발에 실패하는 경우는 회사의 존립에 치명타를 가할 수 있다. 한때 채팅, 모바일 혹은 게임분야가 각광을 받으면서 너도나도 뛰어들었지만 정작 성공한 벤처기업은 10%도 되지 않는다.

▲ 유형 4: 무경험형

젊은 혈기만 믿고 무작정 창업에 뛰어드는 경우이다. 대학을 졸업하고도 취업을 못 하는 20대가 늘면서 지난 2000년부터 청년창업이 급증했다. 하지만 청년 창업의 반 이상에서 매출이 전혀 없거나 적자 상태인 것으로 보고되고 있다. 대학 강의실에서 배운 지식으로 무작정 창업현장에 뛰어들었으나 정작 얻은 것은 실패와 함께 신용불량자라는 딱지뿐이다.

▲ 유형 5: 고객감동 실패형

창업을 한 이후 고객과의 끊임없는 마찰로 결국 고객으로부터 외면을 받는 유형이다. 최근 일부 인터넷 사이트에는 고객들로부터의 불평이나 의견을 듣지 않기 위해 아예 게시판을 운영하지 않고 있다. 또 지나치게 영리만을 추구한 나머지 비용을 절감하기 위해 값싼 자재를 사용하거나 고객과의 약속을 제대로 지키지 않는 경우가 많다.

▲ 유형 6: 법률지식 부족형

비록 좋은 기술이나 아이디어를 갖고 있지만, 법률적인 지식이나 지적재산권에 대한 이해가 부족하여 낭패를 보는 벤처기업들이 많다. 많은 돈을 투자하여 우수한 제품을 개발하였지만 국내에서는 법률적으로 허용되지 않아서 결국 도산을 한 경우이다.

▲ 유형 7: 경영관리능력 부족형

벤처기업 창업자의 65%가 이공계열 출신이라는 통계도 있듯 벤처경영에 대한 지식이 부족한 창업자가 많다. 직원관리, 마케팅 및 유통계획의 수립, 재정관리 등에 있어 많은 문제가 드러나면서 회사 경영이 악화되는 경우이다. 특히 창업 멤버 간 갈등으로 인해 하루아침에 회사업무가 마비되거나 일부 직원들이 뛰쳐나가 경쟁 회사를 만드는 사례도 많다.

▲ 유형 8: 조기 시장진입형

아무리 좋은 아이디어를 갖고 있어도 시장 진입에 대한 타이밍이 매우 중요한데, 시장이 미처 성숙되기도 전 시장에 너무 일찍 진입해 수익성을 확보하지 못한 경우이다. 하지만 뒤늦게 진입한 후속 기업들은 사업이 번창하고 있다. 사실 포털 사이트들의 수익성이 좋아지면서 인터넷 포털 사이트들이 우후죽순으로 등장하고 있지만, 후속 진입기업은 개발비용만 날린 채 수익은 거의 없다. 이러한 경우는 인터넷쇼핑몰의 경우도 예외가 아니다.

▲ 유형 9: 현실안주형

기존에 개발한 기술에 지나치게 의존하여 새로운 기술 개발을 도외시하는 벤처기업들이 매우 많다. 얼마 전까지 홈페이지 및 인터넷쇼핑몰을 개발하는 기술로 벤처기업으로 지정되는 경우가 많았다. 그러나 이는 요즈음 고등학교에서도 교육될 정도로 고급기술이 못 된다.

▲유형 10: 창업분야 지식 부족형

창업한 분야에 대해 전문적인 지식을 갖추지 못하고 있거나 이해가 부족, 사업을 정상적으로 진행하지 못하는 경우이다. 예를 들어, 프랜차이즈 본사를 창업하면 가맹점으로부터 가맹비와 더불어 원재료 공급으로 인해 많은 수익을 확보할 수 있을 것으로 생각하지만, 그에 못지않게 본사 책임도 무겁다. 또 가맹점이 어느 정도 확보되지 못하면 물류 및 관리비용이 수익을 초과하여 결국 본사가 도산하는 경우도 많다.64)

1) Kuratko, Donald F. and Richard M. Hodgetts(2007), "Entrepreneurship : Theory, Process and Practice", International Edition, 7th Ed. Mason Thomson South-Western.

2) 법률저널, "맹명관의 Law-Biz 변호사가 알아야 할 창업상식(4), 2013.8.15.

3) 이영직(2012), "슘페터가 들려주는 기업가정신 이야기", 자음과모음, pp.14-19.

4) 문화일보, "기업가정신 바닥, 이대론 창조경제 공염불", 2013.7.15.

5) 아시아경제신문(2010),"재계 100년-미래경영 3.0 창업주 DNA에서 찾는다", FKI 미디어/ 매일경제산업부(20100, "1등기업의 비밀", 매일경제신문사/김병완(2012), "이건희의 27법칙", 미다스북스 외 신문기사 다수 참조.

6) 현대경제연구원(2011), "정주영을 말하다", 현대경제연구원BOOKS/ 아시아경제신문(2010),"재계 100년-미래경영 3.0 창업주 DNA에서 찾는다", FKI미디어/ 이임광(2008), "정몽구와 현대기아차 변화을 향한 질주", 생각의 지도 외 신문기사 다수 참조.

7) 매일경제산업부(20100, "1등기업의 비밀", 매일경제신문사/김병완(2012)외 신문기사 다수 참조.

8) 중소기업청, 중소기업 조사통계시스템, http;//stat2.smba.go.kr.

9) 손동원, 김현태(2010), "벤처기업 창업경영론", 경문사, p.2.

10) 한정화(2010), "벤처창업과 경영전략", 홍문사, p.10.

11) 중소기업청 2012년 자료, www.smba.go.kr

12) (사)벤처기업협회, 벤처뉴스, "2013 벤처천억기업 조사결과 브리핑".

13) 임현진, 서이종(2002), 한국벤처기업가, 벤처기업가정신, 인간사랑, pp.83-90

14) 이민화, 한국경제매거진, 2012.05.24.

15) 이데일리, "美 14년만에 최대 창업 붐...경제에 새 성장엔진 기대", 2013.5.26.

16) KBS 히든챔피언 방송, 2013.04.17.
매일신문,"나는 이렇게 기업을 키웠다, 약국자동화기기 업체 제이브이엠 김준호 부회장", 2012.02.20.
머니투데이, "세기의 짝꿍, 수출입은행, 제이브이엠과 수은의 짝꿍스토리", 2012.10.30.

17) KBS 히든챔피언 방송, 2013.04.10.

세계일보, "세계건축시장의 숨겨진 보석 마이다스아이티", 2013.4.8.

18) KBS 히든챔피언 방송, 2013.04.24.
머니투데이, "김영달 아이디스 대표", 2012.11.02.
세계일보, "세계 보안 시장 주름잡는 아이디스의 성공 비결", 2013.04.23

19) KBS 히든챔피언 방송, 2013.05.01
이데일리, "2015년 광학현미경 5대 메이커로 도약", 2013.01.31.
전자신문, "글로벌 IT CEO, 김현수 휴비츠 대표", 2012.12.20.

20) KBS 히든챔피언 방송, 2013.05.22.
파이낸셜뉴스, "씨젠 천종윤 대표 성공스토리", 2013.01.28.
한국경제, "분자진단 기업 씨젠", 2013.02.04.
헬스통신, "분자진단의 새로운 장을 열어가는 씨젠", 2012.06.25.

21) KBS 히든챔피언 방송, 2013.06.05.
동아일보, " 산업용 PDA 블루버드소프트", 2012.02.27.
전자신문, "글로벌IT CEO, 이장원 블루버드소프트 대표", 2010.10.20.

22) Hermann Simon, 이미옥 역(2013), Hidden Champions, 흐름출판, pp.504-512.

23) 이승배(2013), "중소벤처기업 창업자의 사회적 자본이 창업성과에 미치는 영향에 관한 연구", 건국대학교 박사학위 논문, pp.27-29.

24) 이승배(2013), 전게논문, pp.30-33.

25) 이상석, 고인곤(2011), 기업가정신과 창업, 학현사, pp.15-16.

26) Alexander Osterwalder, Yves Pigneur, 유태준 외 역(2013), "Business Model 단 한 장의 인생설계도", 교보문고, pp.119-121.

27) 임채윤 외(2006), "한국 벤처생태계 활성화 방안", 한국과학기술정책연구원, pp.58-60.

28) 박시사, 강성일(2007), "개인특성과 창업의지의 관계에 관한 연구", 「한국관광학회」, 제31권 제2호, pp.187-204.

29) Gartner, W. B.(1989), "Some suggestions for research on entrepreneurial traits and characteristics", Entrepreneurship, Theory and Practice, Vol. 14, No. 1, pp.27-37.

30) Krueger, N., D. M. Reilly, and L. A. Carsrud(2000), "Competing Models of Entrepreneurial Intentions", Journal of Business Venturing, Vol. 15, pp.411-432.

31) 박상문(2004), "국내 벤처기업의 창업팀 특성, 기술전략 및 성과간의 관계", 「벤

처경영연구」, 제7권 제2호, pp.45-47.

32) 조병주(1997),“창업 기회원천 분석과 기회탐색의 전략적 의미”, 「한국중소기업회지」, 제20권 제1호, pp.245-266.

33) Bourdieu, P.(1986), “The forms of capital”, In Handbook of theory and Research for the Sociology of Education, Greenwood, New York, pp.241-258.

34) Coleman, J. S.(1988), “Social Capital in the Creation of Human Capital”, American Journal of Sociology, Vol. 94, pp.95-12

35) 이성균(2006), “한국 자영업자의 사회적 자본과 소득수준”, 「한국사회학」, 제40집 제5호, pp.178-206.

36) 김양민(2007), “코스닥 벤처기업의 최고경영진 사회적 자본이 기업 퇴출에 미치는 영향”, 「전략경영연구」, 제10집 제2호, pp.72-74.

37) 김찬배(2009), “사회적 자본이 경력성공 지각에 미치는 영향”, 「aSSIST 경영학 PhD 논문총서 시리즈」, 서울과학종합대학원, pp.9-120.

38) Shane S. and Venkataraman(2000), “The promise of entrepreneurship as a field of research”, Academy of Management Review, Vol. 25, No 1, pp.35-67.

39) Freeman, J.(1999), “Venture Capital as an economy of time. In : Leenders, R. Th. A. J., Gabbay, S. M.(Eds),” Corporate Social Capital and Liability, Kluwer Academic Publishing, Boston, pp.460-482.

40) Watson, J.(2007), “Modeling the relationship between networking and firm performance”, Journal of Business Venturing, Vol. 22, pp.852-874.

41) Uzzi, B.(1997), “Social structure and competition in interfirm networks: the paradox of embeddedness,” Administrative Science Quarterly, Vol. 42, No. 1, pp.35-67.

42) Rousseau, D. M., S. Sitkin, B., Burt, and C., Camerer(1998), "Not so different after all : A cross-discipline view of trust". Academy of Management Review, Vol. 23, pp.393-404.

43) 이재열(1998), “민주주의, 사회적 신뢰, 사회적, 자본”, 「동향과 전망」, 여름호.

44) Tsai, W. and S. Ghoshal(1998), “Social Capital and Value Creation: The Role of Intrafirm Networks”, Academy of Management Journal, Vol. 41, Issue 4, pp.464-476.

45) 박순미(2000), “조직의 사회적 자본이 새로운 지적창출에 미치는 영향”, 「인적자원개발연구」, 제2권 제1호, pp.171-203.

46) 글로벌창업모니터(GEM) 보고서(2011).

47) 박종복, e-KIET 산업경제정보(13호) 산업연구원, 2O11.
카우프만재단 홈페이지(www.kaufman.org).

48) 박춘엽(2013), 창업학, 보명북스, p.20.

49) 조선일보, "하버드 MBA 필드 창업 프로젝트", 2013.9.7

50) 이덕훈(2008), 창업과 벤처, 교우사, pp.231-232

51) 서울대학교 홈페이지 (www.snu.ac.kr)/서울대 뉴스에서 요약 재정리.

52) Longenecker, J., Moore, C. and Petty, J. W.(2003), Small Business Management: An Enterpreneurial Emphasis, 12th ed., Southwestern Publishing, pp.18~19.

53) 방용성, 주윤황(2004), CEO 가는 길, 에이드북, pp.65-71.

54) Alexander Osterwalder, Yves Pigneur(2010), "Business Model Generation", John Wiley&Sons 에서 요약함.

55) 코피티션은 협동(cooperation)과 경쟁(competition)의 합성어로, 기업 간 극단적인 경쟁에서 야기될 수 있는 위험요소를 최소화하고, 자원의 공용화나 공동 R & D 등의 협력을 통해 서로 윈윈(win-win)하자는 비즈니스 성공 전략이다.

56) 카카오 기자 간담회, 2012.11.20. 블로터넷, www.bloter.net.

57) 동아일보, "이것이 한국의 청년기업가 정신이다", 2013.9.13.

58) 파이낸셜뉴스, 2013.7.31, www.fnnews.com,
카레클린트 홈페이지 www.kaareklint.co.kr.

59) 황동명(2012),"나는 최고의 일본 무역상이다", 행간, 요약.

60) 한국경제, "강의에 노래·이벤트 넣으니 청중 몰려", 2011.1.10.

61) 청년, 창업으로 사장되기(2011), 서울산업통상진흥원, pp.24-27.
머니투데이,"취업...스펙보다는 말빨이 관건", 2011.11.16.

62) 모병일, 김병성(2012), "도매시장 완벽분석", 앤써북, 요약.

63) 중소기업청(2003), "창업, 이렇게 해서 실패했다", pp.144-164 재정리.

64) 매일경제, "벤처창업자 실패유형 10가지", 2002.9.2.

청년
창업과
기업가정신

Entrepreneurship and Start-up

부 록

참고문헌

찾아보기

부록

1인 창조기업 육성에 관한 법률

[시행 2013.9.23] [법률 제11657호, 2013.3.22, 일부개정]

제1조(목적) 이 법은 창의성과 전문성을 갖춘 국민의 1인 창조기업 설립을 촉진하고 그 성장기반을 조성하여 1인 창조기업을 육성함으로써 국민경제의 발전에 이바지함을 목적으로 한다.

제2조(정의) 이 법에서 "1인 창조기업"이란 창의성과 전문성을 갖춘 1인 또는 5인 미만의 공동사업자로서 상시근로자 없이 대통령령으로 정하는 지식서비스업, 제조업 등을 영위하는 자를 말한다. <개정 2013.3.22>

제3조(1인 창조기업 인정의 특례) 1인 창조기업이 규모 확대의 이유로 1인

창조기업에 해당하지 아니하게 된 경우에는 그 사유가 발생한 연도의 다음 연도부터 3년간은 제2조에도 불구하고 1인 창조기업으로 본다. 다만, 1인 창조기업 외의 기업과 합병하거나 그 밖에 대통령령으로 정하는 사유로 1인 창조기업에 해당하지 아니하게 된 경우에는 그러하지 아니하다.

제4조(다른 법률과의 관계) 1인 창조기업의 육성에 관하여 다른 법률에 특별한 규정이 있는 경우를 제외하고는 이 법에 따른다.

제5조(1인 창조기업 육성계획의 수립 등) ① 중소기업청장은 1인 창조기업을 육성하기 위하여 3년마다 1인 창조기업 육성계획(이하 "육성계획"이라 한다)을 문화체육관광부장관 등 관계 중앙행정기관의 장과 협의를 거쳐 수립·시행하여야 한다.

② 육성계획에는 다음 각 호의 사항이 포함되어야 한다.

1. 1인 창조기업의 육성을 위한 정책의 기본방향
2. 1인 창조기업의 창업지원에 관한 사항
3. 1인 창조기업의 기반조성에 관한 사항
4. 1인 창조기업 관련 통계 조사·관리에 관한 사항
5. 그 밖에 1인 창조기업의 육성을 위하여 필요한 사항

③ 중소기업청장은 육성계획의 수립과 시행을 위하여 필요한 경우에는 관계 중앙행정기관의 장과 1인 창조기업 육성에 관련된 기관 또는 단체에 대하여 자료의 제출이나 의견의 진술을 요청할 수 있다. 이 경우 요청을 받은 관계 중앙행정기관의 장 등은 특별한 사정이 없으면 요청에 따라야 한다.

제6조(실태조사) ① 중소기업청장은 1인 창조기업을 체계적으로 육성하고 육성계획을 효율적으로 수립·추진하기 위하여 매년 1인 창조기업의 활동현황 및 실태 등에 대한 조사를 하고 그 결과를 공표하여야 한다.

② 중소기업청장은 제1항에 따른 실태조사를 하기 위하여 필요한 경우에는 「공공기관의 운영에 관한 법률」에 따른 공공기관, 1인 창조기업 또는 관련 단체에 대하여 자료의 제출이나 의견의 진술 등을 요청할 수 있다. 이 경우 요청을 받은 공공기관 등은 특별한 사정이 없으면 요청에 따라야 한다.

제7조(종합관리시스템 구축·운영) 중소기업청장은 1인 창조기업 관련 정보를 종합적으로 관리하고 1인 창조기업 간의 협력기반 구축 및 1인 창조기업 활동에 유용한 정보를 제공하기 위하여 종합관리시스템을 구축·운영할 수 있다.

제8조(1인 창조기업 지원센터의 지정 등) ① 정부는 1인 창조기업 및 1인 창조기업을 하고자 하는 자를 지원하기 위하여 필요한 전문인력과 시설을 갖춘 기관 또는 단체를 1인 창조기업 지원센터(이하 "지원센터"라 한다)로 지정할 수 있다.

② 지원센터는 다음 각 호의 사업을 한다.

1. 1인 창조기업에 대한 작업공간 및 회의장 제공
2. 1인 창조기업에 대한 경영·법률·세무 등의 상담
3. 그 밖에 중소기업청장이 위탁하는 사업

③ 정부는 제1항에 따라 지정한 지원센터에 대하여 예산의 범위에서 제2항 각 호의 사업을 수행하는 데 필요한 경비의 전부 또는 일부를 지원할 수 있다.

④ 정부는 지원센터가 다음 각 호의 어느 하나에 해당하는 경우에는 지정을 취소하거나 6개월 이내의 범위에서 기간을 정하여 업무의 전부 또는 일부를 정지할 수 있다. 다만, 제1호에 해당하는 경우에는 지정을 취소하여야 한다.

1. 거짓이나 그 밖의 부정한 방법으로 지정을 받은 경우
2. 지정받은 사항을 위반하여 업무를 행한 경우
3. 제5항에 따른 지정기준에 적합하지 아니하게 된 경우

⑤ 지원센터의 지정 및 지정 취소의 기준·절차 및 운영 등에 필요한 사항은 대통령령으로 정한다.

제9조(지식서비스 거래지원) ① 중소기업청장은 1인 창조기업의 지식 서비스 거래를 활성화하기 위하여 지식서비스를 제공하는 1인 창조기업 및 1인 창조기업으로부터 지식서비스를 제공받는 자 등에 대한 지원사업을 할 수 있다. <개정 2013.3.22>

② 제1항에 따른 지원사업의 대상 및 방법 등에 필요한 사항은 대통령령으로 정한다.

제10조(교육훈련 지원) ① 정부는 1인 창조기업 및 1인 창조기업을 하고자 하는 자의 전문성과 역량을 강화하기 위하여 교육훈련을 지원할 수 있다.

② 정부는 제1항에 따른 교육훈련에 관한 업무를 대통령령으로 정하는 인력 및 시설 등을 갖춘 법인으로서 정부가 지정하는 기관 또는 단체(이하 "교육기관"이라 한다)에 위탁할 수 있다.

③ 정부는 제2항에 따라 교육훈련에 관한 업무를 위탁받은 교육기관에 대하여 대통령령으로 정하는 바에 따라 업무 수행에 필요한 경비의 전부 또는 일부를 지원할 수 있다.

④ 정부는 교육기관이 제1항에 따른 교육훈련에 관한 업무를 충실히 수행하지 못하거나 제5항에 따른 지정기준에 미치지 못하는 경우에는 지정을 취소하거나 6개월 이내의 범위에서 기간을 정하여 업무의 전부 또는 일부를 정지할 수 있다.

⑤ 교육기관의 지정 및 지정 취소의 기준·절차 등에 필요한 사항은 대통령령으로 정한다.

제11조(기술개발 지원) ① 중소기업청장은 우수한 아이디어와 기술을 보유한 1인 창조기업을 위하여 다음 각 호의 지원을 할 수 있다. <개정 2013.3.22>

1. 1인 창조기업의 단독 또는 공동 기술개발

2. 1인 창조기업과 「중소기업기본법」에 따른 중소기업 간의 공동 기술개발

3. 그 밖에 1인 창조기업의 기술개발을 촉진하기 위하여 필요한 사항

② 제1항에 따른 지원의 절차와 범위 등에 필요한 사항은 대통령령으로 정한다.

[제목개정 2013.3.22]

제12조(아이디어의 사업화 지원) ① 정부는 사업 성공 가능성이 높은 아이디어를 가진 1인 창조기업을 선정하여 아이디어의 사업화를 위한 지원을 할 수 있다.

② 정부는 제1항에 따라 아이디어의 사업화 지원 대상으로 선정된 1인 창조기업이 아이디어의 도용 등 부정한 방법으로 선정된 때에는 선정을 취소할 수 있다.

③ 제1항 및 제2항에 따른 선정 및 선정취소의 기준·절차, 지원의 범위 등에 필요한 사항은 대통령령으로 정한다.

제13조(해외진출 지원) 정부는 1인 창조기업의 해외시장 진출을 촉진하기 위하여 관련 기술 및 인력의 국제교류, 국제행사 참가 등의 사업을 지원할 수 있다.

제14조(홍보사업 등) 정부는 1인 창조기업에 대한 국민의 인식을 높이고 1인 창조기업을 육성하기 위하여 다음 각 호의 사업을 추진할 수 있다.

1. 1인 창조기업의 성공사례 발굴·포상 및 홍보

2. 1인 창조기업 활성화를 위한 포럼 및 세미나 개최

3. 그 밖에 중소기업청장이 필요하다고 인정하여 공고하는 사업

제15조(금융 지원) ① 정부는 1인 창조기업에 대하여 필요한 자금을 융자·투자하거나 그 밖에 필요한 지원을 할 수 있다. <신설 2013.3.22>

②정부는 1인 창조기업의 설립 및 활동에 필요한 자금을 원활하게 조달하기 위

하여 「신용보증기금법」에 따른 신용보증기금, 「기술신용보증기금법」에 따른 기술신용보증기금 및 「지역신용보증재단법」 제9조에 따라 설립한 신용보증재단으로 하여금 1인 창조기업을 대상으로 하는 보증제도를 수립·운용하도록 할 수 있다. <개정 2013.3.22>

제16조(전담기관 지정 등) ① 중소기업청장은 1인 창조기업의 육성에 관한 시책을 효과적으로 수행하기 위하여 1인 창조기업 업무를 전담하는 기관(이하 "전담기관" 이라 한다)을 지정할 수 있다.

② 정부는 예산의 범위에서 전담기관의 운영에 필요한 경비의 일부를 보조할 수 있다

③ 제1항에 따라 지정된 전담기관이 아니면 이와 비슷한 명칭을 사용하지 못한다.

④ 전담기관의 지정 및 운영 등에 필요한 사항은 대통령령으로 정한다.

제17조(조세에 대한 특례) 국가와 지방자치단체는 1인 창조기업을 육성하기 위하여 1인 창조기업에 대하여 「조세특례제한법」, 「지방세특례제한법」, 그 밖의 조세 관계 법률에서 정하는 바에 따라 소득세·법인세·취득세·재산세 및 등록면허세 등의 조세를 감면할 수 있다.

제18조(「식품산업진흥법」에 관한 특례) 「식품산업진흥법」 제2조제4호에 따른 전통식품을 제조하는 1인 창조기업에 대하여는 같은 법 제22조에도 불구하고 대통령령으로 정하는 바에 따라 전통식품의 품질인증 기준을 완화하여 따로 정할 수 있다.

제19조(보고·검사) ① 정부는 감독에 필요하다고 인정하는 경우에는 지원센터에 대하여 그 업무 및 재산에 관한 보고 또는 자료의 제출을 명하거나 소속 공무원으로 하여금 현장출입 또는 서류검사를 하게 하는 등 필요한 조치를 할 수 있다.

② 중소기업청장은 감독에 필요하다고 인정하는 경우에는 전담기관에 대하여

그 업무 및 재산에 관한 보고 또는 자료의 제출을 명하거나 소속 공무원으로 하여금 현장출입 또는 서류검사를 하게 하는 등 필요한 조치를 할 수 있다.

③ 제1항 및 제2항에 따라 출입·검사를 하는 사람은 그 권한을 표시하는 증표를 지니고 이를 관계인에게 내보여야 한다.

제20조(청문) 정부는 다음 각 호의 어느 하나에 해당하는 처분을 하려면 청문을 실시하여야 한다.

1. 제8조제4항에 따른 지원센터의 지정 취소 및 업무 정지
2. 제10조제4항에 따른 교육기관의 지정 취소 및 업무 정지
3. 제12조제2항에 따른 1인 창조기업의 아이디어 사업화 지원 대상 선정 취소

제21조(권한 등의 위임·위탁) ① 이 법에 따른 중앙행정기관의 장의 권한은 그 일부를 대통령령으로 정하는 바에 따라 특별시장·광역시장·도지사·특별자치도지사 또는 시장·군수·구청장(자치구의 구청장을 말한다)에게 위임할 수 있다.

② 중앙행정기관의 장은 이 법에 따른 업무의 일부를 대통령령으로 정하는 바에 따라 전담기관 등에 위탁할 수 있다.

제22조(벌칙 적용에서의 공무원 의제) 제21조에 따라 중앙행정기관의 장이 위탁한 업무에 종사하는 전담기관 등의 임직원은 「형법」 제129조부터 제132조까지의 규정에 따른 벌칙을 적용할 때에는 공무원으로 본다.

제23조(과태료) ① 제16조제3항을 위반하여 비슷한 명칭을 사용한 자에게는 100만원 이하의 과태료를 부과한다.

② 제1항에 따른 과태료는 중소기업청장이 부과·징수한다.

벤처확인

1. 벤처등록 요건

벤처유형	기준요건	평가기관
유형1 벤처투자기업	① 벤처투자기관으로부터 투자받은 금액이 자본금의 10%이상일 것 (단, 문화상품을 제작하는 법인은 자본금의 7% 이상일 것) ※ 벤처투자기관 : 중소기업창업투자회사, 중소기업창업투자조합, 신기술사업금융업자신기술사업투자조합, 한국벤처투자조합, 투자전담회사, 기타 대통령령으로 정하는 기관 ② 투자금액이 5천만원 이상일 것	한국벤처 캐피탈 협회
유형2 연구개발기업	① 기초연구진흥 및 기술개발지원에 관한법률 제14조 제1항 2호에 의한 기업부설연구소 보유 (한국산업기술진흥협회에서 인증한 기업부설연구소 인증서 보유) ② 업력에 따라 아래 기준을 충족할 것 창업 3년이상 기업 : 벤처확인요청일이 속하는 분기의 직전 4분기의 연간 연구개발비가 5천만원 이상이고, 연간 매출액 대비 연구개발비 비율이 『별표1』 의 기준 이상일 것. 창업 3년미만 기업 : 확인요청일이 속하는 분기의 직전 4분기의 연간 연구개발비가 5천만원 이상일 것(연구개발비비율 적용제외) ※직전 4분기란? 확인요청일이 2010년 5월 1일의 경우 2009년 2,3,4사분기, 2010년 1사분기를 말함. 즉, 2009.04.01~2010.03.31까지임 ※연구개발비 산정표 『별표2』 ③ 연구개발기업 사업성평가기관으로부터 사업성이 우수한 것으로 평가 ※사업성평가표 65점 이상	기술보증 기금 중소기업 진흥공단

	※사업성평가표 『별표3』 ※연구개발기업 사업성평가기관 『별표4』	
유형3 기술평가 보증기업 (보증 승인 만 으로 벤처 인증 가능)	① 기보로부터 기술성이 우수한 것으로 평가 ※기술성평가표 『별표5』 ② 기보의 보증(보증가능금액 포함) 또는 중진공의 대출(보증가능금액 포함, 직접 취급한 신용대출에 한함)을 순수신용으로 받을 것 ※기보 : 기술평가보증에 한함 ※중진공 : 창업기업지원자금/개발기술사업화자금/신성장기반자금 중 녹색 · 신성장자금/투융자복합금융자금 ※벤처특별법 개정 시행일('06.6.4)이후 취급한 보증 및 대출에 한함 ③ 상기 ②의 보증 또는 대출금액의 각각 또는 합산금액이 8천만원 이상이고, 당해기업의 총자산에 대한 보증 또는 대출금액 비율이 5%이상일 것 ※창업 후 1년미만 기업 : 보증 또는 대출금액 4천만원 이상 (총자산대비 비율은 적용배제) ※보증금액 10억원 이상인 기업은 총 자산대비 비율 적용배제 ※보증 또는 대출금액을 합산하는 경우 그 금액이 많은 확인기관에 벤처확인신청함	기술보증 기금
유형4 기술평가 대출기업 (대출 승인 만 으로 벤처 인증 가능)	① 중진공으로부터 기술성이 우수한 것으로 평가 ※기술성평가표 『별표6』 ② 중진공의 대출(대출가능금액 포함, 직접 취급한 신용대출에 한함) 또는 기보의 보증 (보증가능금액 포함)을 순수 신용으로 받을 것 ※기보 : 기술평가보증에 한함 ※중진공 : 창업기업지원자금/개발기술사업화자금/신성장기반자금 중 녹색 · 신성장자금/투융자복합금융자금 ※벤처특별법 개정 시행일('06.6.4)이후 취급	중소기업 진흥공단

	한 보증 및 대출에 한함 ③ 상기 ②의 보증 또는 대출금액의 각각 또는 합산금액이 8천만원 이상이고, 당해기업의 총 자산에 대한 보증 또는 대출금액 비율이 5% 이상일 것 ※창업 후 1년미만 기업 : 보증 또는 대출금액이 4천만원 이상 (총 자산대비 비율은 적용배제) ※보증금액 10억원 이상인 기업은 총자산대비 비율 적용배제 ※보증 또는 대출금액을 합산하는 경우 그 금액이 많은 확인기관에 벤처확인 신청함	
예비벤처기업	① 법인설립 또는 사업자등록을 준비중인 자 ② 상기 ①의 해당자의 기술 및 사업계획이 기보, 중진공으로부터 기술성이 우수한 것으로 평가 ※기술성평가표 『별표7』	기술보증기금 중소기업진흥공단

(별표 1)

업종별 연구개발 투자비율

업종(산업분류코드)	연구개발투자비율
제조업(10-33)	
- 의약품(21)	6%이상
- 기계 및 장비제조업(29) 〈단, 사무용기계 및 장비(2918)제외〉	7%이상
- 컴퓨터 및 사무용기기(263) - 사무용기계 및 장비(2918)	6%이상
- 전기장비(28)	6%이상
- 반도체 및 전자부품(261,262)	6%이상
- 의료, 정밀, 광학기기 및 시계(27)	8%이상
- 기타제조업	5%이상
도매 및 소매업(45-47)	6%이상
통신업(61)	7%이상
사업서비스업	
- 소프트웨어 개발 및 공급업(582) - 컴퓨터 프로그래밍, 시스템통합 및 관리업(62) - 정보서비스업(63)	10%이상
(인터넷산업)	(5%이상)
기타산업	5%이상

(별표 2)

※ 장부금액 부분만 작성하시면 됩니다.(조정금액, 소계는 실사평가자가 작성)

연구개발비 산정표

(단위 : 천원)

비용	장부금액	조정금액	소계
1. 기술개발 가. 자체기술개발 ①기업부설연구소에서 근무하는 직원으로서 과학기술분야의 연구업무에 종사하는 연구요원 및 이들의 연구업무를 직접적으로 지원하는 자(다음 각호의 1에 해당하는 자는 제외)의 인건비 ㉮부여받은 주식매수선택권을 모두 행사하는 경우 당해 법인의 총발행주식의 100분의 10을 초과하여 소유하게 되는 자 ㉯당해 법인의 주주로서「법인세법 시행령」제43조제7항의 규정에 의한 지배주주 및 당해 법인의 총발행주식의 100분의 10을 초과하여 소유하는 주주 ㉰위 ㉯에 해당하는 자(법인을 포함한다)와「소득세법 시행령」제98조제1항 또는「법인세법 시행령」제87조제1항의 규정에 의한 특수관계에 있는 자. 이 경우「법인세법 시행령」제87조제1항제6호의 규정을 적용함에 있어서 동호중 "100분의 50"은 각각 "100분의 30"으로 보며,「법인세법 시행령」제87조제1항제7호에 해당하는 자가 당해 법인의 임원인 경우를 제외한다. ②기업부설연구소에서 연구용으로 사용하는 견본품 · 부품 · 원재료와 시약류구입비(시범제작에 소요되는 외주가공비를 포함한다) ③기업부설연구소에서 직접 사용하기 위한 연구 · 시험용 시설(「조세특례제한법 시행령」제10조제1항의 규정에 의한 시설을 말한다. 이하 같다)의 임차 또는 나목①에 규정된 기관의 연구 · 시험용 시설의 이용에 필요한 비용 나. 위탁 및 공동기술개발			

비용	장부금액	조정금액	소계
①다음의 기관에게 기술개발용역을 위탁함에 따른 비용 및 이들 기관과의 공동기술개발을 수행함에 따른 비용 ㉮「고등교육법」에 의한 대학 또는 전문대학 ㉯국·공립연구기관 ㉰정부출연연구기관 ㉱과학기술분야를 연구하는 국내외의 비영리법인 (비영리법인에 부설된 연구기관을 포함한다) ㉲국내외 기업의 연구기관(과학기술분야를 연구하는 경우에 한한다) 또는 전담부서 ㉳「산업기술 연구조합육성법」에 의한 산업기술연구조합 ㉴「산업디자인진흥법」에 의한 한국디자인진흥원 ㉵「국가과학기술 경쟁력강화를 위한 이공계지원특별법」에 의한 연구개발업을 영위하는 기업 ㉶「산업교육진흥 및 산학협력촉진에 관한 법률」에 의한 산학협력단 ㉷「한국표준산업분류표」상 기술시험·검사 및 분석업을 영위하는 기업 ②「고등교육법」에 의한 대학 또는 전문대학에 소속된 개인(조교수 이상에 한한다)에게 기술개발용역을 위탁함에 따른 비용 다. 〈삭제〉 라. 당해 기업이 그 종업원에게 직무발명 보상금으로 지출한 금액 마. 「기술개발촉진법 시행령」에 의한 기술정보비(기술자문비를 포함한다) 또는 도입기술의 소화개량비로서 다음 어느 하나에 해당하는 자로부터 산업기술에 관한 자문을 받고 지급하는 기술자문료 ①과학기술분야를 연구하는 국·공립연구기관, 정부출연연구기관, 국내외 비영리법인(부설연구기관을 포함한다)이나 국내외 기업의 연구기관 또는 전담부서에서 연구업무에 직접 종사 하는 연구원 ②「고등교육법」에 의한 대학(교육대학 및 사범대학을 포함 한다) 또는 전문대학에 근무하는 과학기술분야의 교수(조교수이상인 자에 한한다)			

비용	장부금액	조정금액	소계
③외국에서 「조세특례제한법 시행령」 제16조제1항제3호각목의 1에 해당하는 산업분야에 5년이상 종사하였거나 학사학위 이상의 학력을 가지고 당해분야에 3년이상 종사한 외국인 기술자 바. 중소기업이 「과학기술분야 정부출연연구기관 등의 설립·운영 및 육성에 관한 법률」에 의하여 설립된 한국생산기술연구원과 「산업기술혁신 촉진법」에 의하여 설립된 전문 생산기술연구소의 기술지도 또는 「중소기업 진흥 및 제품구매촉진에 관한 법률」에 의한 기술지도를 받고 지출한 비용 사. 고유상표(공동상표를 포함한다) 및 고유디자인의 개발을 위한 비용 아. 〈 삭 제 〉 자. 〈 삭 제 〉 차. 중소기업에 대한 공업 및 상품디자인 개발지도를 위하여 지출한 비용 카. 〈 삭 제 〉 타. 〈 삭 제 〉 파. 〈 삭 제 〉 하. 〈 삭 제 〉 거. 〈 삭 제 〉 너. 〈 삭 제 〉 2. 인력개발 가. 위탁훈련비 ①국내외의 전문연구기관 또는 대학에의 위탁교육훈련비 ②「근로자직업능력 개발법」에 의한 직업훈련기관에의 위탁훈련비 ③「근로자직업능력 개발법」에 의하여 고용노동부장관의 승인을 얻어 위탁훈련하는 경우의 위탁훈련비 ④「중소기업 진흥 및 제품구매촉진에 관한 법률」에 의한 기술연수를 받기 위하여 중소기업이 지출한 비용			

비용	장부금액	조정금액	소계
⑤기타 자체기술능력향상을 목적으로 한 국내외 위탁훈련비로서 기업부설연구소에 근무하거나 생산업무에 직접 종사하는 직원의 과학기술분야훈련을 목적으로 지출하는 다음 각호의 비용 ㉮국내외기업(국내기업의 경우에는 전담부서를 보유한 기업에 한한다)에의 위탁훈련비 ㉯「산업발전법」에 의하여 설립된 한국생산성본부에의 위탁훈련비 나. 「근로자직업능력 개발법」 또는 「고용보험법」에 의한 사내직업능력개발훈련 실시 및 직업능력개발훈련 관련사업 실시에 소요되는 비용으로서 다음 각호의 비용 ①사업주가 단독 또는 다른 사업주와 공동으로 「근로자직업 능력개발법」 제2조제1호의 규정에 의한 직업능력개발훈련(이하 "직업능력개발훈련"이라 한다)을 실시하는 경우의 실습재료비(당해기업이 생산 또는 제조하는 물품의 제조원가중 직접 재료비를 구성하지 아니하는 것에 한한다) ②「근로자직업능력 개발법」 제20조제1항제2호의 규정에 의한 기술자격검정의 지원을 위한 필요경비 ③ 〈 삭 제 〉 ④「근로자직업능력 개발법」 제33조의 규정에 의한 직업능력개발훈련교사의 급여 ⑤사업주가 단독 또는 다른 사업주와 공동으로 실시하는 직업능력개발훈련으로서 「근로자직업능력 개발법」 제24조의 규정에 의하여 노동부장관의 인정을 받은 훈련과정의 직업능력개발훈련을 받는 훈련생에게 지급하는 훈련수당 · 식비 및 직업훈련용품비 다. 〈 삭 제 〉 라. 중소기업에 대한 인력개발 및 기술지도를 위하여 지출하는 비용으로서 다음 각호의 비용 ① 지도요원의 인건비 및 지도관련경비 ② 직업능력개발훈련의 훈련교재비 및 실습재료비 ③ 직업능력개발훈련시설의 임차비용 ④ 전담부서의 직원 또는 생산직에 종사하는 직원의 국내외			

비용	장부금액	조정금액	소계
전문연구기관 · 기업(국내기업의 경우에는 전담부서를 보유한 기업에 한한다) 또는 대학(이공계에 한한다)에의 과학기술분야에 관한 위탁교육비 및 기술자문료 ⑤내국인이 사용하지 아니하는 자기의 특허권 및 실용신안권을 중소기업(「법인세법」 제52조 및 「소득세법」 제41조의 규정에 의한 특수관계자가 아닌 경우에 한한다)에게 무상으로 이전 하는 경우 그 특허권 및 실용신안권의 장부상 가액 마. 생산성향상을 위한 인력개발비로서 다음 각호의 비용 ①품질관리 · 생산관리 · 설비관리 · 물류관리(이하 이 항에서 "품질 관리등"이라 한다)에 관한 회사내 자체교육비로서 다음 각목의 비용에 준하는 것 ㉮교육훈련용교재비 · 실험실습비 및 교육용품비 ㉯강사에게 지급하는 강사료 ㉰사내기술대학등에서 직접 사용하기 위한 실험실습용 물품 · 자재 · 장비 또는 시설의 임차비 ㉱사내기술대학등의 교육훈련생에게 교육훈련기간중 지급한 교육훈련수당 및 식비 ②다음 각목의 기관에 품질관리등에 관한 훈련을 위탁하는 경우의 그 위탁훈련비. 다만, 「근로자직업능력 개발법」에 의한 위탁훈련비와 제7항제2호의 규정에 의한 위탁훈련비를 제외한다. ㉮국가전문행정연수원(국제특허연수부에서 훈련받는 경우에 한한다) ㉯「산업표준화법」에 의하여 설립된 한국표준협회 ㉰「산업발전법」에 의하여 설립된 한국생산성본부 ㉱「산업디자인진흥법」에 의하여 설립된 한국디자인진흥원 ㉲품질관리등에 관한 교육훈련을 목적으로 「민법」 제32조의 규정에 의하여 설립된 사단법인 한국능률협회 ㉳「상공회의소법」에 의하여 설립된 부산상공회의소의 연수원 바. 「조세특례제한법 시행규칙」이 정하는 사내기술대학(대학원을 포함한다) 및 사내대학의 운영에 필요한 비용으로서 다음 각호의 비용 ①교육훈련용교재비 · 실험실습비 및 교육용품비			

(별표 3)

사 업 성 평 가 표

(연구개발기업용)

구분	평가항목	심사항목	배점	해당 등급	득점
경영주 기술능력 (44 점)	기술지식 수준 및 경험수준	기술지식수준	10		
		기술경험수준	16		
	경영능력	기술인력관리	9		
		경영의지 및 사업수완	9		
소계			44		
사업성 (56점)	신청기술(제품)의 경쟁력	인지도	12		
		타제품과의 비교우위성	12		
	사업계획의 타당성	판매계획의 타당성	7		
		판매처의 다양성 및 안정성	7		
	수익전망	매출액경상이익율	9		
		투자대비 회수가능성	9		
소계			56		
합계			100		

* 배점은 신청기업에 해당되는 평가등급(A-E)별 가점 부여

등급별 가점

〈A:배점 × 5/5, B:배점 × 4/5, C:배점× 3/5, D: 배점× 2/5, E:배점× 1/5〉

(별표 4)

평가기관 현황

평가기관	평가분야	홈페이지	전화번호
기술보증기금	전분야	www.kibo.or.kr	051-460-2585
중소기업진흥공단	전분야	www.sbc.or.kr	02-769-6886
정보통신산업진흥원	연구개발기업 사업성평가	www.nipa.kr	042-710-1475
한국발명진흥회	연구개발기업 사업성평가	www.kipa.org	02-3459-2885
한국과학기술정보연구원	연구개발기업 사업성평가	www.kisti.re.kr	02-3299-6054
한국보건산업진흥원	연구개발기업 사업성평가	www.khidi.or.kr	02-881-2846
전자부품연구원	연구개발기업 사업성평가	www.keti.re.kr	031-789-7670
산업은행	연구개발기업 사업성평가	www.kdb.co.kr	02-787-6712

(별표 5)

기 술 성 평 가 표

(기술평가보증·대출기업용)

구분	평가항목	심사항목	배점	해당등급	득점
경영주 기술능력 (25 점)	기술지식 수준 및 경험수준	기술지식수준	6		
		기술경험수준	9		
	경영능력	기술인력관리	5		
		경영의지 및 사업수완	5		
소 계			25		
기술성 (43 점)	기술개발환경	개발전담조직	5		
		개발인력비율	5		
	기술개발 실적 등	기술개발 및 수상(인증)실적	5		
		지식재산권 등 보유현황	5		
	기술의 우수성 및 제품화 능력	기술의 우수성	7		
		생산시설확보수준	5		
		생산인력확보수준	4		
		자금조달능력	7		
소 계			43		
사업성 (32 점)	신청기술(제품)의 경쟁력	인지도	7		
		대체품과의 비교우위성	7		
	사업계획의 타당성	판매계획의 타당성	4		
		판매처의 다양성 및 안정성	4		
	수익전망	매출액 법인세비용 차감전 순이익률	5		
		투자대비 회수가능성	5		
소 계			32		
합 계			100		

※배점은 신청기업에 해당되는 평가등급(A-E)별 가점 부여
등급별 가점<A:배점×5/5, B:배점×4/5, C:배점×3/5, D:배점×2/5, E:배점×1/5>

※최근 6개월 이내 확인기관으로부터 기술성 평가후 보증 또는 대출을 받은 기업(기술평가보증 또는 대출과 벤처기업 확인을 동시 진행중인 경우 포함)은 위 평가표에 의한 기술성평가를 생략하고 보증 및 대출시 적용한 기술평가표*를 준용함

(별표 6)

기 술 성 평 가 표

(예비벤처기업용)

<table>
<tr><th>구분</th><th>평가항목</th><th>심사항목</th><th>배점</th><th>해당등급</th><th>득점</th></tr>
<tr><td rowspan="4">경영주 기술능력 (30 점)</td><td rowspan="2">기술지식 수준 및 경험수준</td><td>기술지식수준</td><td>9</td><td></td><td></td></tr>
<tr><td>기술경험수준</td><td>9</td><td></td><td></td></tr>
<tr><td rowspan="2">경영능력</td><td>기술인력관리</td><td>5</td><td></td><td></td></tr>
<tr><td>경영의지 및 사업수완</td><td>7</td><td></td><td></td></tr>
<tr><td colspan="3">소 계</td><td>30</td><td></td><td></td></tr>
<tr><td rowspan="4">기술성 (40 점)</td><td rowspan="2">기술개발 실적 등</td><td>기술개발 및 수상(인증)실적</td><td>12</td><td></td><td></td></tr>
<tr><td>핵심기술보유현황</td><td>13</td><td></td><td></td></tr>
<tr><td rowspan="2">기술의 제품화 능력</td><td>기술의 우수성</td><td>10</td><td></td><td></td></tr>
<tr><td>자금조달능력</td><td>5</td><td></td><td></td></tr>
<tr><td colspan="3">소 계</td><td>40</td><td></td><td></td></tr>
<tr><td rowspan="6">사업성 (30 점)</td><td rowspan="2">신청기술(제품)의 경쟁력</td><td>인지도</td><td>4</td><td></td><td></td></tr>
<tr><td>타제품과의 비교우위성</td><td>4</td><td></td><td></td></tr>
<tr><td rowspan="2">사업계획의 타당성</td><td>판매계획의 타당성</td><td>7</td><td></td><td></td></tr>
<tr><td>판매처의 다양성 및 안정성</td><td>5</td><td></td><td></td></tr>
<tr><td rowspan="2">수익전망</td><td>사업추진일정의 적정성</td><td>6</td><td></td><td></td></tr>
<tr><td>투자대비 회수가능성</td><td>4</td><td></td><td></td></tr>
<tr><td colspan="3">소 계</td><td>30</td><td></td><td></td></tr>
<tr><td colspan="3">합 계</td><td>100</td><td></td><td></td></tr>
</table>

※배점은 신청기업에 해당되는 평가등급(A-E)별 가점 부여

등급별 가점

〈A:배점 × 5/5, B:배점 × 4/5, C:배점× 3/5, D: 배점× 2/5, E:배점× 1/5〉

2. 벤처관련 법령

법(률)명	주요내용
벤처기업 육성에 과한 특별조치법	- 벤처기업의 정의 · 요건등 - 벤처투자 자본공급의 원활화(중소기업투자 모태조합의 결성, 한국벤처투자조합의 결성, 외국인의 출자 · 주식회사의 자본금 규모에 대한 특례, 개인투자조합의 결성 등) - 기업활동 및 인력공급의 원활화(벤처기업의 주식교환, 창업시 공무원 등의 겸임 · 겸직에 관한 특례, 출자에 대한 특례 등) - 임지공급의 원활화(벤처기업전용단지 · 집적시설의 지정, 실험실 공장에 대한 특례, 벤처기업육성촉진지구의 지정, 각종 부담금의 면제 등) - 벤처기업 확인, 주식발행 등에 관한 특례 등 - 벤처확인제도 개편내용을 담은 공포(06.03.03)법률 (시행:06.06.04)
중소기업 기본법	- 중소기업자의 범위 - 창업촉진, 경영합리화, 기술향상, 판로확보 등에 관한 지원정책 및 금융 · 세제지원 기본방향 - 중소기업간의 협력, 조직화, 국제화 등에 관한사항 - 지방소재 중소기업의 육성 등
중소기업 창업지원법	- 창업지원계획의 수립, 기금의 우선지원 - 중소기업창업투자회사(등록, 행위제한, 투자의무, 자금의 차임, 결산보고 등) - 중소기업창업투자조합(조합의 결성, 업무의 집행, 결산보고, 수익처분 등) - 중소기업상담회사의 등록, 용역비의 지원 - 창업절차(사업계획의 승인, 전매 · 임대의 금지 등)
대중소기업 상생협력 촉진에 관한 법률	- 상생협력 촉진시책 수립 · 추진(상생협력 추진계획 수립, 상생협력위원회 구성 · 운영, 협력성과 공유, 기술 · 인력 · 자금 관련 협력, 협력실태조사 및 협력지수 산정 · 공표, 수탁기업체협의회 지원, 대중소기업협력재단 설치 등) - 수 · 위탁거래의 공정화(공정거래위원회에 조치요구, 불공정거래행위 개선, 분쟁의 조정 등) - 중소기업 사업영역보호(고유업종 제도 및 사업조정 제도 운영, 대기업사업의 중소기업 이양 등)

중소기업 인력 지원 특별법	- 산학협력을 통한 필요인력의 양성, 공동훈련시설의 설치, 원격훈련 지원, 중소기업 체험사업, 청년실업자의 취업지원, 외국전문인력의 활용지원, 기업부설연구소 설립에 관한 특례, 전역예정자의 중소기업 현장연수 등 - 인력구조고도화 사업계획의 수립·지원, 고용창출 사업의 지원, 중소기어 생산성 향상지원, 기술인력의 국제교류 지원 등 - 중소기업의 인력유입을 위한 환경조성(공동복지시설의 지원, 직무기피요인 해소사업, 중소기업 인식개선 사업, 우수근로자의 연수지원, 주택의 우선분양, 소기업의 학자금 지원우대 등)
조세특례 제한법	- 조세의 감면 또는 중과 등 조세특례와 이의 제한에 관한 사항을 규정

참고문헌

〈국내 문헌〉

강혜구 역(2012), “100달러로 세상에 뛰어들어라”, 명진출판사.

고정민, 김정호(2000), “벤처생태계의 형성과 진화”, 삼성경제연구소,

김대주(2010), “LG구본무 미래변화를 주도하라”, 이레미디어.

김양민(2007), “코스닥 벤처기업의 최고경영진 사회적 자본이 기업 퇴출에 미치는 영향”, 「전략경영연구」, 제10집 제2호, pp.72-74.

김이태(2002), “창업경영전략”, 도서출판 오케이 프레스.

김정포, 이상근(2008), “한국 수출벤처기업의 해외 네트워크 활용이 해외진출 성과에 미치는 영향”, 「국제경영리뷰」, 제12권 제2호, pp. 157-177.

김찬배(2009), “사회적 자본이 경력성공 지각에 미치는 영향”, 「aSSIST 경영학 PhD 논문총서 시리즈」, 서울과학종합대학원, pp.9-120.

김현진, 김현수(2010), “청년 CEO를 꿈꿔라”, 예문당.

매일경제 산업부(2010), “1등기업의 비밀”, 매경출판.

문원택, 김원석(2001), “디지털 시대의 기업가와 기업가정신”, 한언.

모병일, 김병성(2012), “도매시장 완벽분석”, 앤써북.

박시사, 강성일(2007), "개인특성과 창업의지의 관계에 관한 연구", 「한국관광학회」, 제31권 제2호. pp.187-204.
박춘엽(2013), "창업학", 보명.
빈봉식, 박정기(2002), "소상공인 창업의 성공요인에 관한 실증적 연구", 「중소기업연구」, 제24권 제3호, pp.135-158.
서울산업통상진흥원(2011), "청년, 창업으로 사장되기".
손동원, 김현태(2010), "벤처기업 창업경영론", 경문사.
아시아경제신문(2010), "재계 100년-미래경영 3.0 창업주 DNA서 찾는다", (주)FKI미디어.
야마모토 시게루(2012), "하고 싶은 일이 없는 사람은 사회적 기업가가 되어라 : 사회적기업 창업도전기", 생각비행.
양현봉, 박종복(2011), "창업환경 활성화 방안", 산업연구원.
유연호, 양동우(2008), "창업의지의 영향요인에 관한 실증연구: 경력지향성과 사회문화적 요인 그리고 창업지원프로그램을 중심으로", 「대한경영학회지」, 제21권 제5호, pp. 2347-2368.
윤방섭(2004), "창업의지의 결정요인: 개인특성 및 환경요인", 「산학경영연구」, 제7권 제2호, pp.89-110.
이노비즈협회(2013), "이노비즈 10년 중소기업의 미래를 열다", KMAC미디어센터.
이상석, 고인곤(2011), "기업가정신과 창업", 학현사.
이성균(2006), "한국 자영업자의 사회적 자본과 소득수준", 「한국사회학」, 제40집 제5호, pp.178-206.
이신모(2010), "대학생 창업학", 두양사.
이승배(2013), "중소벤처기업 창업자의 사회적 자본이 창업성과에 미치는 영향에 관한 연구", 건국대학교 박사학위 논문.
이임광(2008), "정몽구와 현대·기아차, 변화를 향한 질주", 생각의지도.
이장우(2000), "벤처창업", 법문사.
이재선, 김양렬, 김병국(2001), 「벤처창업과 경영전략」, 한국능률협회
이주헌(2008), "창업동기와 창업의사결정에 관한 연구", 「중소기업연구」, 제30권 제1호, pp.96-98.
임현진, 서이종(2002), "한국 벤처기업가", 인간사랑.

정대용, 김춘광(2010), "기업가의 사회적 네트워크, 정보, 자원접근, 그리고 기업가적 성과 간의 관계모형에 관한 연구", 「대한경영학회지」, 제23권 제4호, pp.2173-2190.
정성한, 김해룡(2001), "소상공인 창업성공요인에 대한 탐색적 연구", 「벤처경영연구」, 제4권 제2호, pp.3-29.
조덕희(2009), "우리나라 창업 부진 실태와 시사점", 산업연구원.
조성주(2012), "스타트업을 경영하다", (주)케이펍.
조병주(1999), "창업 기회원천 분석과 기회탐색의 전략적 의미", 「한국중소기업회지」, 제20권 제1호, pp.245-266.
조지프 슘페터, 박호영 역(2012), "경제발전의 이론", 지식을만드는지식.
중소기업청(2003), "창업, 이렇게 해서 실패했다".
중소기업청(2012), "알기 쉽게 풀어 쓴 중소기업 범위해설", pp.9-10.
중소기업청(2012), "청년창업 정책안내".
한길석(2007), "창업 교육 체계화 방안에 대한 연구", 「경영교육논총」, 제478호, pp.379-405.
한정화(2010), "벤처창업과 경영전략", 홍문사.
헤르만 지몬, 이미옥 역(2013), Hidden Champions, pp504-512, 흐름출판.
황동명(2012), "나는 최고의 일본 무역상이다", 행간.

<해외 문헌>

Alexander Osterwalder, Yves Pigneur(2010), "Business Model Generation", John Wiley & Sons.
Ajzen, I.(2002), "Perceived Behavioral Control, Self-efficacy, Locus-of-control, and The Theory of Planned Behaviour", Journal of Applied Social Psychology, 32(4), pp.665-683.
Bourdieu, P.(1986), "The forms of capital", In Handbook of theory and Research for the Sociology of Education, Greenwood, New York, pp.241-258.
Burt, R. S.(1997), "The Contingent Value of Social Capital", Administrative Science Quarterly, Vol. 42, pp.339-365.

Coleman, J. S.(1988), "Social Capital in the Creation of Human Capital", American Journal of Sociology, Vol. 94, pp.95-120.

Davidson, Per and Honig, B.(2003), "The role of social human capital among nascent entrepreneurs", Jounal of Business Venturing, Vol. 18, pp.301-331.

Gartner, W. B.(1989), "Some suggestions for research on entrepreneurial traits and characteristics", Entrepreneurship, Theory and Practice, Vol. 14, No.1, pp.27-37.

Granovetter, M. S.(1973), "The Strength of Weak Ties", American Journal of Sociology, Vol. 78, No. 6, pp.1360-1361.

Hermann Simon(2009), "Hidden Champions of the 21st Century", Springer.

Jennifer Sequeira, Stephen L. Mueller, Jeferey E. and McGee (2007), "The influence of social ties and self-efficacy in forming entrepreneurial intention and motivating nascent behavior", Journal of Developmental Entrepreneurship, Vol. 12, No. 3, pp.262-284.

Koller, R. H.(1988), "On the Source of Entrepreneurial Ideas", Frontiers of Etrepreneurship Research, eds, Bruce A. Kirchoff and others(Wellesley, Mass.: Babson Center of Entrepreneurial Studies, pp. 194-204.

Krueger, N., D. M. Reilly, and L. A. Carsrud(2000), "Competing Models of Entrepreneurial Intentions", Journal of Business Venturing, Vol. 15, pp. 411-432.

Kuratko, Donald F. and Richard M. Hodgetts(2007), "Entrepreneurship : Theory, Process and Practice", International Edition, 7th Ed. Mason Thomson South-Western.

Sandberg, W. R.(1986), "The effect of strategy and industry structure on new venture performance.", Frontiers of Entrepreneurship Research, pp.244-266.

Shane, S., E. A. Locke and C. J. Collins(2003), "Entrepreneurial Motivation", Human Resource Management Review, Journal of Business Venturing, Vol. 13, pp.257-279.

Timmons, J. A., Muzyka, D. F., Stevenson, H. H.(1987), "Opportunity recogni

tion : the core of Entrepreneurship", Babson College, Wellesley, MA.
Tsai, W. and S. Ghoshal(1998), "Social Capital and Value Creation: The Role of Intrafirm Networks", Academy of Management Journal, Vol. 41, I ssue 4, pp.464-476.
Vesper, K. H.(1990), "New Venture Strategies", Englewood Cliffs, N.J. : Prent ice-Hall, pp.127-158.
Watson, J.(2007), "Modeling the relationship between networking and firm per formance", Journal of Business Venturing, Vol .22, pp.852-874.

〈인터넷 사이트〉

마이다스아이티 – www,midasit.com
마이크임팩트 – www.micimpact.com
문화저널21 – www.mhj21.com
뱁슨칼리지 – www.babson.edu
블루버드 – www.bluebir.co.kr
서울대학교 – www.snu.ac.kr
씨젠 – www.seegene.co.kr
아시아 투데이 경제 – www.asiatoday.co.kr
아이디스 – www.idis.co.kr
제이브이엠 –www.myjvm.com
중소기업청 - www.smba.go.kr
창업넷 – www.changupnet.go.kr
청년창업아이디어연구소 - http://cafe.naver.com/bizroot
카레클린트 – www.kaareklint.co.kr
카우프만재단 – www.kaufman.org
통계청 - www.kostat.go.kr
한국경제신문 – www.hankyung.com
휴비츠 – www.hubitz.co.kr
ZDNet - www.zdnet.co.kr

찾아보기

저자 **이 승 배**

고려대와 연세대에서 무역학과 국제경영(석사)을 공부하고, 건국대에서 벤처창업을 연구하여 경영공학 박사학위를 받았다.
삼성물산에 입사하여 해외수출영업을 담당하다 29세에 창업을 결심하고 오퍼상인 이림테크를 설립하였다. 무역업에서 출발하여 인터넷, 전자부품, 환경사업을 추가하여 창업 10년 만에 코스닥에 상장하였다. 현재는 협성대학교 대학원 경영학과 교수로 재직 중이며, 동 대학 창업보육센터장을 맡고 있다.

기업가정신과 청년창업

개정판 2014년 3월 14일

지은이 _ 이승배
발행인 _ 이재영
발행처 _ 도서출판 조명문화사
133-819
서울시 성동구 성수1가1동 296
전화 02-498-3017
팩스 02-498-3018
등록번호 / 제2-846호(1989.7.13)

ISBN 978-89-7257-418-7 93320
정가 18,000원